Christoph Metzger gibt in seinem Buch einen chronologischen Überblick über die Geschichte der Abstraktion: von ihren Anfängen bei Paul Cézanne, Claude Monet, Wassily Kandinsky und Piet Mondrian über ihre musikalische Weiterentwicklung in den Kompositionen von Anton Webern, John Cage und Morton Feldman bis zu ihrer Wiederentdeckung bei Jackson Pollock, Willem de Kooning, Cy Twombly oder Gerhard Richter.

Wissenschaftsgeschichtlich speist sich die Theorie der Abstraktion aus Erkenntnissen der Gestalttheorie, die Phänomenen der Mustererkennung verpflichtet ist. Die Konditionierungen der Menschen ändern sich im Lauf des Lebens und spiegeln sich in ästhetischen Erfahrungen wider, die Abstraktion und Mustererkennung zur bedeutenden kognitiven Leistung menschlicher Existenz machen.

Christoph Metzger, 1962 geboren, war Professor für Kunstwissenschaft an der HBK in Braunschweig. Zuletzt erschienen *Bauen für Demenz / Building for Dementia* (2016) und *Neuroarchitektur / Neuroarchitecture* (2018) im Verlag Jovis, Berlin. Er ist Gründungsmitglied und Vorstand der Open Mainded Projektentwicklung AG.

THEORIE DER ABSTRAKTION

PASSAGEN KUNST

Christoph Metzger
Theorie der Abstraktion

Passagen Verlag

Deutsche Erstausgabe

Gedruckt mit freundlicher Unterstützung der

Die Open Mainded Gruppe, Frankfurt am Main ist seit 2007 im Bereich der Immobilien-Projektentwicklung bundesweit tätig. Regionale Schwerpunkte sind das Rhein-Main-Gebiet sowie Berlin und Brandenburg. Neben der Kernkompetenz im Segment der Seniorenimmobilien liegen weitere Schwerpunkte der Gruppe im Bereich neuroarchitektonischer Planung und Bauen für Demenz. Mustererkennung, Gestalt und Förderung von Bewegung und Kommunikation sind Leitbegriffe der Gruppe in Theorie und Praxis.

Die Deutsche Nationalbibliothek verzeichnet diese Publikation in der Deutschen Nationalbibliografie; detaillierte bibliografische Daten sind im Internet über http://dnb.dnb.de abrufbar.

ISBN 978-3-7092-0430-6
© 2020 by Passagen Verlag Ges. m. b. H., Wien
http://www.passagen.at
Grafisches Konzept: Ecke Bonk
Satz: Passagen Verlag Ges. m. b. H., Wien
Druck: Ferdinand Berger & Söhne GmbH, 3580 Horn

Inhalt

Vorwort

Wie jedes Buch, so hat auch dieses seine Vorgeschichte. Es beruht auf Erfahrungen mit Neuer Musik, Kunst und Architektur seit den späten 1970er Jahren. Konzerte der Ferienkurse des Internationalen Musikinstitutes in Darmstadt brachten Erstaufführungen von Karlheinz Stockhausen, Pierre Boulez, György Ligeti, Luigi Nono, Wolfgang Rihm, Giacinto Scelsi sowie John Cage, Morton Feldman und Earle Brown, die das Interesse an zeitgenössischer Kunst sowie deren Theorie motiviert haben. Helga de la Motte-Haber, Jürgen Habermas und Axel Honneth haben das Studium der Musikwissenschaft und Philosophie motiviert. Eckart Altenmüller, Ulrich Eller und Bernhard Waldenfels haben den Verlauf des Themas geprägt. Meinen Kollegen und Freunden Bernhard Kaiser und Andreas Rüger von der Open Mainded Projektentwicklung AG sei für die Förderung und Unterstützung auch dieser Publikation herzlich gedankt.

Voraussetzungen der Rezeption, die sich in ästhetischen Wertungen zeigen, begründen das methodische Spektrum, die Erkenntnisse jüngster Forschungen der Neurowissenschaft unter phänomenologischen Perspektiven aufnimmt. Historische Entwicklung und Bedingungen ästhetischen Verstehens waren Grundlagen der Vorlesungsreihe *Theorie und Verfahren der Abstraktion,* die über vier Semester von 2016 bis 2017/18 am Institut für Kunstwissenschaft der Hochschule für Bildende Künste, Braunschweig gehalten wurde. Eine erste Bestandsaufname des Begriffs der Abstraktion in den zeitgenössischen Künsten wurde in der Tagung mit der gleichnamigen Publikation *Abstract Music. Sound, Art, Media & Architecture* im Dezember 2016 angestrebt.

Wissenschaftsgeschichtlich speist sich die Theorie der Abstraktion aus Erkenntnissen der Gestalttheorie, die Phänomenen der Mustererkennung im Feld akustischen wie visuellen Rauschens verpflichtet ist. Phänomenologische Forschung, durch psychologische Praxis fundiert, führt zu Fragestellungen kognitiver Voraussetzungen im Akt der Wahrnehmung. Menschen und deren körperliche wie geistige Konditionierungen ändern sich im Lauf des Lebens, und sie spiegeln sich in ästhetischen Erfah-

11

rungen mit den Künsten wider, die Abstraktion und Mustererkennung zur bedeutenden kognitiven Leistung menschlicher Existenz machen und gleichzeitig Leitthemen in Kunst, Musik und Philosophie sind.

Phänomen – Begriff

Zwischen 1880 und 1920 ist eine jüngere Vorgeschichte der Abstraktion zu verorten, deren Ursprünge sich in vielen Formen der Künste dieser Jahre finden lassen. Der Begriff *abstrakte Kunst* wird zunächst durch eine einseitige Begriffsgeschichte geprägt. Zentral für dessen Bedeutung im 20. Jahrhundert werden die Schriften Wassily Kandinskys, dessen Unterscheidung zwischen der Darstellung gegenständlicher Dinge und deren Aufgaben übernommen wird, ohne dabei näher auf räumliche wie spirituelle Aspekte einzugehen, die bei Kandinsky zentral sind. „Der Begriff ist aus einer Unterscheidung Kandinskys hervorgegangen, dem zufolge die Moderne Kunst sich in zwei gegensätzliche komplementäre Richtungen entzweit: in die reine Realistik und in die reine Abstraktion."[1] Doch damit ist nur die Oberfläche des Phänomens beschrieben; zumal Kandinsky ein theoretisches Kondensat um 1910 vorlegt, dessen Verweise in die Künste kaum vielfältiger sein könnten. Wenig beachtet wurden bislang die für Kandinsky zentralen Aspekte theosophischer Prägung, die der Künstler im synästhetischen Werk des russischen Pianisten und Komponisten Aleksandr Skrjabin erkannte, dessen heilsgeschichtliche Aufladungen für Kandinsky zur Projektionsfläche abstrakter Kunst werden konnten. Der Raum der Kunst erfährt in dieser Folge eine sakrale Aufwertung, die nicht zufällig jene von Kirchen zitiert. Skrjabins Idee, einen Tempel als Ort zu erschaffen, sollte die Menschen Architektur, Musik und Kunst in einem Reinigungs- und Weiheprozess erleben lassen; russisch-orthodoxe Mystik und theosophische Motive werden verbunden, die zudem die Ideen der Apokalypse mit der Auferstehung verknüpfen. Naturwissenschaftliche Erkenntnisse zu Wirkung und Verbreitung von Licht- und Tonfrequenzen und neue Techniken führen in universale Dimensionen. Für Kandinsky wird Skrjabin zur Leitfigur, die von der Vorstellung getrieben war, eine Weltfeier zu veranstalten, die den irdischen Zustand der Menschen beenden sollte und als deren Hohepriester er sich sah.[2] Skrjabins Entwicklung gipfelt im *Prometheus.*

Skrjabins Symbolik im op. 60 ist grenzenlos. Seine Noten, Tonleitern und Akkorde hat er mit genauen und bestimmten magischen Zwecken ausgestattet. *Prometheus* ist das konzentrierteste theosophische Stück Musik, das je geschrieben worden ist. [...] Die Notierung des *clavier à luce* besteht aus zwei Stimmen. Die untere Stimme ist der Orgelpunkt, die Grundfarbe oder der Farbhintergrund, eine Lichtatmosphäre, die den Saal durchtränken soll.[3]

In diesen Jahren viel gelesen wurde Gustav Theodor Fechner, dessen Kosmologie in Wien in den Kreisen um Gustav Mahler und Arnold Schönberg hohes Ansehen genossen hat. Impulse aus Theosophie, Kosmologie und Sensualismus münden in jene Anthroposophie, die Kandinsky in Gestalt von H.P. Blavatsky persönlich kennen gelernt hat. Für eine Einschätzung der Gesetzmäßigkeiten zur Abstraktion ist es bedeutsam, dass diese Aspekte, die heute fast ausschließlich mit Kandinsky verbunden werden, eine frühe Vereinseitigung erfahren haben. Dabei hat kein Autor mehr als Wilhelm Worringer zur Fehlinterpretation beigetragen, die eine prominente Wirkung erfahren sollte. Worringer war mit experimentalpsychologischen Studien von Theodor Lipps und dessen Erkenntnissen zu Gesetzen der Wahrnehmung vertraut und wäre in der Lage gewesen, seine Ausführungen deutlich stärker auf Grundlagen der Mustererkennung zu stellen. Doch die Geschichte ist anders verlaufen und hat die Debatten unter dem Titel *Abstraktion* seit Erscheinen seines Manifestes gegen die Auflösung gegenständlicher Bildinhalte vereinfacht und in einer populistisch gefärbten Sprache diskreditiert. Errungenschaften, die richtungsweisenden Charakter in den Künsten haben sollten, wurden von Anfang an in eine Schieflage der Rezeption gebracht: Verfahren künstlerischer Abstraktion und wissenschaftliche Entwicklung verbinden sich um 1860 mit der Erforschung von Wellenphänomenen im Licht- und Schallbereich. Divisionistische, pointilistische und spätimpressionistische Techniken, die meist aus Frankreich stammen, befördern die Auflösung gegenständlicher Sujets. Gegenständliche Motive werden von Cézanne in eine bisher nie gekannte Bedeutungslosigkeit verabschiedet. Gleichzeitig erfährt der Akt der Anschauung eine Beachtung, die ihn zum Zentrum phänomenologischer Untersuchungen macht. Während bei Kandinsky, Klee und Feininger die Bildflächen zur Projektion universalistischer Momente werden, verbleiben die Franzosen doch mehrheitlich in einer Haltung, die dem Bild der Natur und Schwankungen täglicher Atmosphären verpflichtet ist. Mit der Nachahmung des Lichts in freier Landschaft werden Äquivalente zur Natur auf der Leinwand angestrebt; eine Art Lichtkult in der Malerei greift um sich, der im Neo-Impressionismus seinen Höhepunkt findet, gleichzeitig bleibt dort der Gegenstand als Sujet noch bestehen, während bei Monet und Cézanne die Objekte bereits im Universum der Bildflächen aufgelöst werden und schon jenen Grad der Abstraktion erreichen, der in den 1940er Jahren fortgeführt wird. Die Rezeption, durch US-amerikanische Entwicklungen der Abstraktion motiviert, setzt in Europa erst wieder in den späten 1950er Jahren ein.

Abstrakte Kunst wird in der deutschen Öffentlichkeit zunächst noch vor dem Hintergrund national geprägter Kunstaustellungen gezeigt. Schriften aus den Reihen der Künstler erfahren bald eine Beachtung, die so wesentlich ist, dass sie zum Bestandteil der Kunst werden. Darin finden sich Leitlinien künstlerischen Selbstverständnisses, die Verfahren beschreiben und zum Medium künstlerischer Selbstbehauptung werden. Schriftlichkeit und Orte der Publikation bereiten Formen der Rezeption vor. Die Rezeptionstheorie, wird als interdisziplinäres Anliegen der Künste mit systembildendem Anspruch entwickelt. In den 1960er Jahren wird der Rezipient (Betrachter, Leser, Hörer, Zuschauer) als zentrale Instanz künstlerischer Anerkennungsprozesse geboren. Standpunkte und Kontexte der Kunst-, Literatur-, Musik-, Filmerfahrung individualisieren nun Haltung sowie Wertschätzung und verabschieden jede akademische Interpretationshoheit. Institutionelle Rahmungen werden als für die Kunst konstituierend anerkannt. Die Erfahrung dynamischer Prozesse in der Relation von Beschleunigung und Ruhe führt zu neuen Kunstformen. Das Vakuum, das durch die nun fehlenden Sujets und einen wie auch immer gearteten Zusammenhang als Fortschreibung oder Narration in der Vergangenheit gegeben war, wird durch die philosophische Aufladung jener nun eben nicht mehr konkret erfahrbaren Bildinhalte gefüllt. Gleichzeitig gewinnen theosophische, anthroposophische, pantheistische und All-Natur-Lehren an Gewicht, die für viele Künstler eine magische Anziehungskraft haben. Es konkurrieren spirituelle Lehren um die jeweils schlüssigsten Theoriemodelle, die sich um Phänomene sensueller Naturerfahrungen ranken.

Verfahren der Ausgrenzung

Im Jahr 1907 legt Worringer die Schrift *Abstraktion und Einfühlung* als Dissertation vor. Ein Jahr später erscheint sie im Verlag Piper und macht den Autor zum Mittelpunkt einer kunsthistorisch geführten Debatte, die weite Kreise ziehen wird. Der Begriff *Abstraktion* kann begriffsgeschichtlich bis auf Aristoteles zurückgeführt werden und gewinnt um 1860 durch die systematische Erforschung der Psychologie der Wahrnehmung von Farbe, Klang und Formbildung jene Prägnanz, die ihn zum Zentrum experimenteller Strömungen in den Künsten werden lässt. Einer schwer überschaubaren Praxis in Kunst, Film, Literatur, Architektur und Musik stehen bislang wenige theoretische Beiträge gegenüber. Worringer entwickelt sich zum Autor, der sich in der Begrifflichkeit einer Kunstpolitik der Ausgrenzung bewegt. Er kommentiert im Jahr 1948 die Situation der Gegenwartskunst aus der Rolle eines Beobachters. Wie zuvor nimmt er die Rolle des notorischen Skeptikers ein: „Es sind zum größten Teil dieselben Leute, die in den vergangenen Jahren andächtig zum Haus der Deutschen Kunst pilgerten und die dort alle Bestätigung ihres Kunstgeschmacks fanden. Dieser Riesenerfolg war kein bloßes Ergebnis von Propagandarummel. Es war herzlich überzeugte Zustimmung zu Hitlers Kunstdiktatur. Sie hatte den Nagel des Publikumsgeschmacks auf den Kopf getroffen."[4] Die Diffamierung abstrakter Kunst durch die Propaganda der 1930er Jahre zeigt ihre Wirkung bis in die Gegenwart. Es lohnt sich, Aspekte der Ausgrenzung genauer zu beachten, wie etwa folgende:

Unüberbrückbar andersartig ist demgegenüber nun die Grundeinstellung der verschrienen modernen Gestaltungsgesinnung. Sie ist aus dieser alten Art geschlagen, und darin liegt ihre eigentliche vielbeschriebene Entartung. [...] Die damit verbundene Entrechtung des Naturvorbildes, die unter Umständen bis zur völligen Unerkennbarkeit gehen kann, hat nun die Kluft geschaffen, die kein guter Wille mehr überbrücken kann. [...] Farbe, Fläche, Rhythmus und Linie, man möge sie nach ihrer autonomen Ausdrucksmöglichkeit befragen, um von ihnen allein Gesetz und Sinn der Formgestaltung und künstlerische Aussage zu empfangen, das ist dieser artungemäßen Kunst innerster Bedarf. In ihrer äußersten Konsequenz wird sie damit zur rein abstrakten und absoluten Formkunst. Auf jede Gegenständlichkeit verzichtend, lässt sie in diesem Falle nur die Chiffrensprache reiner Formsymbolik sprechen. Sie muss von dem, den sie anspricht, das Vorhandensein eines absoluten formmusikalischen Gehörs verlangen, wenn sie nicht als sinnlose Spielerei verkannt und abgetan werden will.[5]

Hier wird unter der Maßgabe einer Gattungslehre auf ein seit Charles Darwin verbreitetes Naturbild verwiesen, dessen Kern eine vermeintliche Hierarchie begründet. Höhere und niedere Erscheinungen werden als natürliche Ordnung propagiert. Zur Haltung und Anforderung an die Rezipienten:

Die moderne Ästhetik, die den entscheidenden Schritt vom ästhetischen Objektivismus zum ästhetischen Subjektivismus gemacht hat, d.h. die bei ihren Untersuchungen nicht mehr von der Form des ästhetischen Objektes, sondern vom Verhalten des betrachtenden Subjektes ausgeht, gipfelt in der Theorie, die man mit dem Namen *Einfühlungslehre* bezeichnen kann.[6]

Worringers Erfolg in bildungsbürgerlichen Milieus verdankt sich der Oberflächlichkeit der Ausführungen, die im Duktus populistischer Ästhetik gehalten ist: „Wie der Einfühlungsdrang als Voraussetzung des ästhetischen Erlebens seine Befriedigung in der Schönheit des Organischen findet, so findet der Abstraktionsdrang seine Schönheit im lebensverneinenden Anorganischen, im Kristallischen, allgemein gesprochen, in aller abstrakten Gesetzmäßigkeit und Notwendigkeit."[7] Das Bild des Kristalls, der Fixpunkt utopischer Entwürfe nicht nur der Architektengruppe der *Gläsernen Kette* war, wird mit negativen Umschreibungen eingefangen, die, im Duktus der 1940er Jahre, im Zeichen einer Politik der Ausgrenzung stehen:

Im Abstraktionsdrang ist die Intensität des Selbstäußerungstriebes eine uneigentlich größere und konsequentere. Er charakterisiert sich hier nicht wie beim Einfühlungsbedürfnis als ein Drang, sich vom individuellen Sein zu entäußern, sondern als ein Drang, in der Betrachtung eines Notwendigen und Unverrückbaren erlöst zu werden vom Zufälligen [...], das Leben als solches wird als Störung des ästhetischen Genusses empfunden.[8]

Im Kubismus gar, der bereits über 40 Jahre Geschichte geschrieben hat, glaubt Worringer die Zentrifugalkräfte der Moderne erkennen zu können, die „als ein Überbleibsel jener Qual und Unruhe, die den Menschen den Dingen ihrer Außenwelt in ihrem unklaren Zusammenhang und Wechselspiel gegenüber beherrscht."[9] Der Weg zum Werk ist immer mit einer Anstrengung verbunden, ohne die ästhetische Erfahrungen nicht stattfinden können, sie bleibt in weiten Teilen individuell bestimmt und kann als ein Prozess beschrieben werden, der zum Wesen der Kunst gehört. Identifikation im Medium der Abstraktion und Haltung sind problematisch, denn „was der moderne Mensch als Schönheit bezeichnet, ist eine Befriedigung jenes inneren Selbstbestätigungsbedürfnisses, in dem Lipps die Voraussetzung des Einfühlungsprozesses sieht. Wir genießen in den Formen eines Kunstwerkes uns selbst."[10] Der als hedonistischer Genuss umschriebenen Hingabe aber geht ein analytischer Akt voraus, der im Ausgang gegenstandsloser Gestalten ein Bild erstellt. Einige der besten Sätze, die Worringer geäußert hat, deuten etwas an, was in der geistigen Dimension der Abstraktion die Möglichkeiten eines universellen Ganzen erkennt, das er aber kaum in den Kontext kunstgeschichtlicher Entwicklungen einzubinden imstande ist. So liegt der

Ausgangspunkt des künstlerischen Schaffenstriebes, als Inhalt des absoluten Kunstwollens nicht, [...], in der reinen geometrischen Abstraktion [...], welche von allem äußeren Weltzusammenhang erlöst, eine Beglückung darstellt, die ihre geheimnisvolle Erklärung nicht im Intellekt des Betrachtenden, sondern in der tiefsten Wurzel seiner körperlich-seelischen Konstitution findet. Ruhe und Beglückung konnten nur da eintreten, wo man einem Absoluten gegenüberstand.[11]

Der Künstler erschafft aus dieser Sicht einen Kosmos, der aber, was kaum nachvollziehbar ist, aus Sicht Worringers dennoch der Natur fernbleibt.

Von dem Naturobjekt unterscheidet sich die geometrische Linie eben dadurch, dass sie nicht im Naturzusammenhang steht. Was ihr Wesen ausmacht, gehört freilich der Natur an. Die mechanischen Kräfte sind Naturkräfte. Aber sie sind in der geometrischen Linie und den geometrischen Formen überhaupt aus dem Naturzusammenhang und dem unendlichen Wechselspiel der Naturkräfte herausgenommen und für sich zur Anschauung gekommen.[12]

Vor dem Hintergrund einer nur bruchstückhaft entwickelten Lehre der Einfühlung kann Worringer nicht weiter herangezogen werden, wenn belastbare Thesen um 1910 gesucht werden.[13]

Komposition

Grenzen der Interdisziplinarität:
Kandinsky und Schönberg

Es lohnt, Kandinsky und Schönberg in ihren Leitlinien zu Komposition und abstrakter Kunst um 1910 einander gegenüberzustellen, um Positionen zu vergegenwärtigen, die der Diskurs zweier exponierter Persönlichkeiten dieser Jahre leisten kann, selbst wenn Scheitern zum Programm wird.

Die Abwendung vom Gegenständlichen und einer der ersten Schritte in das Reich des Abstrakten war in zeichnerisch-malerischer Beziehung das Ausschließen der dritten Dimension, d.h. das Streben, das Bild als Malerei auf einer Fläche zu behalten. Es wurde zur Modulierung ausgeschaltet. Dadurch wurde der reale Gegenstand zum abstrakten gerückt, was einen gewissen Fortschritt bedeutete.[14]

Wenn um 1910 Bauwerke für alle Künste geschaffen werden sollten, so entspricht die weltanschauliche Bestrebung religiös motivierten Bewegungen der Jahre. Die Idee eines Weihetempels verbindet nicht nur Russland mit dem vom Mystizismus beeinflussten Komponisten Skrjabin. Es sind auch indische und asiatische Einflüsse, die zu esoterischen Gemeinschaften führen. Skrjabin: „Die Musik muss ein Fest sein. Ihr wisst nicht, wie schwer es ist, die ganze Last der Weltgeschichte zu fühlen."[15] Der russische Komponist glaubte an die Kraft einer Gemeinschaft, die sich durch ihn in Gestalt des Hohepriesters erfüllen sollte. Er hatte im Sinn, in einer „grandiosen Feier die ganze Menschheit mit allen Äußerungen der Künste zu vereinigen."[16] Solche märchenhaften Fantasien kannte Kandinsky bereits, als er mit Rudolf Steiner und der durch ihn vertretenen Theosophie in München in Kontakt kam. Aus der Verbindung okkultistischer Visionen und einer Philosophie der Offenbarung erwächst schließlich eine Fokussierung auf die Idee der Abstraktion, die von Worringer als eine Abart der Kunst gebrandmarkt wird. Insbesondere die Kunstkritik deutet Kandinskys Schrift im Umfeld der Bewegung *Der Blaue Reiter* als Ausweis einer „ernsten Innerlichkeit seines künstlerischen Wollens, eine Ausdrucksweise, die von Alois Riegl und Wilhelm Worringer stammt".[17] Abstraktion und die Hinwendung zur nicht-gegenständlichen Welt werden als ein Vorgang der „Erhebung der Kunst aus dem Bereich der Natur und ihrer Nachahmung"[18] gesehen. Bei Kandinsky lassen sich Verweise auf die Idee einer Kosmologie finden, die eine All-Natur-Lehre theosophischer Prägung[19] im Ausgang von Haeckel und Fechner als Grundlage künstlerischer Schöpfung hat. In diesem Zusammenhang ist in allen höheren Stufen der Kunst ein Klang in allen Dingen. „Alle Formen, wenn sie wirklich künstlerisch sind, erfüllen ihren Zweck und bilden geistige Nahrung [...], wo der Zuschauer einen Mitklang seiner Seele findet [...] die Stimmung des Werkes kann die Stimmung des Zuschauers noch vertiefen – und verklären."[20] Hier wird die Idee einer weitreichenden Vibration der Seele angedeutet, auf die Kandinsky regelmäßig zu sprechen kommt. „Und nur bei einer höheren Entwicklung des Menschen erweitert sich immer der Kreis derjenigen Eigenschaften, welche verschiedene Gegenstände und Wesen in sich einschließen. Bei hoher Entwicklung bekommen diese Gegenstände und Wesen inneren Wert und schließlich inneren Klang."[21] Zu Aufführungen von Maurice Maeterlinck bemerkt er: „Das Wort ist ein innerer Klang. Dieser innere Klang entspringt teilweise dem Gegenstand, welchem das Wort zum Namen dient. Wenn aber der Gegenstand nicht gesehen wird, sondern nur sein Namen gehört wird, so entsteht im Kopfe des Hörers die abstrakte Vorstellung, der de-materialisierte Gegenstand, welcher im Herzen eine Vibration hervorruft."[22] Texte und Programme, die als Beleg künstlerischer Intention in den Vordergrund drängen, gewinnen an Bedeutung. Texte werden Material. Vor diesem Hintergrund erhalten Künstlerworte den Status ästhetischer Programme, ohne die eine Ortsbestimmung kaum noch möglich ist. Werk, Titel und ästhetisches Programm sind darauf angelegt, jenen überlieferten Gehalt einer künstlerischen, d.h. musikalischen, literarischen oder später kinematografischen Erzählung doch zu weiten Teilen zu kompensieren. Bedeutung entstehen durch Worte ebenso wie die Annäherungen an eine wie auch immer gefasste künstlerische Gestalt. Je abstrakter die Formen werden, desto unausweichlicher werden die Kontexte der Rezeption und die durch das Umfeld angebotenen Wege ins Werk.

Eine weltliche Kathedrale mit geistiger Strahlkraft, ein politisch motiviertes Bündnis? Kunst und Handwerk unter einem Dach. Ein vermeintlich einfacher Holzschnitt wird zum Bild und versinnbildlicht ein Manifest des frühen 20. Jahrhunderts, die Gründung des Bauhauses. Lyonel Feininger liefert das Deckblatt, ein geistiges Leitbild. Im Medium des Holzschnittes entwickelt sich eine schaffensreiche Phase. Seine *Kathedrale des Sozialismus* verkündet in kristallin-strahlender Kraft eine Botschaft. Nicht überschätzt werden kann in diesen Jahren jede Form eines heilsgeschichtlichen Versprechens, der einer Suche nach geistigen Leitbildern gemeinsam ist. Das Kunstwerk der Zukunft, das noch in einer von Richard Wagner gefärbten Kunstreligion ruht, kann nur aus dem Geist der Musik entstehen. Steiner setzt in gewissem Sinn fort, was Wagner mit seinem Tempel in Bayreuth realisiert hat. Viele Künstler, so Kandinsky, Schönberg, Mondrian und später Beuys, stehen den esoterisch-philosophischen Lehren Steiners näher, als es bislang diskutiert wird. Dies belegen Schriften, deren gemeinsames Ziel es ist, eine Systematik zwischen Kunst und Musik herauszustellen. Bezeichnenderweise sind es gerade die Jahre um 1911, in denen Kandinsky die Vorträge Steiners besucht, an dessen Ideen er anknüpfen kann. Er war zugegen, als in München „mit Hilfe eines Johannes-Bau-Vereins ein eigenes Festspielhaus errichtet werden sollte, aus dem das Goetheanum in Dornach wurde".[23] Es werden Orte geschaffen, die architektonischer Ausdruck von Gemeinschaften sein sollen.

Das Bauhaus entwickelt sich zum Haus für viele Künste, doch die Musik fehlt. Es verbindet die Meister Lyonel Feininger, Paul Klee und Wassily Kandinsky miteinander. Das (Bauhaus-)Symbol, die Kathedrale, Summe aller Künste, steht für eine auch sinnlich erfahrbare Gemeinschaft und abstrakte Gottesnähe in Gestalt eines Bauwerks, dessen gotische Turmspitzen den Himmel zu streifen scheinen. Vergleichbar nur noch mit Caspar David Friedrich und später Kurt Schwitters, bietet Feiningers Kathedrale nicht nur viele Anknüpfungspunkte für die Kunstgeschichte, sondern spiegelt auch eine von der Metaphysik der Kunst befreite handwerkliche Kunst. Handwerk statt Metaphysik, das Programm des Bauhauses schlechthin. Feiningers Technik und die Holzdruckplatte lassen dennoch die grob leuchtende Form in spirituellen Dimensionen erscheinen, wie dies am Beispiel von Schönbergs Bühnendrama *Die Glückliche Hand* deutlich werden kann, wenn es um die scheinbar schlichte Frage geht, was eine Komposition ist. Der kompositorische Zusammenhang wird zum Problem, er wird bei Kandinsky und Schönberg gleichermaßen gesucht und dies, obwohl es sich um szenische Werke handelt: „Ein irgendwie zusammenhängendes Instrumental- oder Vokalstück ist nicht vorhanden, nirgends Körper, nirgends nur auch Linie, nichts als Farbe, nichts als Farben und diese einander so jagend und verdrängend, dass trotz der vielleicht oder auch wegen des Aufgebots eines ungeheuerlichen Instrumental- und außerordentlichen Bühnenapparats kein Eindruck haften bleiben mag."[24] Bei Schönberg lassen sich die inhaltlichen Verweise aus dessen Leben ableiten. Biografisch zutiefst motiviert, wiederholt hier Schönberg ein Beziehungsdrama, wie dies knapp zehn Jahre zuvor der programmmusikalischen Schilderung bei der Komposition für Streicher *Verklärte Nacht* zugrunde lag: „Das Kind, das Du empfangen hast, sei deiner Seele keine Last." Zehn Jahre später nun sieht sich Schönberg von dem Maler Richard Gerstl betrogen, er erwischt seine Frau mit dem jungen Maler in flagranti, es kommt zu einer Szene, sie zieht aus, kehrt nach knapp einem Jahr zu Schönberg zurück, der Maler Richard Gerstl setzt seinem Leben ein Ende. Das Bühnendrama *Die Glückliche Hand* besteht „zum größten Teil aus Regie- und Beleuchtungsanweisungen, dazwischen entwickelt sich ein handlungsarmes, symbolträchtiges Geschehen".[25] Das Schlüsselmotiv bildet die Kraft der männlichen Hand, der als schöpferische Kraft und Handwerkskunst überhöhte Bedeutung zugesprochen wird. „Der Titel kommt von der glücklichen Hand des Mannes (als Verkörperung des geistigen, schöpferischen Menschen) mit der er das Weib nach einer einzigen, flüchtigen Berührung geistig besitzt. Der Mann achtet nicht, dass sie fort ist. Nun besitze ich Dich ganz! Mit derselben Hand führt er dann den Handwerkern vor, mit welcher Leichtigkeit er Schmuck schafft."[26] Schönberg überhöht die wenigen Bewegungen auf der Bühne durch ein riesiges Orchester mit über hundert Musikern, das nur für eine halbe Stunde den Rahmen sprengen sollte. Erst 1924 kam das Werk in Wien zur Uraufführung.[27] Klar erkennbar findet hier eine Feier des Handwerks statt, dem sich auch der Werkbund, de Stijl und das Bauhaus verpflichtet fühlten. Ein einfaches Material und günstiges Werkstück werden durch die Künstlerhand zum wertvollen Werk. Die Künstlerhand signiert die Welt, wie Yves Klein Ende der 1940er Jahre in Nizza an der Coté d'Azur das Blau des Himmels mit einer Geste zum Kunstwerk ernennen wird.

Kandinsky vertritt in Wort und Bild eine auch aus heutiger Sicht radikale Moderne. Begriffe werden neu besetzt; musikalische Kompositionen in Skizzen mit wenigen Worten beschrieben. Kandinsky sucht nach geistigen Mitstreitern in der Moderne und findet einen in dem Wiener Komponisten Arnold Schönberg, mit dem er bald eng befreundet sein wird – es liegen private Bilder vor, die Kandinsky und Schönberg mit deren jungen Frauen in zeitgemäß züchtiger Bademode zeigen. Das Zentrum seiner Schriften bilden Techniken sowie Begriffe und Verfahren musikalischer Kompositionen, die von der Musik auf die Kunst übertragen werden. Systeme werden gesucht, Übertragungen von der einen Kunst auf die andere versucht. Gelten die Gesetze der Musik auch in der Kunst? Solchen Fragen sind zwei Grundlagenschriften zur Theorie der Abstraktion gewidmet, die auch heute noch das Aufbegehren gegen überlieferte akademische Gesetze in Kunst und Musik verdeutlichen: *Über das Geistige in der Kunst* (1912) sowie *Punkt und Linie zur Fläche* (1926). Kandinsky beschreibt den Weg aus der gegenständlichen Kunst in die Abstraktion und entwickelt damit etwas, was als eine Theorie abstrakter Verfahren angelegt ist, die esoterische und anthroposophische Impulse aufnimmt. Seine Bildkompositionen und deren Erläuterungen deute ich als dynamisch bewegte Ereignisse im Raum, deren Beschreibung deswegen auf Elementarformen zurückgeführt werden muss, da jeder Gegenstandsbezug der Idee der Abstraktion zu widersprechen scheint. Dynamisch bewegte Formen nähern sich Gesetzmäßigkeiten musikalischer Kompositionen an, die Beschreibung bildlicher Darstellung erschließt sich fast zwangsläufig aus der Musik. Punkt, Linie und Fläche bilden Ereignisse, Gewichts-, Bewegungs- und Kräfteverhältnisse, die Kandinsky nun Komposition nennt. Man muss berücksichtigen, dass Kandinsky fest an das Prinzip einer Übersetzbarkeit der Künste glaubte und daher den Übertrag von Verfahren und Titel sowie Gattungsbezeichnungen im Sinne hatte. Was noch heute als Idee einer Transformation behandelt wird, ist für ihn bereits selbstverständlich. Mit dem Verlassen einer an Gegenständen orientierten Motivik gewinnt die Suche nach ähnlichen Verfahren in den Künsten an Bedeutung. „Was Kandinsky zu erforschen suchte, war nichts weniger als der gemeinsame Nenner aller Künste, ihre Wechselbeziehung [...] und Übersetzbarkeit."[28] Kandinsky entwickelt damit nichts weniger als eine Idee, Verfahren der Abstraktion interdisziplinär anzulegen. Sein literarisches Werk gilt es unter diesem Aspekt neu zu lesen.

Programmatisch in der Hinsicht finden sich Ausführungen insbesondere im Vorwort zu seiner Bühnenkomposition *Der Gelbe Klang*:

Jede Kunst hat eine eigene Sprache, d.h. nur ihre eigenen Mittel. So ist jede Kunst etwas in sich Geschlossenes. [...] Deswegen sind die Mittel verschiedener Künste äußerlich vollkommen verschieden. Klänge, Farbe, Worte. Im Grunde sind die Mittel vollkommen gleich, das letzte Ziel löscht die äußeren Verschiedenheiten und entblößt die innere Identität. Dieses letzte Ziel (Erkenntnis) wird in der menschlichen Seele erreicht durch feine Vibrationen derselben. Diese feinen Vibrationen, die im letzten Ziele identisch sind, haben aber an und für sich verschiedene innere Bewegungen und unterscheiden sich dadurch voneinander.[29]

Kandinsky wählt Worte und Begriffe, die den Komponisten verletzen. Seine Setzung beschwört eine Krise herauf, die Harmonie des Anfangs weicht einer Skepsis, antisemitische Vorwürfe seitens Schönbergs führen letztlich zum Zerwürfnis.

Das freundschaftliche Verhältnis, das Kandinsky mit Schönberg zunächst verband, spiegelt sich im Briefwechsel aus den Jahren zwischen
1911 und 1937. Eine Reihe von Briefen, die von Kandinsky angeregt wurden, entstehen, nachdem er eine Aufführung von Arnold Schönbergs
Streichquartett op. 10 im Januar 1911 erlebt hatte. Der Künstler ist völlig
begeistert und schwärmt:

Ich habe eben ein Konzert von Ihnen hier (München) gehört und habe viel wirkliche Freude daran gehabt. Sie kennen mich nicht, d.h. meine Arbeiten natürlich
nicht, da ich überhaupt nicht viel ausstelle und in Wien nur flüchtig und schon
vor Jahren einmal ausgestellt habe (Secession). Unsere Bestrebungen aber und die
ganze Denk- und Gefühlsweise haben so viel Gemeinsames, dass ich mich berechtigt fühle, Ihnen meine Sympathie auszusprechen. Sie haben in Ihren Werken das
verwirklicht, wonach ich in freilich unbestimmter Form in der Musik so eine große
Sehnsucht hatte. Das selbstständige Gehen durch eigene Schicksale, das eigene Leben
der Stimmen in Ihren Kompositionen ist gerade das, was ich auch in malerischer
Form zu finden versuche. Es ist momentan in der Malerei eine große Neigung auf
konstruktivem Wege, eine neue Harmonie zu finden, wobei das Rhythmische auf
einer beinahe geometrischen Form gebaut wird. [...] Ich finde eben, dass unsere
heutige Harmonie nicht auf dem geometrischen Wege zu finden ist, sondern auf
dem antigeometrischen, antilogischen. Und dieser Weg ist der der *Dissonanzen in
der Kunst*, also auch in der Malerei ebenso wie in der Musik.[30]

Interessanterweise hatte Kandinsky einen Vorabdruck von Schönbergs
Harmonielehre, die gegen den Willen des Komponisten auf dem Pla-
kat des Veranstalters zitiert wurde, aufgegriffen und sich darauf bezo-
gen. Schönbergs künstlerische Haltung sucht einen betont sachlichen
Umgang mit dem Material der Musik, inklusive Anspielungen auf das
Handwerk – fast in programmatischer Bauhausmanier – anstelle einer
Kunstlehre philosophischer Prägung. Schönberg:

Wenn einer musikalische Komposition unterrichtet, wird er Theorielehrer genannt;
wenn er aber ein Buch über Harmonielehre geschrieben hat, heißt er gar Theoretiker.
Aber einem Tischler, der ja auch seinem Lehrbuben das Handwerk beizubringen
hat, wird es nicht einfallen, sich für einen Theorielehrer auszugeben. Er nennt sich
eventuell Tischlermeister, das ist aber mehr eine Standesbezeichnung als ein Titel.
Wenn da ein Unterschied ist, dann kann er nur darin bestehen, dass die musikalische
Technik *theoretischer* ist als die tischlerische. Das ist nicht so leicht einzusehen. Denn
wenn der Tischler weiß, wie man aneinanderstoßende Hölzer haltbar verbindet,
so gründet sich das ebenso auf guter Beobachtung und Erfahrung, wie wenn der
Musiktheoretiker Akkorde wirksam zu verbinden versteht. Und wenn der Tischler
weiß, welche Holzsorten er bei einer bestimmten Beanspruchung verwenden soll, so
ist das ebensolche Berechnung der natürlichen Verhältnisse und des Materials, wie

wenn der Musiktheoretiker, die Ergiebigkeit der Themen einschätzend, erkennt, wie lang ein Stück werden darf.[31]

Wir erinnern uns an die Passagen aus der Komposition *Die Glückliche Hand*, einem Weihestück männlicher Schaffenskraft, entstanden in einer persönlichen Krise. Und an anderer Stelle, dem Vorwort zur Harmonielehre, die dem Andenken Gustav Mahlers gewidmet ist, heißt es: „Und ich wäre stolz, wenn ich [...], sagen dürfte: *Ich habe den Kompositionsschülern eine schlechte Ästhetik genommen, ihnen dafür eine gute Handwerkslehre gegeben.*"[32] Kandinskys Idee bildkünstlerischer Komposition bedient sich musikalischer Begriffe und der mit ihnen verbundenen tradierten Funktionen. Musikalische Ereignisse werden als dynamische und aktive Schwingungsformen beschrieben und ins Bildkünstlerische übertragen. Hier wird ein Fundament zur Abstraktion künstlerischer Verfahren begründet, dessen Rezeption in den Wissenschaften bislang kaum untersucht wurde. Im Verständnis Kandinskys klingen abstrakte Formen durch der Geometrie angenäherte Rasterungen, es sind Ereignisse in der Zeit. Das Gitternetz wird Leitbild eines Systems, in dem Kräfte in Ruhe und Bewegung ihren Ort finden.[33] Punkte zur Fläche ereignen sich in der Abstraktion als eine Folge, die nach Kandinsky universellen Charakter hat: „Punkte sind in sämtlichen Künsten zu treffen, und ihre innere Kraft wird sicher immer mehr zum Bewusstsein des Künstlers steigen."[34]

Und in diesem Verständnis musikalischer wie auch bildkünstlerischer Komposition erhält der Begriff und die Bedeutung *Komposition* eine radikale Wendung. Aus Sicht der Musik wird der Begriff *Komposition* abstrahiert. Es entsteht eine *Abstract Music*. Nicht also John Cage revolutioniert um 1950 das institutionell bestimmte Denken in der Musik, nein, es ist Kandinsky, dessen Ausarbeitung der Bildelemente Punkt und Linie zur Fläche ein Kompendium zur Theorie der Abstraktion bietet, und das 40 Jahre vor Cage und auf dem Feld der bildenden Kunst. Wenn weiter aus der Vorlage zum Bühnenwerk *Der Gelbe Klang* musikalische Beschreibungen zitiert werden, so ist es doch musikalisch gesehen fraglich, wie sich eine Komposition ohne Notentext denken lässt. Heute wissen wir mehr. Es handelt sich um eine musikalisch-szenische Komposition, die nicht mit einem Werk nach traditionellem Verständnis im Sinne eines Notentextes verwechselt werden sollte. Wie bereits erwähnt, wandte sich Kandinsky in der Hoffnung an Schönberg, von ihm Bestätigung als Komponist zu erfahren. Doch dies war offensichtlich zu viel verlangt. Schönberg, der Traditionalist, konnte angesichts der

29

wenigen und sehr allgemeinen Hinweise dem Wunsch nicht entsprechen. Kandinsky hält indes an seinem Konzept fest und arbeitet in *Punkt und Linie zur Fläche* seine Theorie einer Kompositionslehre der Abstraktion aus. Er vermeidet es, gegenständliche sowie naturalistische Andeutungen zu zitieren. Schönberg:

Ich muss Ihnen auch zu Ihren Beiträgen im *Blauen Reiter* einiges sagen. Also: Ihre Bühnen-Komposition gefällt mir ganz außerordentlich. Auch die Vorrede dazu. Damit bin ich einverstanden. Aber wie stellt sich das zur Konstruktion? Mir scheint es das Gegenteil davon zu sein. Mir scheint, dass einer, der konstruiert, wägen, prüfen muss. Berechnen die Tragfähigkeit, die Zusammengehörigkeit etc. *Der Gelbe Klang* aber ist doch nicht Konstruktion, sondern einfach: Wiedergabe innerlich geschaut. Da ist doch folgender Unterschied: Innerlich geschaut ist ein Ganzes, das zwar Bestandteile hat, aber gebundene, bereits angeordnete. Konstruiertes: sind Bestandteile, die ein Ganzes nachahmen wollen. Aber es ist keine Gewähr da, ob nicht die wichtigsten fehlen. Und ob nicht das Bindeglied dieser fehlende Bestandteil ist: die Seele. Aber Konstruktion, das ist zwar nur ein Wort, aber doch dasjenige, mit dem ich nicht einverstanden bin.[35]

Kandinsky erwidert drei Tage später am 22. August 1912:

Die Sache ist ja die, dass die Musiker heutzutage am allernotwendigsten erst das Umstürzen der ewigen Harmoniegesetze brauchen, was die Maler nur in der zweiten Linie brauchen. Bei uns ist das Notwendigste, die *Möglichkeit* der Komposition (resp. Konstruktion) zu zeigen und das allgemeine (sehr allgemeine) Prinzip aufzustellen. Das ist die Arbeit, die ich in meinem Buch angefangen habe – in sehr liberalen Strichen, die innere Notwendigkeit ist eben nur ein Thermometer (bzw. Maßstab), welcher aber zur selben Zeit zu der großen Freiheit führt und das innere Fassungsvermögen als die einzige Begrenzung dieser Freiheit aufstellt.[36]

Bildkomposition und musikalische Komposition sind für Kandinsky nahezu identisch. „Ich will aber zeigen, dass Konstruktion auch auf dem Prinzip des Missklangs zu erreichen ist oder besser, dass es hier vielmehr Möglichkeiten gibt, die in der angefangenen Epoche unbedingt zum Ausdruck gebracht werden müssen. So ist der *Gelbe Klang* konstruiert d.h. ebenso wie meine Bilder."[37] Schönberg, dessen Begriff entwickelter Variation noch ganz traditionell einer horizontalen Fortschreitung der Reihe verpflichtet ist, mussten zahlreiche Äußerungen, die Kandinsky aus der Begrifflichkeit der Musik auf bildkünstlerische Bereiche übertrug, schlicht befremden. So etwa, wenn Kandinsky äußerte:

Als Beispiele der neuen symphonischen Kompositionen [...] habe ich drei Reproduktionen nach meinen Bildern gegeben. Diese Reproduktionen sind Beispiele von drei verschiedenen Ursprungsquellen: 1. Direkter Eindruck einer äußeren Natur, welcher in einer zeichnerisch-malerischen Form zum Ausdruck kommt. Diese Bilder nenne ich *Impressionen*; 2. Hauptsächlich unbewusste, größtenteils plötzlich entstandene Ausdrücke der Vorgänge meines inneren Charakters, also Eindrücke von der inneren Natur. Diese Art nenne ich *Impressionen*. 3. Auf ähnliche Art (aber ganz besonders langsam) sich bildende Ausdrücke, welche lange und beinahe pedantisch nach den ersten Entwürfen von mir ausgearbeitet und geprüft werden. Diese Art nenne ich *Kompositionen*.[38]

Es war kaum begrifflich für den Traditionalisten Schönberg zu unterscheiden, was Kandinsky unter symphonischer Komposition verstanden haben mochte. Die Nähe zur Musik muss als eine Abstraktion ihrer dynamischen Formen verstanden werden, deren Ordnung und Struktur sich nur im zeitlichen Ablauf in Zeichnung und Notation als horizontal gegliederte Folge von Ereignissen und vertikal logische Folge darstellt. Mit der Abfolge von Linien verbunden sind Lesegewohnheiten. Schriftbild und Notentext nähern sich an. Auf dem Weg in eine abstrakte Notation entwickelt Kandinsky seine Theorie musikalischer, graphischer Kräftefelder, deren Einfluss auf die Notation bislang kaum beachtet wurde. Bekannt und vielzitiert hingegen ist das fragmentarisch angelegte Bühnenwerk *Der Gelbe Klang*. „Der Klang des mit dem Punkt gewohnheitsmäßig verbundenen Schweigens ist so laut, dass er die anderen Eigenschaften vollkommen übertönt."[39] Bezogen auf das Schriftbild der Musik bedeutet dies: „Bei Vergrößerung der freien Umgebung und der Größe des Punktes selbst vermindert sich der Klang der Schrift, und der Klang des Punktes gewinnt an Deutlichkeit und Kraft."[40] Es finden regelmäßig Treffen beider Künstler mit deren Frauen statt, sogar gemeinsame Ferien zwischen 1922 und 1927 am Wörthersee sind überliefert. Eine enge Freundschaft entsteht in den ersten Jahren. Doch 1923, als Kandinsky seit Jahren am Bauhaus ist und in Erwägung zieht, Schönberg als Lehrer zu verpflichten, kommt es zum Bruch. Im Raum steht dann bald der Vorwurf eines krassen Antisemitismus, der, wie an mehreren Stellen nachgewiesen, eindeutig auf das intrigante Wirken von Alma Gropius (Mahler) zurückgeht, die seit Jahren mit dem Direktor des Bauhauses, Walter Gropius, verheiratet ist. Alma mischt sich ein. Schönberg:

Wie kann ein Kandinsky es gutheißen, dass ich beleidigt werde: wie kann er an einer Politik teilnehmen, die die Möglichkeit schaffen will, mich aus meinem natürlichen Wirkungskreis auszuschließen, wie kann er es unterlassen, eine Weltanschauung zu bekämpfen, deren Ziel Bartholomäus-Nächte sind, in deren Finsternis man das Taferl, dass ich ausgenommen bin, nicht mehr lesen kann![41]

Feininger im Kontext

Bedeutsam in den Kreisen um Kandinsky wurde auch Feininger. Zunächst stehen einfache Handwerkstechniken im Zentrum. Zu einer Zeit, da Feininger über 100 seiner 320 Holzdrucke erstellt hat, entsteht eine Werkgruppe, die auch das Bauhaus prägen wird. Material wird als lebendiges Medium erkannt: Holz als Werkstoff im Zeitalter der Industriealisierung und des Wiederaufbaus der Nachkriegsjahre der Weimarer Republik. Die Kathedrale, einst monumentale religiöse Architektur, eint nun symbolisch die (Bauhaus-)Gemeinschaft ohne konfessionelle Bindung. Von Feiningers Holzdruck zur Zeichnung und von der Zeichnung zur Musik ist es nun kein weiter Weg mehr. Wie bei kaum einer vergleichbaren Bewegung konnten am Bauhaus in Dessau und Weimar Meisterklassen entstehen, die besonders durch drei Künstler einen inneren Zusammenhalt erfuhren. Gemeinsam sind ihnen persönliche Erfahrungen mit Musik. Drei Künstler von Rang, die durch ihre Kunst und deren geistige Dimension in der Geschichte der Künste ungewöhnlich gewirkt haben, treffen zusammen. Sie entstammen bürgerlichen Familien. Professionelle Musiker und Streichquartette (Klee) sowie kleine Ensembles in der Hausmusik waren gegenwärtig und auch die Praxis musikalischer Ausbildung selbstverständlich. Entsprechend vielfältig sind Zeugnisse in Gestalt von Briefen, Unterlagen zu Lehrveranstaltungen, Skizzen- und Arbeitsbüchern. Während Feininger mehrere musikalische Inventionen und Fugen im Stile Johann Sebastian Bachs komponierte und diese sogar führenden Musikwissenschaftlern seiner Zeit in Berlin durch seine Frau vorlegen ließ, entwickelte Paul Klee eine Bildsprache, die musikalische Titel und Gattungen der Komposition auf das Tableau übertrugen. *Fuge in Rot, Gradus at Parnassum, Invention* etc. Manche seiner Zeichnungen wirken wie grafische Kompositionen und visuelle Musik, wie etwa die Zeichnung *Bewegung in Schleusen*.[42] Durch das Verhältnis zu musikalischen Vorbildern zeigen sich Feininger und Klee in den 1920er Jahren historisch ausgerichtet, und sie reflektieren einen Wertekanon, der durch die Rezeption Bachs und die Wiederentdeckung der Kathedrale bestimmt ist. Die Verehrung der Gotik und Bachs wird zudem getragen von der nun vollständig vorliegenden kritischen Gesamtausgabe durch Philipp Spitta sowie der auflagenstarken Bach-Monografie von Albert Schweitzer.

Wo steht Feininger in diesem Kontext? Betrachtet man die Elementar-formen, die Feininger in zahllosen Studien zu Kirchen und Kathedralen erstellt hat, so lassen sich diese als Summe künstlerischer Stile um 1920 verstehen, wo Impressionismus, Dynamismus, Hinweise auf den Futu-rismus in Gestalt gesplittert expressiver Formen vereint sind. Feininger scheint offensichtlich Orte und Sujets von Caspar David Friedrich gut gekannt und intensiv studiert zu haben. Und dies in der Umgebung von Friedrichs Geburtsort und Wirkungsstätte Greifswald an der Ostsee, wo Feininger in den 1910er und 1920er Jahren mit neuesten Fahrrädern weite Ausflüge unternahm. Die Fahrräder ließ er sich aus Amerika kom-men, und es entstanden in der Region über 1200 Skizzen. Schiffs- und Kirchenmotive, leuchtende Dreiecksformen und kristalline Strukturen, die, wie auch die berühmten jahreszeitlich sich ändernden Heuhaufen Claude Monets, den Weg in die Kunst des 20. Jahrhundert ebnen und die über die kubistische Zersplitterung dann ihre Motive in der Kunst der Abstraktion entfalten. Auch hier wird von der Idee eines spirituellen Gehaltes von bildender Kunst und Architektur gesprochen, es sind die romantischen Motive, in deren Kern sich ein konfessionell ungebundenes religiöses Bekenntnis mit politischer Färbung findet. Kandinsky wurde durch seine Kenntnis der Musik inspiriert und äußerte: „Ein großes spitzes Dreieck in ungleiche Teile geteilt, mit der spitzesten, kleinsten Abteilung nach oben gewendet – ist das geistige Leben schematisch richtig dargestellt. Je mehr nach unten, desto größer, breiter, umfang-reicher und höher werden die Abteilungen des Dreiecks."[43] Bei Feinin-ger sind dies Segelboote, Wolkenbilder und überhöhte Kathedralen, die bei Betrachtung ein schlüssiges Bild, ja sogar ein in sich stimmiges Programm aufzeigen. Es klingt paradox: Die Verklärung durch Größe und Perspektive gehört bei Feininger zum Programm. Überwältigung und Erstaunen rufen seine Bilder durch die miniaturhaften Personen hervor, die seinen Werken eine eigene Handschrift geben. Feininger bildet somit aus Sicht der Kunstgeschichte ein Scharnier zwischen den Kathedralen Caspar David Friedrichs und Kurt Schwitters installativen Räumen. Beides kann neu gelesen werden.

Zauber, Geheimnis und Überwältigung, die von dem Bild der Kathe-drale seit Caspar David Friedrich, Lyonel Feininger und Kurt Schwitters ausgehen, haben eine Tradition. Mit ihren überhöhten Ruinen, abstrakt zersplitterten Körpern und theatralisch schönen Resten sowie jenen Stümpfen der Architektur in atmosphärisch aufgeladener Landschaft und an der Küste zitieren sie das Ende einer Epoche. Das Bild der Kathedrale erfährt eine universelle Gültigkeit. Ihre äußere Gestalt findet sich in den komplexen Bezügen des Innenraums. Während Turmspitzen bei Friedrich und Feininger jenen von Segelschiffen angenähert wurden, nutzte Schwitters ihre Form und drehte sie gewissenmaßen nach innen. Kubistisch gesplitterte, dramatische Körper, ebenfalls in Farbe erstellt, näherten sich nicht zufällig jenen Basalthöhlen und Grotten an, die um 1810 als natürliche gotische Kirchen (Mendelssohn) verehrt wurden, da ihre Akustik den Vorbildern ähnelte. Schwitters Raum-Arbeit *Kathedrale des erotischen Elends* individualisiert den Rausch der Sinne und die sensorische Überwältigung als Bestandteil einer architektonischen Form. Kathedralen waren geplant, um als architekturgewordener Gottesbeweis mit allen Sinnen individuell erfahren zu werden. So wurden ihre Fenster nicht als Blickachsen in den Außenraum konzipiert, sondern der Glanz, das Innere des Raumes leuchtete nach außen. Die Sujets von Friedrich erfahren durch Feininger eine Aktualisierung, der sie in kubistisch angelegten Verfahren neu fasst. Das Motiv der Kirche von Gelmeroda in der Nähe von Quedlinburg wird von Feininger über Jahrzehnte immer wieder aufgegriffen und wie ein musikalisches Thema mit Variationen bearbeitet. Dass Feininger zudem noch Präludien, Inventionen und Orgelfugen komponierte, unterstreicht die Nähe zu sakralen Räumen und der sich nur in ihnen entfaltenden Raumakustik, denn nur in großen Kathedralen wandern Klänge für viele Sekunden durch den Raum und nähern sich so einer universalen Gültigkeit an.

Bach verbindet

Bach verbindet und wird interdisziplinäre Leitfigur. Bildkünstlerische und kompositorische Bezüge auf das Werk Johann Sebastian Bachs, besonders Ausschnitte aus Bachs *Kunst der Fuge,* erweisen sich in den Jahren zwischen 1919 und 1936 als Dreh- und Angelpunkte, bei Lyonel Feininger, Johannes Itten, Paul Klee und dem Komponisten Anton von Webern, einem bedeutenden Schüler Arnold Schönbergs. Die Aneignung, künstlerische Bearbeitung, die vom Zitat bis zur Zersplitterung der Ausgangswerke gehen konnte, kann als eine frühe Form der Appropriation, der künstlerischen Übertragung, Zitation und Projektion verstanden werden. Da der Begriff der Appropriation erst um 1980 kunstgeschichtlich etabliert wird, haben wir es hier mit einer besonderen Form künstlerischer Aneignung und Identifikation zu tun. Kunst über Kunst, Kunst über Musik, Musik über Kunst und Musik über Musik schaffen Verhältnisse, die eine Auswirkung auf Fragen zur Autonomie des Werkes und dessen Charakter haben. Doch der Bezug auf die Begrifflichkeit komponierter Musik und deren Beschreibung zielt auf mehr. Bereits manche (instrumentierten) Bearbeitungen lassen sich Original und Bearbeitung oft nicht mehr nach gängigen Kriterien beschreiben. „Wer das Ricercar als Werk Bachs hört, muss enttäuscht sein. [...] Webern dosiert Analyse mit dem Scheinwerfer der Klangfarbe. Die Motive bekommen hier ein Eigenleben, auf Kosten der Linie. Webern scheut nicht davor zurück, ein Motiv zu zerschneiden. [...] es ist symptomatisch für den erreichten Stand der Zer-Gliederung."[44] Gleichzeitig wird gerade Weberns Bearbeitung des Ricerars nicht von den sonst verhängten Aufführungsverboten radikal moderner Musik erfasst, die im Zeichen nationalsozialistischer Diffamierung das Umfeld der II. Wiener Schule betreffen.[45] Ein interessanter Sonderfall, der Fragen aufwirft, die sich mit den Formen sakraler Musik erklären lassen. Radikale Abstraktion im Gewand einer Instrumentation? Wie geht das? Es ist vielleicht nachvollziehbar, da Fugen und kanonische Formen doch als besonders logisch durchdrungene kompositorische Verfahren in der geistlichen Musik gewürdigt werden. Keine Form hat einen vergleichbar vergeistigten und gleichzeitig auch gemeinschaftsbildenden Charakter: „Unter allen musikalischen Formen ist die Fuge von der strengsten Logik. In einer Fuge kommt die Kunst zur Geltung, aus einem einzigen Motiv von wenigen Noten ein ganzes kunstvolles Stück aufzubauen."[46] Es ist schon beachtlich, dass der 1907 in Deutschland geborene und in den USA wirkende Musikwissenschaftler Hugo Leichtentritt anstelle von Komposition vom Bauen, Auf-Bauen spricht. Keine musikalische Form und kein kompositorisches Verfahren scheinen geeigneter zu sein, eine Stilisierung und metaphysische Überhöhung zu erfahren als die Fuge. Dass dabei die Idee eines Wachstums einer kleinen Zelle zu einer komplexen Form führt, die meist für die Hörer nur schwer zu entschlüsseln ist, lässt das Thema der Fuge schnell als eine Art Kondensat erscheinen, das auch sinnbildlich für das Geistige in Kunst und Musik stehen kann. So spiegelt sich in der Fuge ein nachvollziehbarer musikalischer Kosmos, der auch für die benachbarten Künste einen Vorbildcharakter hat, wie auch andere Formen geistlicher Musik, die von der II. Wiener Schule aufgegriffen wurden.

Kurz zur Entstehung des Ricercars: Das Leben, das Anton Webern in diesen Jahren führte, war nach seinem eigenen Wunsch ein sehr zurückgezogenes, nach keiner Seite hin exponiertes. Die politische Atmosphäre in Österreich hatte sich gewandelt. Vergangen waren die Jahre, in denen der berühmte Dirigent der Arbeiter-Konzerte auf der Bühne stehen konnte, zwischen 1934–1938 lebte Webern in Mödling bei Wien, in der Nähe seines Lehrers Arnold Schönberg. Wahrscheinlich als Schlüsselwerk seiner Kompositionstechnik kann die im Jahr 1935 fertiggestellte Chor-Kantate *Das Augenlicht op. 26* gesehen werden, dem die in mehrfacher Hinsicht bemerkenswerte Kunst der Fuge Bachs vorausging. Entscheidend ist die Wahl jener in sich komplex geschlossenen sechsstimmigen Fuge, deren anspruchsvoller Linienaufbau Webern als geeignet erscheinen konnten, auf dieses musikhistorisch prominente Werk sein Verfahren einer auf Akzentuierung hin ausgelegten Instrumentierung zu projizieren. Klangfarbe, so die Kurzfassung, löst die Linie der Komposition auf und verändert diese. Farbe gegen Zeichnung. Linien werden zerlegt, gewissermaßen pulverisiert und zu musikalischem Staub.

Dabei sind Instrumente, Klangfarben, Spieltechniken und die dynamischen Wechsel so angelegt, auch verdeckte Schichten und subkutane Verbindungen herauszustellen. Instrumentation wird zur Technik musikalischer Analyse, an deren Ende aus bereits Vorhandenem ein neues Werk entsteht. Hier bildet sich Webern, der Dirigent, als Meister einer neuen Stimmführung aus, die mit Bach über Bach weit hinausgeht. Ein in sich komplex geschlossenes Linienwerk wird im Verlauf in eine

Fläche punktueller Ereignisse überführt, an deren Ende die Linie nur noch als Reminiszenz wahrgenommen werden kann. Bereits im Frühwerk entstanden typische kanonische Formen: „Entflieht auf leichten Kähnen", op. 2. Dann, Jahre später: „Das sechsstimmige Ricercar [...] in der von Webern 1935 vorgenommenen Orchestrierung; hier war die meisterliche kontrapunktische Struktur schon gegeben; ihre abstrakte Anlage mit lebendigstem Ausdruck zu erfüllen war das Problem, dessen Lösung Webern in ganz sublimer Art leistete."[47] Der Begriff der Abstraktion bezieht sich ausdrücklich auf die Technik einer Auflösung der Linie, deren Nachvollzug für den Hörer und zuvor den ausführenden Musikern die Voraussetzung des musikalischen Werkes war. In der Hülle des Bekannten findet eine bedeutsame Akzentverschiebung, eine Auflösung statt.

Die thematische Evolution wird hier eindeutig hörbar, und zugleich wird offenbar, warum Webern gerade Bach bearbeitete: Hier konnte er zeigen, dass die konventionelle Aufführungspraxis, die sich in Werktreue gefällt, das Werk herabwürdigt, indem sie die musikalische Realität der Ideologie vom linearen Kontrapunkt (Kurth) opfert. Wie Webern aber die Linie auskomponierend belebt, zeigt die Instrumentation des Themas dieser großen Fuge. In der Tat handelt es sich hier um die klangliche Realisation einer Analyse.[48]

Aus den Reihen der Musikkritiker kommen schnell die Worte, die sich an einer musikalischen Terminologie orientieren, die in dieser Form in der Sprache der bildenden Kunst nicht vorhanden ist. Musikalische Terminologie ist in technischer Hinsicht präziser und wird daher von den bildenden Künstlern zur Beschreibung abstrakter Werke herangezogen, wie auch umgekehrt von Musikologen auf die Kunst verwiesen wird.

Die Bearbeitung bachscher Musik [...] beweist, dass es möglich ist, neue Probleme auch alter Musik aufzuerlegen, wenn sie nur der Musik immanent sind. [...] Das punktuelle Verfahren, also die Aufgliederung einer Melodie auf viele Instrumente, die sich wie Glieder einer Kette reihen und abzunehmen scheinen, ist in Weberns Nachfolge zu einer Methode ausgebaut worden. Webern selbst hat es auch in seiner Orchestrierung der sechsstimmigen Fuge angewandt. Das Bestreben nach einer möglichst starken Akzentuierung lässt die Motive von Instrument zu Instrument wandern, so dass ästhetisch der Eindruck einer Farbfläche entsteht, die sich ähnlich wie bei den neo-impressionistischen Malern Paul Signac und Georges Seurat aus vielen nebeneinanderliegenden Punkten ergänzt.[49]

Nur stellt sich hier die Frage, ob Webern den Weg der Auflösung der Linie zu einer Klangfläche vollzieht, die kaum gehört werden kann, da zu viele Akzente und einzelne Punkte seitens der Hörer ein fortgeschrittenes Verständnis erfordern.

Zur Kontroverse über den Standort Weberns mag so viel gesagt sein, während Kolneder [...] Linien zur Tradition zieht, gibt es doch auch die Gegentendenz. [...] Man hätte es dem ästhetischen Ethos von damals schon anmerken können, worauf die Politik hinauswollte. So hat der Musikwissenschaftler Hans Mersmann für Webern unermüdlich den abscheulichen Ausdruck *Zersetzung* benutzt: „Die elfstimmige Partitur wirkt wie eine Ironie. Die Dynamik geht vom Piano aus abwärts bis zum dreifachen Pianissimo. Wenn man dieser Musik begegnet, ohne zu wissen, aus welcher Haltung und welchem Kreis sie herauswuchs, so würde man sie für das Werk eines Spaßvogels halten, irgendeines kleinen Kompositionsschülers, der sich über die neue Musik lustig machen wollte. [...] Hier geht ein Weg zu Ende. Wir stehen dem Ende der Musik gegenüber, dem absoluten Endpunkt."[50]

Mersmann argumentiert in seiner Polemik aus einer bekannten Perspektive, nämlich der der Auflösung der Linie und damit des Verlusts der Gestalt. Doch gegen Adornos geschichtsphilosophische Kritik an einer terminologisch unsicheren musikwissenschaftlichen Analyse kann eingewendet werden, dass er, Adorno nämlich, den Gedanken einer Stufenfolge musikalischer Abstraktion am Beispiel von Weberns *Ricercar* hätte beschreiben können, das als eine Leistung eines Dirigenten erscheinen darf, dessen akzentuiertes Herausarbeiten wichtiger Passagen zum Wesen der Bearbeitung geworden ist. Naheliegend die Annahme, dass die Erfahrungen des Dirigenten, nach innen gewandt, sich im Medium der Instrumentation ihren Ort suchen. Webern spricht mehrfach von seiner „Bach-Fuge", was zum Schluss berechtigt, dass er das Original-Werk ähnlich einer Folie nutzen konnte, um durch den gegebenen Zusammenhang (Bachs) nun doch auch neue Felder musikalischer Gestalt zu erproben. Dabei ist die Bearbeitung wichtig und fraglos im Kontext ihrer Entstehung zu betrachten, die durch eine neue, unsichere Lebensphase geprägt ist. Bach wurde nicht zum ersten Mal Zielpunkt und Projektionsfläche. Irreführend mag die Gestaltung der Stimmfortschreitung sein, die Webern an manchen Stellen erscheint, wo Linien ohne Motiv aufgebrochen werden.[51] Die Kritik einer in den Traditionen der Palestrina-, Bach- und Händelforschung verorteten Musikwissenschaft moniert bei Webern einen „Ausfluss jenes gesteigerten analytischen Denkens [...], dessen Entwicklung sich aber wohl auf Kosten der Kraft zur Synthese vollzogen hat".[52] Analyse wird zum Ausgangspunkt und Lehrstück des neuen kompositorischen Selbstverständnisses einer Gegenwart um 1960, die, von seriellen Techniken geprägt, in Webern eines ihrer Vorbilder gefunden hat, diese zeichnet sich aus durch eine „in sich ständig verfeinerter analytischer Technik endlich bei den einzelnen Tönen angelangt ist, die abzuzählen und tabellarisch zu ordnen als letzte Aufgabe bleibt."[53] Wortwahl und Tradition sind geeignet, die Neuerungen Weberns in der Vereinnahmung und möglicherweise auch Überzeichnung eines kompositorischen Prozesses zu verstehen, der, lediglich als Instrumentation verstanden, fehlinterpretiert werden muss. Radikal in der Auflösung der horizontalen Linie sowie der Schichtung eines waagerecht orientierten und damit zeitlich fasslichen Verlaufs, werden bei Webern durch die vertikalen Verlagerungen die Prozesse der Tonbewegungen in ihrer Fasslichkeit nun so deutlich verändert, dass der Tonsatz in seiner Logik eine Veränderung erfährt, die bereits als Stufe zur Abstraktion gesehen werden muss. Die Verlagerung kompositorischer Logik von der horizontalen Linie in die vertikale Farbskala der Instrumente führt zur Neubewertung musikalischer Zeit. Verbunden mit der Akzentuierung einzelner Töne entstehen neue Spannungsverhältnisse. Jede Sprachähnlichkeit wird aufgelöst, melodische Ruhepunkte entfallen. Am historischen Werk Bachs ist Weberns Ästhetik am klarsten zu erkennen, das Ricercar wurde bislang in der Webern-Forschung nicht genug berücksichtigt. Mir scheinen Zeitpunkt der Entstehung und dessen Ausarbeitung das Zentrum von Weberns Schaffen zu sein. Inhaltliche wie begriffliche Überschneidungen sind Mitte der 1930er Jahre an der Tagesordnung, insbesondere dann, wenn es um die Verhältnisse von Zeichnung, Farbe, Form und Gattungen mit Bezug auf die Wissenschaften geht.

Impressionismus als Weg in die Abstraktion

Kandinsky holt weit aus, wenn er Musikwissenschaft und Kunstwissenschaft vergleicht und dabei die Entwicklung der Farbe in künstlerischen Prozessen zum Problem der Beschreibung beider Wissenschaften macht. Farbe gegen Linie, so lautet das einfache Schema, das gegen die akademischen Lehrmeinungen und vermeintlichen Regelwerke gesetzt werden kann. Dabei werden Linien in Kunst (Zeichnung) und Musik (Melodie und Fortschreitung) einer Auflösung unterzogen, sie verlieren sich in Farbflächen, um schließlich Gegenstand und Gestalt aufzugeben. In bildender Kunst und Musik lassen sich diese Entwicklungen in besagten drei Schritten feststellen. Schnittmengen beider Wissenschaften sieht Kandinsky in den Möglichkeiten einer Beschreibung der in beiden Feldern wirkenden dynamischen Prozesse, deren Bewertung durch die Techniken des Impressionismus quer zu den akademischen Normen steht, und er erkennt in dieser Bewegung die Chance auf einen Perspektivenwechsel in den Wissenschaften. Durch die Neuerungen in der Malerei in Frankreich um 1880 werden folgerichtig die Grundsätze akademischer Wissenschaften in Zweifel gezogen. Künstlerische Praxis eilt wie immer der Theorie voraus, die ersten und tragfähigen Ansätze neuer Leitbegriffe werden meist aus der Praxis angeboten.

Es ist eine sonderbare Tatsache, dass die Impressionisten in ihrem Kampf gegen das Akademische die letzten Reste der Maltheorie vernichtet haben, dass sie trotz ihrer Behauptung – die Natur wäre die einzige Theorie für die Kunst – sofort selbst, wenn auch unbewusst, den ersten Grundstein zur neuen Kunstwissenschaft legten. Eine der wichtigsten Aufgaben der jetzt beginnenden Kunstwissenschaft wäre eine eingehende Analyse der ganzen Kunstgeschichte in Bezug auf Konstruktion und Komposition zu verschiedenen Zeiten.[54]

Wie schon in den 1910er Jahren findet Kandinsky in der Beschreibung musikalischer Formen auch gut zehn Jahre später die ästhetischen Grundlagen, die er aufgreift, um sie mit den Werken bildender Kunst zu konfrontieren. Das Denken in der Kunst ereignet sich in Begriffen der Musik, deren terminologische Geschichte jedoch von Kandinsky grob vereinfacht und unter akademischen Gesichtspunkten deutlich vernachlässigt wird.

Die Musik, die keine praktischen Zwecke hat [...] und die bis heute allein für abstrakte Werke geeignet war, hat längst ihre Theorie, eine bis jetzt vielleicht etwas einseitige Wissenschaft, die sich aber in ständiger Entwicklung befindet. So haben beide (Kunst- und Musikwissenschaft) zueinander antipodisch liegenden Künste eine wissenschaftliche Basis, und es wird kein Anstoß daran genommen.[55]

Kandinsky erkennt solche Querstände und deutet damit jenen bis heute verbreiteten Historismus akademischer Kunst- und Musikauffassung an. Und dies bereits in den 1920er Jahren, was sich durch kunst- und musikkritische Besprechungen in der Tages- und Fachpresse hinsichtlich neuerer Werke untermauern lässt. Eine Alternative, das radikal Neue in Anlehnung an etablierte, kanonisierte Werke zu erproben, bieten Rückgriffe und Bearbeitungen an, deren Grundstrukturen jedoch kaum mehr erhalten bleiben. Der Tonsatz wird in seiner linearen Logik aufgelöst.

Finden sich bereits in der Musikwissenschaft erste Vergleiche, die eine Auflösung der Linie in immer weiter auseinanderlaufenden Punkten beschreiben, so bleibt der Rückgriff auf die Kunst ebenso vage, wie umgekehrt Kandinsky über Musik schreibt: „Die modernsten Musiker, wie Debussy, bringen geistige Impressionen, die sie oft aus der Natur entnehmen und in rein musikalischer Form in Bilder verwandeln. Gerade Debussy wird deswegen oft mit den Impressionisten-Malern verglichen, indem man behauptet, dass er diese Malern gleich in großen persönlichen Zügen der Naturerscheinung zum Zwecke seiner Stücke macht."[56] Mehr als nur die Nennung der Titel, die sich ähnlich der Plein-Air-Malerei Cézannes, Monets u.a. dem atmosphärischen Wechsel der Jahres- und Tageszeiten verschrieben hatte, die insbesondere von Cézanne in dessen umfangreichen Briefen[57] dokumentiert sind, so lassen sich bei Kandinsky in den 1920er Jahren ebenfalls zunächst nur Andeutungen im Bereich der Musik daraus ableiten. Titel gewinnen an Gewicht, und sie führen erneut programmatisch ins Werk. Titel geben nicht nur einen Namen, sondern sie erweisen sich gewissermaßen als eine Pforte und Tür, die zu öffnen notwendig ist, ein Werk ohne Titel erscheint wie eine Tür ohne Klinke.

„Und andererseits braucht Debussy auch in den impressionistischen Bildern nie eine ganz materielle Note, die das Charakteristische der Programmmusik ist, sondern er bleibt bei der Ausnützung der inneren Werte der Erscheinung."[58] Kandinsky bezieht sich ausführlich auf Cézanne und verbindet mit dessen Werk eine besondere geistige Aufladung einfacher Objekte.

Er verstand aus einer Teetasse ein beseeltes Wesen zu schaffen oder richtiger gesagt, in dieser Tasse ein Wesen zu erkennen. Er hebt die *nature morte* zu einer Höhe, wo die äußerlich toten Sachen innerlich lebendig werden. Er behandelt diese Sachen ebenso wie den Menschen, da er begabt war, das Leben überall zu sehen. Er bringt sie zu farbigem Ausdruck, welcher eine innere malerische Note bildet, und presst sie in die Form, welche zu abstrakt klingenden Harmonien ausstrahlenden, oft mathematischen Formeln herangezogen werden.[59]

Kandinsky polarisiert:

Denn [...] nach den idealistischen Idealen kommen die diese ablösenden impressionistischen Bestrebungen in die Malerei. Die Letzteren enden in ihrer dogmatischen Form und rein naturalistischen Zielen in der Theorie des Neo-Impressionismus, welcher zur selben Zeit ins Abstrakte greift.[60]

Aus solchen und ähnlichen Perspektiven wird französischen Malern zwischen 1880 und 1910 das Fehlen jener vermeintlich geistigen Dimension vorgeworfen, ihr Schaffen als schlicht impressionistisch abgewertet. Kandinsky hingegen plädiert für einen mystisch, theologisch aufgeladenen Begriff der Kunst.

Kandinsky bezieht sich auf die Schrift Paul Signacs *Delacroix au Neo-Impressionisme*, und er beruft sich auf die Technik des Divisionismus, dessen Kern in der Auflösung gestaltbildender Formen liegt. Gleichzeitig läuft der Verlust der Gestalt dort aber ins Leere, was eine theosophisch-anthropologische Aufladung des Bildgeschehens notwendig zu machen scheint.

Überwältigt und nachhaltig geprägt wurde Kandinsky durch eine Ausstellung in Moskau, wo er erstmals Claude Monets Heuhaufen begegnete:

Und plötzlich zum ersten Mal sah ich ein Bild. Dass das ein Heuhaufen war, belehrte mich der Katalog. Dieses Nichterkennen war mir peinlich. Ich fand auch, dass der Maler kein Recht habe, so undeutlich zu malen. Ich empfand dumpf, dass der Gegenstand in diesem Bild fehlte. Und merkte mit Erstaunen und Verwirrung, dass das Bild nicht nur packt, sondern sich unverwischbar in das Gedächtnis einprägt und immer ganz unerwartet bis zur letzten Einzelheit vor den Augen schwebt. Das alles war mir unklar, und ich konnte die einfachen Konsequenzen dieses Erlebnisses nicht ziehen. Was mir aber vollkommen klar war – das war die ungeahnte, früher mir verborgene Kraft der Palette, die über meine Träume hinausging. Die Malerei bekam eine märchenhafte Kraft und Pracht. Unbewusst war mir auch der Gegenstand als unvermeidliches Element des Bildes diskreditiert.[61]

Doch die Historie der Kathedrale wird hier nicht vergessen, sie erscheint in abstrakt naturalisierter Form. Der Heuhaufen ist nicht mehr und nicht weniger eine Kathedrale der Natur, er ist Abschluss der Saison und Speicher für Kommendes. Er ist eine atmende sensorische Vielfalt und bietet sogleich Nahrung und Schutz, er wird zum Sinnbild und behütenden Dach, das dem Wetter und dem jahreszeitlichen Wechsel widersteht. Und er strahlt wie blondes Haar und bisweilen auch kristallin.

In der Moderne wird die Handschrift des Künstlers zunehmend als Autorität anerkannt. Ansätze der Überhöhung seiner Person sind verbunden mit einem verstärkten Interesse am Umfeld seines Wirkens.

Auf eine geheimnisvolle, rätselhafte, mystische Weise entsteht das wahre Kunstwerk aus dem Künstler. Von ihm losgelöst, bekommt es ein selbständiges Leben, wird zur Persönlichkeit, zu einem selbständigen, geistig atmenden Subjekt, welches auch ein materiell reales Leben führt, welches sein Wesen ist. Es ist also nicht eine gleichgültig und zufällig entstandene Erscheinung, die auch gleichgültig in dem geistigen Leben weilt, sondern, wie jedes Wesen besitzt es weiterschaffende, aktive Kräfte. Es lebt, wirkt und ist an der Schöpfung der besprochenen geistigen Atmosphäre tätig.[62]

Musikalische und bildnerische Kompositionen nähern sich an, ohne dass detaillierte kompositorische Verfahren beschrieben werden. Erneut kann daher auf Kandinsky verwiesen werden, dessen Bedeutung als Ideengeber in einer künstlerischen Prosa für die Theorie der Abstraktion wirksam wurde. Seine Äußerungen zu musikalischen Kompositionen in einer begriffsgeschichtlich geprägten Kompositionslehre und der Terminologie der Musik können nur bedingt eingebunden werden.

Die andere Art ist die kompositionelle, bei der das Werk größtenteils oder ausschließlich aus dem Künstler entsteht [- Achtung: Die Fuge ist ein durchgestaltetes Prinzip! -], so wie das in der Musik seit Jahrhunderten der Fall ist. Die Malerei hat in dieser Beziehung die Musik eingeholt, und beide bekommen eine immer wachsende Tendenz, absolute Werke zu schaffen, das heißt vollkommen objektive Werke, die den Naturwerken gleich, rein gesetzmäßig als selbständige Wesen von selbst erwachsen. Diese Werke stehen der in abstracto lebenden Kunst näher, und vielleicht sind sie allein bestimmt, diese in abstracto existierende Kunst in unabsehbarer Zeit zu verkörpern.[63]

Der Künstler wird zum Schöpfer stilisiert. Das von ihm jeweils verwendete Material wird fortan aus der Geschichte der Künste und ihrer zeitgeschichtlichen Bedeutung im Medium geistiger Substanz beschrieben.

Auflösung

Zeichnung – Farbe – Gestalt

Kandinsky ist um 1920 zum führenden Theoretiker abstrakter Kunst geworden, dessen dynamische Bildkompositionen aus einer theosophischen Haltung heraus jene Spiritualität integrieren, die zum Impuls seines Schaffens wurde. Im Vergleich zu Cézanne orientieren sich seine Werke in Aufbau und Entfaltung kaum mehr an historischen Vorbildern. Zeichnung und Farbe werden bei Kandinsky vornehmlich als Proportion und Verteilung von Gewichten sowie deren Bewegung auf der Bildfläche und in angedeuteten Räumen interpretiert. Seine Theorie und malerische Praxis orientiert sich in ihrer Systematik noch – und dies unterscheidet ihn in weiten Teilen von den Impressionisten und Neo-Impressionisten – am Zusammenspiel elementarer Formen wie Punkt, Kreis, Linie, Quadrat und Dreieck. Daher sind seine Äußerungen zu Elementarformen der Linie es wert, genauer beachtet zu werden.

Kandinsky durchläuft eine Entwicklung, die aus Gründen der Anschaulichkeit in Phasen eingeteilt werden kann. Figuren und Gestalten werden zunächst noch schemenhaft dargestellt, um im Bildraum aufgelöst zu werden. Die Auflösung der Gestalten geht dabei bis zur Unkenntlichkeit und verlagert die Suche nach ihnen bis tief in den Bildraum hinein. Nachdem die Konturen der Gestalten aufgelöst sind und die Linien für einige Zeit verschwunden zu sein scheinen, tauchen diese dann wieder auf. Sie erfahren eine Bedeutung, die nicht mehr auf eine konkrete Gestalt verweist, sondern eher Richtungen und Gewichte auf der Fläche markieren. Der Bildaufbau nähert sich einer gerasterten Zeit an, musikalische Titel geben dem Werk universalistische Züge. Innerhalb des Bildraums lassen sich unterschiedliche Linien-Typen unterscheiden, deren Extreme von der Kalligraphie über gestische Verläufe in Pinselstrichen bis hin zu geometrischen, scharfkantigen Zeichnungen reichen. Wie später bei John Cage (*Variations I – Variations VIII*) wird das Blatt, die Leinwand oder auch ein anderer Maluntergrund zu einer Art universaler Landefläche von Ereignissen, die von der Größe eines Staubkorns bis hin zu Bereichen gehen, die über weite Strecken überdeckte Farbverdichtung in Primärfarben bieten. Das Blatt wird als zeitliche Strecke interpretiert, die bei ihm jedoch nicht weiter gerastert ist. Kandinsky unterscheidet sich von Klee darin, dass er von einer strengen Rasterung der Bildfläche absieht und vielmehr Wert auf jene Ereignisse auf der Fläche zu legen scheint, die sich aber als kaum mehr identifizierbare Gestalten präsentieren. Ihr Erscheinen auf der Bildfläche bietet vielen Umschreibungen ihrer abstrakten Gestalt Raum für eine Metaphorik, die auf Bewegungen und dynamische Entfaltungen hin angelegt ist. Eine treffende Beschreibung von Kandinskys Bild-Kosmos bietet der Kunsthistoriker Walter Hess in den frühen 1950er-Jahren:

Für Kandinsky ist die Bildfläche ein höchst empfindliches Spannungsfeld, und mehr als das: ein Wesen, das leise atmet – eine leichtsinnige Behandlung dieses Wesens hat etwas von Mord an sich –, ein primitiver Organismus, den der Maler befruchtet, so dass er sich zum differenziert lebendigen entwickelt. Kandinsky hat sich in seinem zweiten theoretischen Werk mit dem primitiven Organismus der leeren Fläche ausei-nandergesetzt wie keiner vor ihm. [...] Wie es nichts auf der Welt gibt, was nichts sagt, so hat auch das Bildfeld als solches und dessen einzelne Elemente – die untere und obere, die rechte und linke Grenze, die vier Ecken, die Mittellinien, die vier Felder, in welche sie die Farbe teilen, die Diagonalen – seinen eigentümlichen Klang, d.h. *Charaktereigenschaften*, die in der reinen Anschauung unmittelbar zu erleben sind und die ebenso wie z.B. das Erlebnis einer Farbe geeignet sind, eine psychische Vibration auszulösen, so dass etwa die untere Bildfeldgrenze kalt erscheint, die senkrechten warm, die linke als Ferne, die rechte als das Haus usw.[64]

Angedeutet werden dynamische Verhältnisse, die bereits auf Bewegun-gen im Raum des Bildes aufmerksam machen, Kandinskys Bilder leben, sie atmen und ziehen den Betrachter in einen Strom von Bewegungen, die in den 1950er Jahren für den Abstrakten Expressionismus und die Farbfeldmalerei in den USA wichtige Anknüpfungspunkte bieten. So äußert sich etwa Frank Stella zu Kandinsky:

Geläufige Regel aus der abstrakten Kunst: Bei einem ungleich gewichteten Bild soll die obere Hälfte möglichst schwerer sein als die untere. In seinen späteren Gemälden führt uns Kandinsky, mit diesem Axiom arbeitend, seine absolute Meisterschaft vor Augen. Beherrschend in seinem Spätwerk ist ein schwebend kreisender Bildaufbau, ungebun-den und gyroskopisch (aus dem Kreis hervorgehende Kräfte, die verschiedene Kräfte freisetzen), zugleich scheinbar nicht zu fassen und doch fest und präsent genug [...], dass er als konstruktiver Zug das Antlitz der ganzen abstrakten Kunst mitprägen konnte.[65]

Diese von Stella beschriebene Typologie ist geeignet, auf eine besondere Art einer im Bild selbst wirkenden Kraft aufmerksam zu machen, die als ein eigenes Universum erscheinen kann.

Immer lassen sich bei Kandinsky in der Gliederung der Bildflächen und der Verteilung von Massen jene Eigenschaften erkennen, die im Kontext der Zeit eine unverwechselbare Handschrift entstehen lassen. Kandinskys Bildflächen werden zu assoziativen Räumen, auch durch ein umfangreiches schriftliches Werk, das der Künstler als Material frühzeitig zur Verfügung stellt. Auf dieser Grundlage mischen sich die bereits erwähnten theosophischen, anthroposophischen und musikalischen Einflüsse miteinander, um schließlich in die für ihn charakteristischen Formen der Abstraktion zu münden. Fehlen bei Kandinsky nun Gegenstände auf den Bildern, so treten an deren Stelle andere Wirkungszusammenhänge, die im Kontext der 1910er Jahre erörtert werden müssen. Theorie und Praxis bilden sich auch durch Freundschaften und den dort vorhandenen Austausch. Dieser schlägt sich nieder in Briefwechseln und bildet eine Sammlung, auf die jede Interpretation zurückgreifen kann.

Während bei Kandinsky Briefe als eine zusätzliche Quelle gesehen werden können, so beschränkt sich unser Wissen zu den ästhetischen Fragen bei Paul Cézanne auf Quellen von Zeitgenossen und nur auf wenige in diesem Sinne belastbare Briefe der späten Jahre. Ähnlich wie Kandinsky wird auch Cézanne eher aus den Reihen philosophisch ausgebildeter Wissenschaftler in seiner Bedeutung für die Kunst des 20. Jahrhunderts entdeckt, als dass dies aus der Kunstwissenschaft selbst geleistet würde. Kandinsky und Cézanne können in ihren für die Kunst der Abstraktion relevanten Errungenschaften insofern verglichen werden, als beide einen Bildaufbau verfolgen, der nicht mehr am Modell der unmittelbar erfahrbaren Natur angelehnt ist. Die Sicht auf Dinge und Landschaften bildet lediglich bei Cézanne eine Referenz, die aber die Beziehung zwischen Objekt und seiner Perzeption thematisiert. Der Bildraum wird um 1900 von beiden regelmäßig geometrischen Grundformen unterworfen, die im Sinne der Auflösung und Abstraktion stilbildend werden.

Bei Cézanne spürt man die Wut des Willens, mit der er sich seinen Konflikt vor Augen hält, seinen Raum in Etappen zerlegt, um ihn vor sich zu haben. Er gibt direkt, was er zu sagen hat. Die Bäume biegen sich gegen ihre Natur zu einem Dreieck, die Figuren stürzen auf ein Ziel los, sind so augenscheinlich um ein Zentrum hin gesammelt [...], dass die perspektivische Rechnung droht, ihm die Einheit der Fläche zu zerreißen und die Gestaltung in einen illusionistischen Naturraum zurückfallen zu lassen. Die Gestaltung ist von einem solchen Realisierungsgrad begleitet, dass etwas entsteht wie [...] ablesbares Gerüst, ein skeletthafter Knochenbau. Daher bedeutet ihm ein stoffloser Farbfleck die letzte Realisierung.[66]

Doch ein „stoffloser Farbfleck" bei Cézanne ist ein beseeltes Ereignis, das nichts mit den physiologisch-kognitiven Intentionen und eher technischen Verfahren des Pointilismus gemeinsam haben soll. Cézanne wird bald von einer Kunsttheorie entdeckt, die sich den Phänomenen der Wahrnehmung als psychologischen Vorgängen widmet, ohne dabei wissenschaftlich zu argumentieren. Dabei werden nicht etwa die noch figurativ angelegten Szenen untersucht, die sich historisch auf Poussin beziehen lassen, sondern es werden große Dreiecksformen gesucht, das montane Großobjekt, die erhabene Montagne Sainte-Victoire, die Cézanne zigfach zu verschiedenen Jahres- und Tageszeiten in freier Landschaft auf die Leinwand brachte; der Vorgang des suchenden Sehens führt tief in die individuelle Verfasstheit eines Betrachters ein, der Weg der Lichtfrequenzen vom Objekt zum Auge und die erst durch den Vorgang kognitiver Erschließung mögliche Synthese so deutlich in den Vordergrund zu rücken vermag, dass Gegenstand und Landschaft sich aufzulösen scheinen. Doch die kunstwissenschaftliche Rezeption Cézannes setzt in den 1920er Jahren an den Rändern ein und entwickelt sich zunächst noch langsam.

Ein Blick in das Werk eines besonderen Kunsthistorikers. Max Raphael gliedert das Werk Cézannes in eine Abfolge, die als eine Ästhetik angelegt ist und die Entwicklung der modernen Malerei von Monet zu Picasso zu beschreiben sucht. Nach dem Studium bei Georg Simmel und Henri Bergson distanziert sich Raphael bereits im Alter von 24 Jahren von der akademischen Kunstwissenschaft und reift bis zu seinem Freitod im Jahr 1952 zum führenden Kunstphilosophen des 20. Jahrhunderts heran. Cézanne, der erst in seinen letzten Lebensjahren künstlerische Anerkennung erfuhr, wird bei Raphael vor allem im Kontext des Neo-Impressionismus zur Leitfigur. „Die Spannung von Kontrasten, die sich bis in jede einzelne Empfindung hinein verfolgen lässt, kennzeichnet Cézannes Optik."[67] In einer, so Raphael, für Cézanne typischen Farbgebung von „Blau mit Ocker, Grün dagegen nur ideell mit dem Rot in Ocker und Violett beantwortet wird", entsteht etwas, was als eine „dynamisch-motorische Gewichtsempfindung" bezeichnet wird. „Sie ist nicht statisch, also derart, dass gleiche Massenverteilungen auf beiden Seiten stattfinden, sondern ungleiche Massen werden zum Ausgleich gebracht. Cézanne tut alles, um eine Bildhälfte schwerer zu machen."[68] Bewegung und Ruhe, Linearität und Richtung weisen eine in sich ruhende Dynamik auf, die Hinweise auf eine Bildgestaltung erlaubt, die sich deutlich von den Äußerungen der Neo-Impressionisten abhebt.

Im Vergleich zu Kandinsky können bei Cézanne nur Ansätze einer Theorie erkannt werden. Cézanne ging grundsätzlich von der persönlichen Bedeutung des Vorgangs des Sehens aus und hatte vielleicht auch so etwas wie ein Leitmotiv. Raphael:

Die Forderung Cézannes, dass die eigene und neue Wahrnehmungsweise des Malers von einer Logik getragen und begleitet sein müsse, birgt in sich die Gefahr jeder Logik, sich zu verselbständigen. [...] Doch gibt es für den schöpferischen Akt weder einen richtigen Begriff noch ein gültiges Urteil. [...] Soweit sich aber die Logik Cézannes in den Gestaltungswillen als reine Funktion einfügt, bedeutet sie den ungeheuren Schritt, dass das analytische Moment von einer Totalität getragen und bestimmt ist. Cézanne: „Die Natur zu entziffern bedeutet, sie unter dem Schleier der Interpretation durch Farbflecke wahrzunehmen, die einander nach einem Harmoniegesetz zugeordnet sind."[69]

Cézanne wird zur Projektionsfläche einer Moderne, die sich auf sensualistische Konzeptionen berufen kann, ohne sich jedoch auf eine bei Cézanne angedeutete Theorie beziehen zu können; wie diese in den meisten Fällen die Entwicklung abstrakter Kunst und deren Ästhetik bis ins späte 20 Jahrhundert prägen wird. Was bei Cézanne in Gestalt schriftlicher Äußerungen fehlt, macht ihn zur fruchtbaren Projektionsfläche. Ohne Worte funktioniert hier etwas, was jenseits eines Diktums des Künstlers eine eigene Entwicklung nehmen wird. Der Mangel an schriftlichen Quellen bei Cézanne wird durch eine poetologische Philosophie kompensiert, die von Rilke über Heidegger, Merleau-Ponty und Peter Handke bis Gottfried Boehm reicht. Dabei gelingt es mehrfach, den Akt der Anschauung mit einer für Cézanne typischen Metaphysik einer Phänomenologie zu verankern, die zum Topos der Rezeption wird. Die nun angeregten Projektionen reichen so weit, sogar Gesetzmäßigkeiten natürlicher Beobachtung am Phänomen der Montagne Sainte-Victoire erkennen zu wollen. Stichworte wie *intentionale Akte, Realität ohne Sinnesdaten, Verzicht auf Ordnungsmittel, sensuelle Abstraktionen* und *sensationes colorandes* etc. umkreisen phänomenologisch inspirierte Perspektiven auf Werk und Künstler.

Die Realität der Natur, die sich im Bilde klärt und verdeckt, hat somit in jedem Falle eine prozesshafte Existenz. Sie ist nicht Faktum oder Sachverhalt, sondern Ausdruck einer Genese. Cézanne hat in diesem Zusammenhang aber noch weitergehende Hinweise gegeben. Er sprach vom Phänomen der *Sphärizität*, der optischen Krümmung, in der sich die Dinge darbieten. Die im Raum gesehenen Körper sind alle konvex.[70]

Neben solchen naturwissenschaftlich angelegten Erfahrungen mag sich auch in seinen Bildern ein manifestierender Gang der Beobachtung in abstrakter Form finden. „Es überrascht nicht, Cézanne auch im Felde der Philosophie zu begegnen. War doch seine eigene künstlerische Arbeit immer auch Prüfung des Erkennens gewesen, Reflexion und Voraussetzung des eigenen Tuns."[71] Wahrscheinlich liegt die Besonderheit der Erfahrung mit den Werken darin, dass diese sich in einer Unmittelbarkeit offenbaren, die nur als ein körperliches Erleben beschrieben werden kann, gleichermaßen aber doch über die Augen geleitet wird. Über Edmund Husserl und Martin Heidegger führt der Weg zu Maurice Merleau-Ponty, in dessen Werk die Unmittelbarkeit des körperlichen Erlebens, bevor die Sprache überhaupt nach Worten sucht, zentral ist. Boehm:

Es zeigte sich dabei, dass die Sinne nicht nur Stofflieferanten des Denkens sind, sondern eigens strukturierte, sinnliche Zugänge zur Wirklichkeit ausbilden. Diese, für die Philosophie keineswegs selbstverständliche Hypothese sah er durch die Arbeit Cézannes bestätigt. Der Maler untersucht die Realität, ohne die Sinnesdaten zu verlassen, ohne ein anderes Leitziel zu benutzen als die Natur nach ihrem unmittelbaren Eindruck, ohne Kontur, ohne Zeichnung, die die Farbe umgrenzt, und ohne Perspektive noch Bild zu komponieren.[72]

Immer deutlicher wird nun, dass jeder Raum zwischen Objekt und Betrachter als Distanz erfahren werden muss und nur durch kognitive Prozesse und damit individuelle Leistungen überwunden werden kann. Bilder, Räume und Kompositionen vollenden sich gewissermaßen erst beim Betrachter und Hörer. Ein Vorgang, der zentral für jede Psychologie der Wahrnehmung ist, die sich in diesen Jahren durch Theodor Lipps zu manifestieren beginnt. Wahrnehmungspsychologie und frühe Forschungen zur Kognition bilden ein Bewusstsein darüber aus, wie komplex sensorische Prozesse sind, die keineswegs durch einfache Modelle erklärbar sind. Hierin unterscheidet sich Cézanne von Signac und Seurat, weil er um das „Chaos der Sinnesdaten" wusste und bereit war, stabilisierende Momente des Bildaufbaus aufzugeben.[73] Und es geht mit Merleau-Ponty noch weiter, der in Cézanne, so Boehm, eine Besonderheit sinnlicher Wahrnehmung erkennen konnte, die auf einer unbewussten, körperlich intuitiven Ebene ihren Raum haben sollte.

Insbesondere erscheint rätselhaft, welche Verfassung diesem Sehen zukommt. Die gängige Unterscheidung von Denken und Wahrnehmen, Körper und Seele oder dergleichen erfassen es nicht. Ein Künstler, der zuerst denken bzw. nach dem Ausdruck suchen und dann gestalten würde, vermöchte sich dieser Wirklichkeit nicht zu nähern. Merleau-Ponty wird später diesen Sachverhalt als *Entkörperung des Sehenden* ins Sichtbare im Akt der Malerei beschreiben. Jetzt aber charakterisiert er Cézanne als den Entdecker einer Natur vor der Natur [...]. Er deutet Cézanne als einen Zeugen des Ursprungs, er ist kein *kultiviertes Tier*, sondern sucht an den Anfang der Kultur zurückzugehen.[74]

Kandinsky hingegen entwickelt seine Thesen in schriftlicher Form und hat theoretisch einiges zu bieten, zumal seine Ausführungen auch im Kontext jener Diskurse stehen, die wesentlich aus Frankreich kommen und sich mit der Rezeption der Impressionisten verbinden. Interessant ist es später zu beobachten, wie Kandinsky im Vergleich zu Cézanne in der Kunst der 1950er Jahre rezipiert wird. Eine der frühen Quellen soll abschließend kurz angeführt werden. In den frühen Jahren wurde ein Essay von Paul Signac, der 1898 in der Zeitschrift *Pan* als Kurzfassung der gerade publizierten Schrift *D'Eugène Delacroix au néo-impressionnisme* erschienen war, häufig zitiert. Signac beschreibt künstlerische Motive und Bedingungen der Rezeption, die deutliche Anleihen an jene aus der Psychologie der Wahrnehmung gewonnenen Erkenntnisse aufweisen. Seine Metaphorik bedient sich teilweise der Begrifflichkeit sinfonischer Musik. Es zeigt sich darin, dass keineswegs von einer musikalischen Ausbildung Signacs ausgegangen werden kann. Der Wert des Textes liegt in dem zeitgeschichtlich bedeutsamen Vergleich visueller und auditiver Wahrnehmung, die seine Kenntnis der Gestalttheorie belegen. Ähnlich dem binauralen Hören, dem Hören mit zwei Ohren, das erst eine räumliche Dimension durch kognitive Prozesse ermöglicht, wird auch das Betrachten der neo-impressionistischen Bilder zu einem Akt, der eine angemessene Entfernung zur Leinwand voraussetzt, um eben in die Lage gebracht zu werden, jene „Zusammenschau" zu leisten, die das in sich zergliederte Bild nicht mehr anzubieten vermag. Die Erforschung akustischer wie visueller Perspektiven, die seit den 1850er Jahren an Bedeutung gewonnen hat, wird angeführt. Signac:

Die Beobachtung der Gesetze der Kontrastwirkung, der Farbschwächung und der Strahlung und die strenge Berücksichtigung des Moments der Mischung im Auge zwang die Neo-Impressionisten ganz von selbst zu einer neuen Methode, denn nur der prismatisch zerlegte Farbfleck macht das Gleichgewicht der Grundelemente, die zu Harmonie führt und Glanz verbürgen. Dieser prismatisch zerlegte Farbfleck aber ist nur eins der zahllosen Farbelemente, die zusammen das Bild ausmachen. Jeder einzelne hat die gleiche Bedeutung wie eine Note in einer Symphonie.[75]

Es ist beachtenswert, dass die Wirkungen der Farben analysiert wurden und dabei Aspekte der Leuchtkraft gesteigert werden sollten. – In Zeiten, wo die Illumination europäischer Städte in vollem Gange ist, beginnen in freier Natur geschaffene Bilder aus eigener Kraft zu leuchten. „Denis schreibt eine ganze Abhandlung über die Lichtkunst in der Malerei, ähnlich Paul Sérusier. Walter-Kurau spricht von dem aussichtslosen Wettstreit mit der Kraft des Lichtes in der Natur."[76] Auch die noch an der Grenze gestaltbildender Darstellung verorteten Arbeiten in Frankreich deuten auf das Vorhandensein eines Gegenstandes hin, dessen Präsenz durch einen flächendeckenden Farbauftrag immer weniger deutlicher hervorzutreten vermag. „Wenn der einzelne Farbfleck stört, so liegt das daran, dass man nicht den notwendigen Abstand berücksichtigt. Rembrandt sagt. ‚die Malerei darf nicht beschnüffelt werden'. Wer eine Symphonie hören will, setzt sich nicht unter die Instrumente, sondern an einen Punkt, wo alle Töne sich mischen können."[77] Hierin unterscheiden sich die theoretischen von den praktischen Ansätzen Kandinskys zum Feld der Neo-Impressionisten, er verabschiedet auch im Spätwerk jede Form der Gegenständlichkeit und betritt über das Verlassen der Gestalt Neuland. Aufweichung und Auflösung des Gegenstandes in Frankreich hingegen ereignen sich im Medium der Farbe.

Die Neo-Impressionisten zerlegen die Farbe – um den höchstmöglichen Grad an Leuchtkraft, an Farbglanz und an Harmonie zu erreichen; - sie halten kein anderes Mittel hierzu für genügend. Unter Zerlegen ist zu verstehen: 1. Die Ausnützung des Mischungsprozesses, der sich bei vollkommen reinen Farben, die denen des Sonnenspektrums am nächsten kommen, auf der Netzhaut unseres Auges vollzieht. 2. Das Getrennthalten der verschiedenen Elemente, welche die einzelnen Nuancen ergeben, also der Lokalfarbe, der Beleuchtungsfarbe und der Reflexfarbe. 3. Die Abwägung und die Ausgleichung dieser Elemente gegeneinander und der Strahlung. 4. Die Verwendung von einzelnen Pinselstrichen, deren Größe in einem richtigen Verhältnis zur Größe des Bildes stehen, so dass sie beim erforderlichen Abstand mit den angrenzenden Pinselstrichen im Auge eine Mischung ergeben. 5. Wie man sieht, bedeutet diese Farbzerlegung ein ganzes System entwickelter Harmonie. [...] Der Neo-Impressionist zerlegt die Farben, ist aber kein Pointilist, denn die Farbzerlegung verlangt durchaus keinen punktförmigen Farbauftrag, sie bedeutet nur die Anwendung von reinen ungemischten Farben, die so aufgetragen werden, dass sie in ein richtiges Gleichgewicht zueinander treten und beim normalen Abstand zusammenfließen.[78]

Das Sich-Überlagern der Lichtfrequenzen führt zu einem Flimmern und einer im Bild angelegten dauerhaften Unruhe, die Vorstufen kinetischer Kunst und auch der Op-Art. Erst im Auge und der Zusammenschau des Betrachters entsteht das Bild in jener Gestalt, die auch von der individuellen Konditionierung abhängig ist. „Um sich an einem prismatisch zerlegten Gemälde freuen zu können, muss man sich die Mühe machen, den Punkt ausfindig zu machen, an dem die Mischung der verschiedenen Farbelemente im Auge des Beschauers die vom Maler gewollten Töne ergibt."[79] Trotz aller Ausführungen zu den Möglichkeiten einer neuartigen, durch die Wissenschaften angeregten Wirkungsanalyse von Kontrasten, Farbfeldern und atomisierten kleinen Punkten erfahren die pointilistischen Arbeiten kaum jene Anerkennung, wie sie Cézanne zuteil wird. Raphael: „Während Signac seine kleine und fadenscheinige Konzeption mit der Bordüre eines wissenschaftlichen Gesetzes geschmackvoll verbrämte, trug in heroischer Einsamkeit ein Riese die weltenschwere Last der Erkenntnis der absoluten Gestaltung."[80]

Wie aber kann eine Orientierung auf der Fläche und im Raum zurückgewonnen werden? Der Betrachter ist gefordert, den Bildraum neu zu ordnen und eine Linie zu imaginieren. Ohne Linie scheint jeder Halt zu fehlen. Raphael:

Der methodisierte Impressionismus richtet seinen Verstand zugleich mit der Ordnung der Materie auf die Ordnung des Ganzen. Zugleich mit der Zerlegung der Farbe kam ihm der Richtungswert der Linie zu Bewusstsein. Seurat, das geistige Haupt der Gruppe, sprach von seiner großen Sehnsucht nach Harmonie, sie würde von der Linie, vom Licht und von der Farbe geschaffen. Diese können wir in ruhige, heitere oder traurige Harmonien fassen.[81]

Doch das Prinzip der Gestaltung bleibt aus Sicht Raphaels – im Vergleich zu dem Cézannes – problematisch, da der Neo-Impressionismus eine geschlossene, harmonische Form zu gestalten versuchte: „Aber die Elemente bleiben auseinander, gewinnen nicht die Einheit der Form, da ihr Sinn und ihre Bedeutung noch immer darin liegen, eine psychische Realität an der Lichtrealität zu beschreiben."[82] Hinweise auf dekorative Elemente und die Lichtwirkung der Farbe werden seit jeher in der Ästhetik negativ bewertet. Als eine Mode ohne geistige Tiefe bleiben die Arbeiten des Neo-Impressionismus für zahlreiche Kritiker an der künstlerischen Oberfläche. Signac: „Selbst die kleinsten Arbeiten der Neo-Impressionisten können als dekorativ angesehen werden. [...] Beispiele einer Kunst von großer dekorativer Entfaltung. [...] Diese Bilder, welche die Wände unserer modernen Wohnungen wieder in ein Licht geben [...], sind nicht auch sie Dekorationen?"[83] Der Neo-Impressionismus und seine wichtigsten Vertreter versuchen ihren künstlerischen Techniken eine theoretische Basis zu geben, und sie sind bestrebt, die Lücke zu füllen, die bald Paul Cézanne hinterlassen wird, der 1906 im Alter von 67 Jahren verstirbt, ohne eine „theoretische Begründung" seiner Malerei zu hinterlassen. Er war sich jedoch weitgehend bewusst, nie betretene Wege zu gehen, er sah sich von niemandem verstanden und er glaubte, erst am Anfang zu stehen. Als in seinen letzten Lebensjahren junge Maler kamen und in ihm den Meister und Lehrer suchten, erwachte in ihm die Hoffnung, sie könnten seinen Weg fortsetzen. Cézanne: „Ich bin zu alt, ich habe nichts realisiert."[84] Wenige Hinweise auf eine wissenschaftliche Diskussion und eine Fülle vager Formulierungen stellen auch den begrifflichen Apparat vor Herausforderungen. Seurat:

Kunst ist Harmonie. Harmonie wiederum ist Einheitlichkeit des Ungleichen (analogie des contraires) und Einheitlichkeit des Ähnlichen (analogie des semblables) in Ton, in der Farbe, in der Linie. Ton heißt Hell und Dunkel. Farbe heißt Rot und seine Ergänzung das Grün, das Orange und seine Ergänzung das Blau, das Gelb und seine Ergänzung das Violett. Linie, das ist die Richtung im Verhältnis zur Waagerechten. Alle diese Harmonien unterscheiden sich in solche der Ruhe, der Heiterkeit und der Trauer. Heiterkeit entsteht im Ton bei Vorherrschaft des Warmen, in der Linie bei Bewegung, die über die Horizontale aufsteigt. Ruhe stellt sich ein im Ton bei Gleichgewicht[85] des Dunklen und des Hellen, in der Farbe bei Gleichgewicht des Warmen und des Kalten, in der Linie beim Ausrichten auf die Horizontale. Der Ton stimmt sich auf Trauer bei Vorherrschaft der Dunkelheit, die Farbe bei jener der Kälte, die Linie bei absteigender Bewegung.[86]

Ein dynamisch selbsttätiges System wird beschrieben, das in seinen Ursprüngen in sämtlichen Kunstformen erkannt werden kann. Damit gewinnt die Theorie der Abstraktion eine für alle Verfahren der Künste relevante Bedeutung. Doch zuvor ein Blick in den Norden.

Abstrakte Lesarten der Niederlande

Sechs Jahre vor Gründung des Bauhauses unmittelbar nach dem Erscheinen von Kandinskys Schrift *Über das Geistige in der Kunst* bildet sich in den Niederlanden eine Gruppe, die sich zu einem publizistischen Organ entwickeln wird. Künstlerisches wie theoretisches Zentrum bilden Idee und Begriff der Abstraktion, der alle Lebensbereiche des modernen Menschen bestimmen sollte. Um Theo van Doesburg fand sich eine Gruppe von Künstlern aus den Bereichen Architektur, plastische Gestaltung und Malerei zusammen, die sich dem Format des Tafelbildes verpflichtet sahen. Piet Mondrian wird führender Kopf der Gruppe, dessen Konzept neuer Gestaltung in der abstrakten Malerei deutliche Verweise auf die Architektur hat. Erneut wird der Begriff der Komposition zum Leitbegriff. Ein Weltentwurf in der Kunst wird hier ausgebreitet. Es sind die ersten Jahrgänge, die zwischen 1917 bis 1920 erscheinen, die solch eine Wirkung in Europa entfalten werden, dass bald Autoren wie Hans Richter und El Lissitzky in den Publikationen ihre Ästhetik vorstellen werden. Propagiert im besten Sinne des Wortes wurde ein radikal neuer Stil, dessen Bedeutung – und dies ist zentral für alle weiteren Entwicklungen im Feld der Abstraktion – ebenso theosophisch aufgeladen wurde wie zuvor bei Skrjabin und Kandinsky. Kunst wird zum Ort gesellschaftlicher Utopie, das geschriebene Wort zum Religionsersatz. In Wort und Tat verbindet sich diese kleine Gruppe zu *De Stijl*, die früher als die Gruppe des *Bauhauses* zur Institution in der Geschichte der Kunst der Abstraktion heranwuchs. Texte werden zum gleichwertigen Bestandteil der Kunst, sie spiegeln den Status geistiger Aufladung der Objekte. Je weniger Hinweise das Bild zu seinem Verständnis anzubieten scheint, umso mehr Gewicht erhalten die Worte.

Mondrian – De Stijl

In der ersten Ausgabe der Zeitschrift *De Stijl* wird das Programm erläutert: „Diese Zeitschrift will etwas zur Entwicklung des neuen Schönheitsbewusstseins beitragen. Sie will den modernen Menschen empfänglich machen für das Neue in der bildenden Kunst."[87] Dieses Neue war die vollkommene Abstraktion und die konsequente Beschränkung der künstlerischen Mittel auf streng geometrische Elemente. „Die Erscheinung der natürlichen Formen wechselt, aber die Realität bleibt konstant."[88] In diesem Satz von Mondrian scheint das gesamte Programm des philosophisch inspirierten Künstlers enthalten zu sein, das seine Wahrnehmung der Welt zusammenfasst. Mondrian ist durch die Theosophie geprägt. „Im Mai 1909 wird Mondrian Mitglied der theosophischen Vereinigung in Amsterdam. [...] Wenn auch der Einsatz einer spezifischen theosophischen Ikonographie nicht allzu oft nachgewiesen werden kann", so weisen doch einige Arbeiten theosophische und, durch den Kontakt zu Rudolf Steiner im Jahr 1908, anthroposophische Gehalte auf.

Horizontal – Vertikal

Mondrian: *Pier and Ocean*. Richtungsweisend werden Linienverläufe entwickelt, die Sujets wie abstrakten Bootsanlegern, Stegen und Wasserflächen angenähert sind. Horizontale und vertikale Rasterungen bestimmen ganze Serien, die im Kreisrund mit einer Vielzahl von abstrakten Kreuzen bevölkert sind. Als kleine Systeme scheinen diese ihre Plätze im Verband einzunehmen. Es entstehen Bilder, die von New Yorker Komponisten um John Cage in den 1950er Jahren aufgegriffen und, als abstrakte Notenbilder gelesen, zur Vorlage musikalischer Aufführungen werden. Zwischen 1914 bis 1917 werden erstmals gerasterte Bilder der Serie erstellt, die auf die Verwendung der Farbe verzichten. Kurze Linien und kleine Kreuze durchziehen in horizontalen Verläufen die weiten Flächen. Strichkomplexe, die wie abstrakte Flugzeuge wirken, werden bis zur Atomisierung verkleinert und gleichzeitig von einem schützenden Oval umschlossen. Solche Weltkomplexe können, wie Regine Prange vorschlägt, als „theosophische Deutung der Horizontal-Vertikal-Beziehung beantwortet werden, die auf eine Versöhnung des Geistigen mit dem Materiellen zielt".[89] Es ist naheliegend, die stilisierten Kreuze als religiöse Zeichen zu lesen. Kurz vor Beginn der Studie, 1916/17, lernt Mondrian den Künstler Bart van der Leck kennen. Die finale Pier-Ozean-Studie, begonnen 1916, vollendet er im April 1917. Sie erfährt bald ihre letzte Änderung,

indem er die sich vielfach überkreuzenden Striche verwandelt. Die Transformation des Bildcharakters ist eindrücklich. Dadurch, dass die Linie nicht mehr mit dem Pinselduktus identisch ist, der für die runden Ecken sorgte, sondern die Linie gleichsam gemalt wird, verliert sie den Ausdruck des Unmittelbar-Gestischen sowie die Möglichkeit, jenen Raum zu bilden, der in ihren Überlagerungen noch spürbar war und eine stimmungsmäßige Einfühlung erlaubte. Die gemalte Linie wird tendenziell zur Fläche.[90]

Ein Jahr später, 1917, zieht Mondrian in *Compositie in Lijn* nicht nur die Konsequenz aus der vorangegangenen Werkphase, sondern treibt die Einebnung von Fläche und Linie voran. Die Entwicklung scheint auf eine neue Silhouette hinzustreben. Die Autorität des *disegno* kehrt in Gestalt eines abstrakten Illusionismus wieder, die *Komposition No. 5* verfährt noch ohne die für ihn später typische Rasterung. Schließlich erreicht Mondrian in den zwanziger Jahren jene charakteristischen Bildformen, die ihn berühmt und unverwechselbar machen werden. Mit Einführung eines graufarbigen orthogonalen Liniengerüstes entstehen neue Relationen zwischen Linien und Flächen. Im Verlauf seiner Entwicklung findet bei Mondrian eine Rückkehr zu pointilistisch inspirierten Bildern statt, die nach einer langen Strecke fast ereignisloser, ausgedünnter Flächen, wie in der Serie *Boogie Woogie*, wieder Ereignisse im Bildraum andeuten. Wenn vom Eindruck impressionistischer, atomisierter Gestalten sowie der Verselbständigung der linearen Gitter gehandelt wird, kann an die Rückkehr zu den Anfängen der Abstraktion um die 1910er Jahre erinnert werden.

Im Vergleich zu Kandinsky und Mondrian, deren theosophisch/anthroposophisch grundierte Ästhetik einen spirituellen Kern hat, zeigen Ausführungen im Umfeld der Architektur des Funktionalismus einen Fortschrittsglauben, der mit der Entfaltung technischer Errungenschaften verbunden ist. Beschreibung der Bild- und Raumerschließung steht unter dem Vorzeichen einer Moderne, die maßgeblich durch das Wissen um technische Abläufe bestimmt ist. Daher weisen die Ausführungen zu funktionalen Zusammenhängen der Kunst nun Aspekte auf, die den Ingenieuren verpflichtet sind. „Der Entwicklungsschritt, der die künstlerische Wende um 1920/21 bestimmt, realisiert nicht den Neoplastizismus, sondern leitet die Abkehr von der symbolisch-mimetischen Handhabung der Bildelemente ein, die das frühe abstrakte Werk Mondrians und seine Kunsttheorie prägt."[91] Das Thema Ereignis und Oberfläche, Gestalt und Bildraum wird richtungsweisend als Beziehungsgeflecht in Frage gestellt, Grenzen der Wahrnehmbarkeit von Beziehungen erprobt.

Schon *Composition A* steuert auf die nichtrelationale Flächenkonstellation zu, die das ikonoklastische Bild kennzeichnet. Die wesentliche Neuerung des ikonoklastischen Bildes realisiert sich jedoch nicht in der Aufgabe des Rasters und der Einführung der reinen Primärfarbe, sondern in der Schwarzfarbigkeit der Linien, die erstmals in der Amsterdamer Komposition *Gelb, Rot, Schwarz, Blau und Grau* in Erscheinung tritt. Mondrian kommt hier wieder auf eine ältere Komposition zurück, nämlich die flächige Geometrisierung des kubistischen Linienelements in *Composition in Lijn* (1917). Die dort vollzogene Vergegenständlichung der Linie zur autonomen Silhouette wird mit der rahmenden, deskriptiven, sich selbst gleichsam verleugnenden Linie, wie sie durch die grauen Konturen in den frühen Flächenkompositionen und noch in *Komposition A* vertreten war, zur Deckung gebracht. Die frappierende Wandlung des Bildcharakters durch Schwärzung der Linien ist vielfach beobachtet worden; ihr volles Verständnis ist aber erst vor dem Hintergrund der frühen Werkentwicklung und der historischen Krise des künstlerischen Bildes zu gewinnen."[92]

Analogien zu dynamischen Prozessen, wie sie etwa in der Musik vorliegen, werden ebenso angeführt, wie Motive des Films als Systeme der Rasterung zeitlicher Verläufe angedeutet werden. „Mit dem Verzicht auf die Modulation der Linien und durch ihre deutliche Absetzung gegen die farbigen Flächen führt Mondrian den Zusammenbruch des universellen Gestaltungsmittels herbei, das die Einheit von Linie und Farbe in der rechteckigen Fläche herstellte."[93] Durch solche Rasterungen entstehen Gewichtsverhältnisse, die erst einmal identifiziert und gelesen werden müssen. Sakrale Lichtsetzungen werden angeführt, wie diese aus den Lichtszenerien von Kirchen und Kathedralen bekannt sind.

Es geht vielmehr um die Entdifferenzierung von Lichtfarbe und Buntfarbe. Genauso wie Mondrian die hierarchische Relation von Linie und Fläche in Frage stellt – und damit die ästhetische Grundlage Nicht-Relationaler Kunst und Musik entwickelt –, arbeitet er an der Egalisierung der unbunten und bunten Farbe. Übersetzt in die Kategorien des neuzeitlichen Gemäldes heißt dies: Mondrian revidiert die Begründung seiner farbigen Erscheinung im Helldunkel. Die Institution des Tafelbildes ist im Primat der Zeichnung und in der sekundären Qualität der Farbe verankert, welche dem raumdarstellenden Helldunkel untergeordnet ist. Auch die Verselbständigung der Farbe im Impressionismus ändert noch nichts an ihrer Abhängigkeit vom Licht. Die Immaterialität des Bildgrundes wird hier weiterhin inszeniert, besonders durch die doppelte Kodierung des Weiß, das vielfach die Leinwand oder den Malgrund sichtbar macht, ihn aber zugleich in die Darstellungsvalenzen Raum und Licht überführt. Der postimpressionistische Schritt zur reinen Farbe ist mit der Abkehr vom Prinzip der Farbzerlegung und der Wiederkehr der Linie verbunden, so dass die Farbe wiederum von Kontur begrenzt und dominiert ist.[94]

Natürlich wird das Thema der Gestalt durch zwei Aspekte beschrieben, die Kontur der Farbe im Bildraum sowie die Umrisslinie der Zeichnung. Mondrian verlässt damit den Weg jener historischen Avantgarde, die entweder den Darstellungswert der Farbe oder aber den der Linie beibehält. Aus Sicht einer Ästhetik der Abstraktion liefert er mit seiner Einführung einer nicht-relationalen Gestaltung einen bedeutenden Beitrag auf dem Weg zur monochromen Fläche.

Skulptur

Kurt Schwitters –
Dadaistische Universallandschaften?

Den Begriff „Abstraktion" im Kontext der Arbeiten von Schwitters zu verwenden erweist sich vor dem Hintergrund bislang besprochener Positionen zunächst als problematisch. Obwohl Schwitters im Jahr 1928 gemeinsam mit ihm nahestehenden Künstlerfreunden die Gruppe *abstrakt hannover* gründet, unterscheiden sich die meisten Collagen, die nun als Reliefs, Objekte und raumbildende Arbeiten vorliegen, kaum von früheren Werken. Gegenständliche Bezüge sind vorhanden. Und es sind private Welten, die Schwitters beziehungsreich zusammenführt. So werden Objekte auf den Bildgrund montiert, die offensichtlich auf unklare Zusammenhänge verweisen. Es entstehen komplexe Systeme der Referenzen, die wie Bilderrätsel entschlüsselt werden müssen. Schwitters arbeitet als Einzelgänger, verweigert sich über weite Strecken jedem Diktat, das auf eine künstlerische Gemeinschaft hinweisen kann. „Wo sich andere Künstler aus innerer Notwendigkeit oder eigenem Unvermögen einem Gruppenstil anschlossen, da handhabt Schwitters, wie Beatrix Nobis ausführt, fremde Äußerungen als einen Teil seiner Wirklichkeit, gleichrangig mit anderen Erscheinungen, die er für seine Bilderwelt auswählte."[95] Kaum zu fassen sind daher seine Übergänge und damit die Bezüge der Bildelemente.

Schwitters äußere Erscheinung auf Fotografien zeigt ihn in edlen Anzügen, sein Habitus ähnelt dem eines Bohemiens, der sich frei von äußeren Zwänge zu bewegen scheint. In der Präsentation seiner Person deuten sich Stilisierungen an, die zum Bestandteil seines künstlerischen Programmes werden. Schwitters integriert in seinem Werk verschiedene Gattungen, deren Gesetzmäßigkeiten er analysiert, um ihren Kern in seinem Sinn zu transformieren und mythologisch aufzuladen. Immer sind bereits mit den Titeln der Werke fest verankerte institutionelle Erwartungen wie an musikalische und lyrische Formen sowie Architektur verbunden, die zitiert, bearbeitet und in neue Formen überführt werden.

Interessanterweise zerlegt Schwitters in seinen Lautgedichten Textfragmente und Wortfetzen in einer Art und Weise, die ihn in eine

Traditionslinie mit Mallarmé, Joyce und später dann Gerhard Rühm stellen. Schwitters entledigt sich im Medium der poetischen Kunst jener Zwänge, die in logischen, narrativ gestalteten Zusammenhängen liegen, und führt, wie in seinem Lautgedicht *An Anna Blume*, basale Formen der Sprachwerdung vor, deren Vortrag er penibel einstudiert und auf Tonträger aufnimmt. Vieles von Schwitters wird erst nach seinem Tod zugänglich. Zunächst wird er im Umkreis von Hannover bekannt. Dort nutzt er auch das Medium der Tageszeitung. Kritische Ausführungen zu akademischen Traditionen sind nicht überliefert. Er entfaltet eine schöpferische Kraft in einem neuartigen Werk, das als private und geheimnisvolle Welt in Schichten und Materialien einer anspielungsreichenTextur entwickelt wird. So entsteht 1920 mit dem *Merzbild 25 A* eine Assemblage aus verschiedenen Materialbestandteilen. Die Bildfläche ist vollständig mit Zeitungsschnipseln bedeckt, die übereinandergeschichtet sind. „Die ursprüngliche Bestimmung der Teile ist nur dort eindeutig zu identifizieren, wo sie ohne farbliche Behandlung als typographisches Element eingesetzt sind."[96] Kleine Inseln mit Bedeutungen und assoziationsreichen Bildern treten hervor: *Reichskanzler, Blutig, Erhöhung, Hungersnot, Offener Brief, Matthias.* Zentral erscheint das Wort *Korruption.* Materialien wie Dosendeckel, Drahtnetze, Holzlatten und Glasperlen erzeugen den Eindruck interpikturaler Bewegung. Dazu die Kunstwissenschaftlerin Beatrix Nobis:

Das Bild ist auf drei Ebenen inhaltlich zu interpretieren: Es ist einmal eine Anordnung abstrakter, geometrisch und dynamisch ausgerichteter Formen, zum zweiten eine lesbare Dokumentation der Gegenwart über die sprachliche Verwirrung der Wortfragmente und zum dritten aber – und dies wird nicht allein durch den Bildtitel suggeriert – eine Welt nächtlicher Landschaft und eines planetenbesetzen Firmamentes, eine kosmisch ausgerichtete Universallandschaft.[97]

Insgesamt zeigt das Werk Kurt Schwitters, das sich kaum in einer chronologisch und systematisch geordneten Entwicklung beschreiben lässt, eine ungewöhnliche Fülle an Techniken und verwendeten Materialien. Ungewöhnlich komplex, oft auf die Tagesthemen bezogen, sind die Referenzen auf die Kunst zwischen 1880 und 1930, die es notwendig machen, von mehrfachen Adaptionen zu sprechen.

Schwitters adaptiert fast alles: Picassos Collage-Technik ebenso wie Hans Arps frühe Collagen, er verwendet futuristische Formsplitterungen in collagiertem Zeitungspapier ebenso wie Paul Klees assoziativ-heitere Strichzeichnungen. Zeitweilig fertige er Fotomontagen aus dem Repertoire von Dada an und bezog sich zugleich auf Kandinskys und Marcs neuromantisches Konzept einer kosmischen Durchdringung der Materie durch den schöpferischen Geist. Nach 1922 ließ er sich durch den Konstruktivismus inspirieren, näherte sich im *Merzbau* dann Lissitzkys *Prounen-Räumen* an und scheute sich nicht, als Mitglied und Kopf der Gruppe *abstrakt hannover* wesentliche Gestaltungsmittel seiner Künstlerfreunde Buchholz und Buchheister, Jahns und Vordemberge-Gildewart zu übernehmen.[98]

Wobei Letzterer Lissitzky formal deutlich näher steht als Schwitters. Schwitters scheint sich mit seiner Kunst von der Außenwelt abzuschirmen. Nicht nur im Sinn eines Gesamtkunstwerks äußerte er: „Mein Ziel ist das Merz-Gesamtkunstwerk, das alle Kunstarten zusammenfasst, um es zur künstlerischen Einheit zu bringen."[99] Typischerweise sind die dort präsentierten Reliquien privater Natur, die eine Öffentlichkeit und damit Lesbarkeit nur bedingt zulassen. 1923 äußert Schwitters:

Merz und nur Merz ist befähigt, einmal, in einer noch nicht abschätzbaren Zukunft, die ganze Welt zu einem gewaltigen Kunstwerk umzugestalten. [...] Merz rechnet mit allen Gegebenheiten, und das ist seine Bedeutung, sowohl praktisch als auch ideell. Merz ist bezüglich seines Materials so tolerant wie möglich. Merz rechnet sogar mit Material und Komplexen im Kunstwerk, die er nicht übersetzen und beurteilen kann. [...] Das große Geheimnis von Merz liegt in den Werten von unbekannten Größen. So beherrscht Merz, was man nicht beherrschen kann. Und so ist Merz größer als Merz.[100]

Also doch: Die Raumkonzeption Schwitters, die von der Assemblage aus dem Tafelbild eine dreidimensionale und damit fast schon plastische Form erstellt, kann in der Nachfolge von Skrjabin, Kandinsky, El Lissitzky verstanden werden und bietet Anknüpfungspunkte für Moholy-Nagy und Jahrzehnte später für die raumbildende Kunst der 1960er und 1970er Jahre sowie Installationen nach 1980. Besonders im Rückblick zeigen seine kathedralen Splitterungen jene Verbindungen zwischen den Kunstformen, die nur interdisziplinär möglich sind. Er erstellt archaische Szenen, die als Installation erscheinen und die Räume als Räume tiefgründig interpretieren. Von ihm werden „architektonische Raumsituationen verändert [...] und wie eine künstlerische Tropfsteinhöhle gestaltet",[101] wie sie zu bedeutenden Formen in der Architektur geführt haben.[102] Voraussetzungen für die Merz-Bauten finden sich in der Geschichte der Architektur und deren Fragmentierungen, Spiegelungen und symbolischen Bearbeitungen, die gleichermaßen die romantische Ideenwelt eines Caspar David Friedrich zitieren.

Doch nicht nur die Moderne um 1900, auch die kristallin gesplitterte innere Gestalt der Merzbauten scheinen sich auf Caspar David Friedrichs *Kreidefelsen auf Rügen* zu beziehen – den die gespiegelte Silhouette einer abstrakten Kathedrale zur Konstruktion des Bildes führte. Schwitters Werk steht in Verbindung mit den Kirchenbildern *Gelmeroda* – einer Serie von Lyonel Feininger –, die Grundlage für das berühmte Deckblatt der ersten Bauhausschrift wurde: *Die Kathedrale des Sozialismus.* Schwitters integriert diese Referenzen und hat mit seinen Merzbauten multisensorisch erlebbare Skulpturen im Sinn, die, mit elektrischem Licht ausgestattet, im Inneren konkrete Punkte ausleuchten. Zudem integriert er kristalline Bergwelten, wie diese von den Architekten der *Gläsernen Kette* programmatisch als Sehnsuchtswelten interpretiert wurden. Vor diesem Hintergrund sind die Umschreibungen des Universalkünstlers Schwitters zu verstehen, der nach Richard Huelsenbeck, *Dada und Existentialismus,* Kurt Schwitters als ein Genie des modernen Barocks oder als den *Caspar David Friedrich der dadaistischen Revolution* bezeichnet wurde. Dieser Titel gewinnt vor dem Hintergrund der Rauminstallationen der Merzbauten seine weitreichende und treffende Bedeutung, da zentrale Bildelemente Friedrichs aus fragmentierten sakralen Elementen zusammengesetzt sind. Friedrich inszeniert häufig geschichtsträchtige Reste einer erhabenen Architektur, die in landschaftliche Umgebungen gestellt werden, wo sie bisweilen die Grenzen des Dekors zu streifen drohen. Reste von Kathedralen in alten, lichten Wäldern und monumentale Kirchenruinen weisen in Richtung von Zerfall und Auflösung, die in letzter Konsequenz als universale Abstraktion eines zerfallenden Weltbildes gelesen werden kann.[103] Ebenso erscheint knapp einhundert Jahre nach Friedrich die künstlerische Welt Schwitters. „Der Merzbau ist auf eigentümliche Weise zugleich Lebenswerk und Fragment. Sein künstlerisches Prinzip ist es, nach Vollendung zu streben, in einem beständigen Prozess der Bearbeitung und Erweiterung und zugleich nicht vollendbar zu sein, weil es die Verkörperung der künstlerischen Vitalität ist, wie diese, nur abgebrochen, aber nicht abgeschlossen sein kann."[104] Schwitters bediente sich sämtlicher Gattungen der Künste und erreichte in seinen Merzbauten eine universalistische Architektur, die als offene Form angelegt ist und mit persönlichen Reliquien bestückt wird. Auf kleinen Erhöhungen wurden diese Objekte, wie etwa die Locke eines bekannten Architekten, inszeniert, deren Herkunft ins Metaphysische überhöht wurde. Die Forschung zu den biografischen Bezügen jener Objekte in den Grotten ist noch zu leisten.

Rodin – Lehmbruck – Beuys

Das Wilhelm-Lehmbruck-Museum in Duisburg brachte im Frühjahr 2019 eine Werkschau zu Lehmbruck, die ihn im Kontext mit Arbeiten seines französischen Kollegen und Zeitgenossen Auguste Rodin zeigte. In Erinnerung gerufen werden damit vergessene Erfolge, die Lehmbruck in Paris der 1910er Jahre sowie mit seiner Teilnahme an der New Yorker Armory Show 1913 feierte. Seine abstrakten Formen des leidenden Menschen zeigen Figuren als neutrale, nicht personifizierte Gestalten. Sie erscheinen als Momentaufnahmen einer Körpersprache. Erschütterung und Leiden zeichnet kunstgewordene Gestalten von Menschen, die noch eine letzte Kraft ausstrahlen. „Hierin liegt der Hoffnungsschimmer, und es verwundert nicht, dass seine Kunst vielen Künstlern in den Nachkriegsjahren (1918 und 1945) zum Vorbild geworden ist. Ein Werk, das es auch heute noch zu entdecken gilt."[105] Lehmbruck, der an Depressionen litt, nahm sich 1919 das Leben. Sein Werk gewinnt in den 1950er Jahren in Deutschland richtungsweisende Bedeutung. Im Rahmen der *documenta I* in Kassel (1955) sowie der *documenta (III)* im Jahr 1964 wurde zunächst *Die Kniende* aus dem Jahr 1911 gezeigt. Lehmbruck, der in den 1930er und 1940er Jahren als entartet diffamierter Künstler aus dem Bewusstsein der Öffentlichkeit verschwunden ist, erfährt posthum eine Wertschätzung, die sein Werk gleichwertig neben das Auguste Rodins stellt. Besonders durch Joseph Beuys und dessen letzte öffentliche Rede widerfährt Lembruck erneut eine künstlerische Verehrung, indem seine abstrakt-plastischen Figuren als Projektionsflächen mit Hinweisen auf geistige Inhalte und anthroposophische Gehalte identifiziert werden. Lehmbruck wird Vorbild für Beuys, der ihn gar als seinen Lehrer bezeichnete, ohne jemals mit ihm in persönlichem Kontakt gestanden zu haben. Beuys erkennt in Lehmbrucks Werk eine universelle Haltung des leidenden Menschen, die ihm eine breite Projektionsfläche bietet und zum existentiellen Programm seiner Kunst wird.

Es ist die spätere Schaffensphase, jene nach 1914, aus der heraus Wilhelm Lehmbruck verstanden werden kann. Er lebt nun noch fünf Jahre. Traumatische Erlebnisse sind es, die unmittelbar mit dem Ersten

Weltkrieg verbunden sind. Wie vielen seiner Zeitgenossen, die nach anfänglicher Begeisterung, vom patriotischen Größenwahn geblendet, in den Ersten Weltkrieg zogen und alsbald ernüchtert oder erschüttert waren, so erging es auch Lehmbruck, und so spiegelt sein Werk die Erfahrungen einer ganzen Generation; ein Werk, das als bahnbrechend gelten kann, da sich in wenigen Figuren das ganze Leid der Menschheit im Krieg kundtut. Skulpturen entstehen, die die Figur des Menschen in eine radikale Abstraktion überführen und jenseits nationaler und kultureller Grenzen unmittelbar wirken. Zwei Figuren sollen kurz vorgestellt werden.

Zuerst die Figur *Der Gestürzte*. Die Skulptur weist eine glatte Oberfläche auf. Ihre Länge misst 260 cm und ihre Höhe 48 cm. Sie erscheint relativ schmal, die Gesichtszüge sind nahezu anonymisiert. Sie stellt einen Gefallenen kurz vor dem völligen Zusammensinken dar, er trägt ein abgebrochenes Schwert in der rechten Hand, welches nach vorne gerichtet ist. Wie um einem letzten Aufbäumen Ausdruck zu verleihen, erscheint die Figur konstruiert wie eine Brücke, deren Fundamente gerade noch halten, bevor sie endgültig einstürzt. Bedeutsam wurde die Figur in der Kunstgeschichte, da es sich um eine menschliche Figur handelt, die nicht im Stehen, nicht im Sitzen, sondern gebückt wie eine Brücke inszeniert wird. Das Leid der Menschheit ist in dieser einen Plastik konzentriert, die zum ersten Mal 1915/16 in Berlin gezeigt wurde. Sie kann als eine Zusammenfassung von Kriegs- und Gefallenendenkmälern gelten. „Dass die Figuration des Gestürzten mit einer Brücke verglichen werden kann, ergibt sich aus der eminent gebauten Haltung: Es soll *Gestützt-Sein* anschaulich werden, nicht aber ein völliges Zusammenbrechen, Zusammensinken oder *Tot-da-Liegen* in einem Block oder in einer amorphen Masse."[106] Die Figur berührt besonders, da kein Aufhalten der Zeit mehr möglich ist, die letzte Lebenskraft und ihr Verlöschen unmittelbar sichtbar wird.

Eine weitere Figur ist in ihrer Thematik ähnlich zu verstehen. Lehmbrucks *Getroffener* ist eine offene Figur im Gegensatz zur Geschlossenheit des *Gestürzten*, die das Verhängnis des Krieges, des *Geopfert-Werdens* in einer Gebärde zeigt. Stilistische Absichten, wie sie bei anderen Bildhauern vorliegen, treten bei Lehmbruck gegenüber der unmittelbaren Gestaltung des Überlebens in einer einzigen symbolischen Figur zurück. Ähnlich wie der *Gestürzte* zeigt auch der *Getroffene* noch eine letzte Körperspannung, den vitalen Rest, vor dem Zusammenbruch. Der Abstand zum Boden und die Linie des Körpers bilden ein Spannungsfeld aus, das als zeitlicher Verlauf, als Momentaufnahme des Krieges wirken kann. Aufgelöst wird diese durch die innewohnende Spannung, die jede Distanz zum Betrachter überwindet und unmittelbar anspricht. Der Betrachter wird zum unmittelbaren Zeuge des Leidens. Parallelen zu den Leidensgeschichten Jesu finden ihre abstrakte Form in Gestalt einer Kleinplastik.

Während der *Getroffene* noch im Stehen erscheint, ist der *Gestürzte* noch nicht am Boden. Beide Formen zeigen Ausschnitte aus einem Prozess. *Der Gestürzte*, die einst stolze männliche Figur, kniet mit versetzten Beinen, das linke nach vorne, das rechte zurückgeschoben. Stürzen ist nicht als chaotisches Hinsinken oder Zusammenbrechen, sondern als das mit dem Kniemotiv kombinierte Aufstützen der Arme und des Kopfs auf den Boden gestaltet. Eine Geste der Demut. Die schlanke, nackte Gestalt, in fallenden Linien und Formen dargestellt. Entsprechend den versetzten Beinen sind auch die Arme in der Längsachse verschoben, der linke Arm ist zurückgenommen, also nahe dem linken Knie, er umfängt gebogen den kahlen und wie einen Säulenstumpf gebildeten Kopf, während der rechte Arm, die Linie des Rückens direkt weiterführend, nach vorne geschoben wird, die Hand nach innen gewendet ein abgebrochenes Schwert haltend. Die Ansicht der rechten Seite öffnet somit eine Perspektive, die das lange Bein als aufsteigende Form zum Gipfel der Hüfte führt, von wo aus der gekrümmte Rücken zu den Schultern hinabfällt, um im passiven Aufsetzen des Kopfes seinen Schlusspunkt zu finden. Der rechte Arm schiebt sich, dem Ausdruck dieser Seite entsprechend, nach vorne.

Der Körper wird zum Sinnbild, zur abstrakten Architektur und in einer inwendigen Spannung als zeitlicher Prozess sichtbar. Die Konstruktion als architektonische Formung hat in ihrer Gegenständlichkeit bei Lehmbruck einen Grad erreicht, der zwar in der Naturerscheinung des Menschen vorliegt, diesen aber ins Allgemeine abstrahiert. Das heißt, dieser Mensch, dieser gestürzte Mensch, der als Krieger mit abgebrochenem Schwert dargestellt ist, bietet eine Projektionsfläche, in die hinein sich jeder Betrachter versetzen muss. Zudem fördert der Umstand, dass der *Gestürzte* als nackte Gestalt angelegt ist, den Zustand des Ausgeliefert-Seins.

Motive des Krieges sind in diesen Jahren auch in Werken von Komponisten zu finden. Vergleiche zur musikalisch-dramatischen Dichtung, zu Igor Strawinskys *Geschichte vom Soldaten* (1917) drängen sich auf, die das Umherirren eines Geschlagenen über die Felder nach der Schlacht versinnbildlicht, auf der Suche nach einem Weg in die verlorene Heimat. Aber hier ist der Gestürzte, der Sterbende nicht etwa in einem Kostüm, sondern er ist wie bei Rodin, wie bei Maillol nackt dargestellt, und das gibt diesem Ausgeliefertsein noch mehr Raum. Den gebrochenen Willen zu dokumentieren ist hier förmlich der geschichtliche Sinn – es erinnert an *Guernica,* die große Schlachtszene Picassos aus dem Jahr 1937 –, und es zeigt den nackten Menschen als abstraktes Raumgefäß.

Beuys I

Eine starke Imaginationskraft ging von Joseph Beuys (1921–1986) aus. Er konnte im Gestus eines Predigers auftreten. In seinem Werk finden sich zahlreiche religiös inspirierte Bilder, die vom Leiden des Menschen und dessen Erlösung durch Kunst künden. In Duisburg hat Beuys am 12. Januar 1986, wenige Tage vor seinem Tod, über Lehmbruck gesprochen. Es handelt sich um einen Abgesang in eigener Sache, eine Trauerrede als Kunstbekenntnis, viele Jahre nach den Fluxus-Aktionen. Bemerkenswert ist diese Geste der Finalisierung in vielerlei Hinsicht. Beuys stellt sich in die Tradition großer Bildhauer des 20. Jahrhunderts. Während seine Konzeption der sozialen Plastik als universales Lebenswerk angelegt ist, findet er im Werk von Lehmbruck ein besonderes Kondensat. Beuys versteht dessen Skulpturen als universelle und gleichzeitig abstrakte Formen, die man nicht mehr nur sehen und fühlen kann, sondern in denen Höheres schlummert. Wenn er von Höherem spricht, wie von einem *Lied in allen Dingen*, dann zeigt sich Beuys als Künstler, der in der Tradition deutscher Romantiker steht und in den Skulpturen Lehmbrucks das Geistige erkennt. Beuys charakterisiert Lehmbruck in Formen, die ihre räumliche Expansion nach innen gerichtet haben. Inwendig, auf Basis phänomenologischer, sinnlich erfahrbarer Komponenten resultieren künstlerische Produkte, deren äußere Erscheinungen gesteigerter Wahrnehmung in seelischen Bereichen liegen. Beuys zielt auf eine intuitive Sicht der Dinge, und er misstraut der visuellen Dominanz. Wenn er spricht, dann liegt in seinem Habitus die Kraft eines Verführers. Hier zeigt sich eine Körpersprache, in der Beuys einen Körper spannungsvoll und von Energie geladen inszeniert. Ein tanzender Prediger mit gemeinschaftsbildender Kraft, der, ähnlich Steiner, anthropologische Werte verkündet. Beuys ist eine Konzentration eigen, die sich in der Haltung seines Körpers als elementare Kraft schon vor jeder Aktion ankündigt.

Zeige deine Wunde (1974–1975) vereint Kunst und Spiritualität zum installativen Meisterwerk, dessen dominante Objekte aus zwei offensichtlich über Jahre genutzten Leichenbahren bestehen. Spuren menschlicher Körper haben sich ins weiche Metall eingeprägt, die Oberfläche erscheint wie ein liegendes Relief. Gespenstisch. Auf schwarzen Schultafeln steht der Titel *Zeige deine Wunde* in weißer Kreide, von Hand geschrieben, der Titel wird Signatur, der Schriftzug verweist auf seinen Urheber. Feldzeichen, geschmiedetes Eisenwerkzeug mit Holzstiel und Stofflappen werden durch zwei über den Kopfenden der Leichenbahren befindlichen weißgestrichenen Holzkisten kommentiert. Es ist zu lesen: *Lotta Continua.* Typisch die Handhabung weniger Mittel. Ein politisch, religiös geprägtes installatives Kunstwerk, das als unendlicher Kampf oder auch als Aufruf zu lesen ist.

Zieht man frühe Arbeiten heran, so steht Beuys der Arte Povera genauso nahe, wie er im Bereich der Skulptur insbesondere mit seinen Bodenarbeiten jenen Formaten aus dem Umfeld von Carl Andre steht. Beuys' *Eurasienstab mit Filzwinkel* zeigt Ähnlichkeiten zu den großen Bodenarbeiten aus dem Feld der Minimal Art. Zeitliche Strukturen sind in seinen plastischen Arbeiten enthalten, Materialien werden in Kontrasten präsentiert. Beuys ist in seinen Arbeiten radikaler als viele seiner europäischen Zeitgenossen. Er erfindet Titel, die das Werk in mythische Zusammenhänge stellen. Ohne Kenntnis und Nachforschung ist der Zugang verschlossen. Er entwickelt in Summe eine Ausstrahlungskraft, die ihn als Mittler zwischen Kunst und Politik in den 1960er und 1970er Jahren in Deutschland einzigartig machen. Sein Werk selbst ist Medium der Kommunikation. Er prägt einen eigenen Duktus politisch aufgeladener Kunst aus. Es ist problematisch, über Beuys und seine Strategien der Inszenierung zu sprechen, da die Inszenierung das Werk selbst ist. Angelegt in dem Werk sind Wege und Verweise, ihn als Teil der Fluxus-Bewegung auszuweisen. Seine Bezüge auf Lehmbruck sind zentral. Was für Beuys bei Lehmbruck in wenigen Figuren zum Ausdruck kommt, dafür braucht Beuys ein umfangreiches Werk. Lehmbruck ist Vorbild und Kondensat der Kunst nach 1910, und Beuys verehrt dessen konzentrierte Dichte. Wenn der *Gestürzte* als letzte Brücke assoziiert wurde, dessen Schwert auch als Fackel, als leuchtende Botschaft zwischen Stolz, Gebrochen-Sein und Hoffnung religiöses Symbol wurde, so kann Beuys hieran künstlerisch anknüpfen, wie er auch die populäre Rezeption von Wilhelm Lehmbruck zu nutzen verstand. Beuys wirkt in viele Bereiche der Gesellschaft hinein.

78

Beuys – Abstrakte Instrumente, Skulpturen in der Zeit

Beuys war musikalisch inspiriert, bezieht sich auf Instrumente und Institutionen des Musikbetriebs. Er verwandelt Instrumente wie mehrfach Flügel in ruhende Skulpturen. Das Objekt wird Zeuge einer Aktion. Er verhüllt es, packt es in Filz oder modifiziert es mit einer bestimmten Technik zur Skulptur. Eine Skulptur, die zuvor einen Prozess im Betriebssystem der Kunst durchlaufen hat und dennoch weiter mit Musik assoziiert wird. Daher wundert es nicht, dass Beuys weder auf das Festival für zeitgenössische Musik in Donaueschingen noch nach Witten oder Darmstadt eingeladen wurde. Sein Werk erwächst im Kontext der Kunst. Musikalische Notate von seiner Hand liegen nicht vor. Während Cage sich als Komponist und Künstler gesehen hat und das gesamte Spektrum musikalischer Gattungen als Material und Institution bearbeitet, verbleibt Beuys, auch wenn er gelegentlich mit einer Band auftritt, im Medium der Kunst beheimatet. Er konnte ein wenig Klavier spielen und transformiert das Medium der Zeit in Prozesse, die als Kreisläufe gestaltet werden. Kennzeichen seiner Arbeit sind Spannungspunkte, die seine Räume polarisieren. Es gibt Werke, die diese zeitliche Verklammerung andeuten. Beuys ist Bildhauer, ihm sind Instrumente bildhauerisches Material. Nie hat er eine Handlungsanweisung für eine Performance verfasst, wie diese etwa von George Brecht, Dick Higgins oder Yoko Ono vorliegen. Seine Aktionen erwachsen aus der Performance, deren Überbleibsel als Relikte überdauern, sie zeugen als Dokumente von den Ereignissen. Im Unterschied zu Komponisten wie Nam June Paik, George Brecht, Yoko Ono oder der Cellistin Charlotte Moorman, die allesamt in Erweiterung gängiger Aufführungspraxen neuartige gestische Repertoires einführen und sich an Errungenschaften der 1920er Jahre, an Dada sowie Kurt Schwitters und Hugo Ball in Opposition zu bildungsbürgerlichen Formen orientieren, verfolgt Beuys eine andere Form der Präsentation. Er bezieht sich ausdrücklich auf historische Größen der Kunst und legt Assoziationen mit Leonardo da Vinci, Marcel Duchamp und Wilhelm Lehmbruck nahe.

Joseph Beuys scheint zunächst mit seinen raumbildenden Arbeiten nicht so recht zu den Verfahren der Abstraktion zu passen. Frühe Arbeiten auf Papier hingegen, die aus den späten 1940er Jahren stammen, wie *Deadman* (1948), *Tempel der Rose* (1948), *Vulkan* (1949) oder *Lift* (1949), bestehen aus wenigen Farbflächen und abstrakten Linien, die kaum eine Gestalt aufweisen. Hier bereits zeigt sich eine Handschrift in symbolisch aufgeladenem Material. Seine Werke tragen meist Titel, die Rätseln gleichen. Beuys entwickelt eine eigene Ästhetik, die zentrale Elemente seiner Lebensphilosophie integriert. Als politisch engagierter Künstler schafft er sich in den 1960er Jahren seine Bühne und erfindet eine Biografie, die darauf angelegt ist, Bilder zu erzeugen. Wie keinem zweiten Künstler seit den späten 1960er Jahren gelingt ihm jene Profilierung, die vom Vorstand der Deutschen Bank in den 1980er Jahren geschätzt und gekauft wird. Nicht nur als Hochschullehrer an der Kunstakademie in Düsseldorf ist er präsent gewesen, hat Anstoß hervorgerufen und Ablehnung erfahren, sondern er wurde auch in bestimmten Kreisen als Künstler für Künstler zur Leitfigur. Als Exponent der anthroposophischen Bewegung ist Beuys identifikatorisch mit Rudolf Steiner umgegangen. Es gibt daher eine Reihe von Ansätzen, die wertvoll genug sind, sich darüber weiter auszutauschen. Posthum hat 1993 eine beachtenswerte Ausstellung in Zürich stattgefunden. Im Anhang des gut gestalteten Katalogs findet sich eine Übersicht zu Arbeitsfeldern, die alphabetisch angeordnet sind. Wer also etwas über seine Aktionen erfahren will, wird schnell informiert. Das Alphabet beginnt mit A und es endet dann, wie kann es anders sein, mit Z wie Zukunft. Beuys war, das vorweg, ein Künstler, der sich stärker als andere Künstler seiner Generation mit technischen Verfahren auseinandergesetzt hat, er wollte Mediziner werden und behauptet, einige Semester Medizin studiert zu haben, hier muss man immer ein wenig vorsichtig sein, da keine Immatrikulationsbescheinigungen vorliegen. Wer Beuys kennt, weiß, dass er wissenschaftliche Studien betrieben hat, die in Arbeiten münden. Wie etwa die Arbeit *Honigpumpe*, wo ein Kreislauf fließenden Honigs in ein Gebäude der *documenta* in Kassel im Fridericianum eingebaut wurde. Beuys hat in Kreisläufen gedacht. Metapyhsisch aufgeladene Regelsysteme haben unmittelbar mit der Lehre Steiners zu tun. Es ist die Idee eines ewig wiederkehrenden Lebens, einer Seele in allen Dingen, indem das Zusammenspiel einer All-Natur angelegt sein sollte. Beuys gestaltet die Umgebung. Er pflanzt 7000 Bäume, 7000 Eichen. Dies ist der Lieblingsbaum von Hitler gewesen. Hitler hat, das ist vielleicht bekannt, in den späten 1930er Jahren damit begonnen, Rodungen durchzuführen, um Hakenkreuzwälder mit Eichen zu pflanzen. Auch an Wegkreuzungen wurden in den 1930er Jahren sogenannte *Hitler-Eichen* gesetzt. Alte Dorfplätze wurden politisch aufgeladen.

Beuys, der sich als Kampfpilot stilisiert hat, kannte die Welt kaum aus der Luft, wohl aber von Bildern. Heute wissen wir, dass Beuys gerne Pilot geworden wäre. Nachweislich hat er es zum Funker bei der Luftwaffe gebracht. Er zitiert die Glorifizierung der Luftwaffe und Fliegerei für seine Autobiografie, die erst in den letzten Jahren von ihren Fehlinformationen bereinigt wurde.[107] Hinweise auf seine Biografie zeigen diese als Medium der Inszenierung. Bei einem Künstler sieht man diese Fälschungen in eigener Sache mit anderen Augen. Seine Auftritte in Institutionen zeigen ihn in vielen Bildern: Beuys, der Gründer der internationalen Freien Universität war, trug ein Kostüm, die Kleidung eines Anglers mit einem eleganten Hut und prägt sein unverwechselbares Erscheinungsbild. Doch am meisten verwundert, dass er einen öffentlichen Boxkampf mit einem seiner Studenten ausgetragen hat. Einen Boxkampf mit einem Studenten durchführen? War dies eigentlich ein Kampf unter gleichen Bedingungen? Nein! Die Filmszenen und Bilder zeigen einen jugendlichen Studenten, der von Beuys öffentlich verprügelt wird. So viel zum Thema direkte Demokratie. Die Bilder sind bekannt, und zum Schluss steht der Gewinner fest, der bereits zu Beginn Dominanz besessen hat. Ein Professor gewinnt gegen den Studenten, das darf so eigentlich nicht sein. Normalerweise, hätte, wenn für Demokratie eingetreten wird, der Student den Mut haben sollen, Beuys k.o. zu schlagen. Eine Performance von Beuys in einem Museum ist etwas völlig anderes als auf einem öffentlichen Platz, im Jugendzentrum oder an einer Hochschule für bildende Künste. Nun wird der Rahmen, der institutionelle Rahmen genauso bedeutsam wie der Bilderrahmen. Der institutionelle Rahmen gibt hundertprozentig vor, was wir gelernt haben und dann gewohnt sind, zu hören und zu sehen. Erwartung werden erfüllt. Das gesamte Umfeld des Fluxus spiegelt sich in Auseinandersetzungen mit solchen Bedingungen. Im Begriff der *Aktion* verdichtet sich bei Beuys der Kern seiner Arbeit: „Im Zentrum von Beuys' Werk stehen Aktionen. In ihnen traten räumliche und skulpturale, sprachliche wie klangliche Faktoren vereint auf, und zwar in Gestalt des Künstlers selbst, der sie mit seiner Körpergestik, seinem Charisma und seinem ‚Sender-Bewusstsein' prägte. [...] *Die ganzen Kunstaktionen*, so Beuys, *waren wichtig, um den alten Kunstbegriff zu erweitern. So weit, so groß, dass er die gesamte menschliche Tätigkeit umgreifen könnte.*"[108] Viel diskutiert wurde in Kassel im Jahr 1972 das umfangreiche Programm des ihm zugrundeliegenden Menschenbilds. Sein öffentliches Auftreten erreicht jenen Stellenwert, der in dieser Form und Präsenz zuvor kaum bekannt ist. Der

Begriff des Performers greift sichtlich zu kurz. Eine Aktion von Beuys ist eine Aktion, und sie ist einmalig, sie kann nur von Beuys ausgeführt werden. In der Musik und in der Performancekunst kennen wir das auch, das wird als *Composer-Performer* bezeichnet. Es entsteht ein Moment seltener Authentizität. Ein Dirigent führt ein eigenes Werk mit letzten Verfeinerungen der Partitur auf. Oder ein Komponist interpretiert als Pianist seine Komposition. Doch Beuys geht darüber hinaus. In einer biografischen Liste für den Katalog zur documenta V im Jahr 1972 hatte er unter dem Begriff „Aktionen" auch öffentliche Diskussionen, politische Demonstrationen und Parteigründungen aufgeführt. Jedoch wird man unterscheiden müssen zwischen großen Aktionen im Kunstkontext und ökologischen und tagespolitischen Aktionen, die nach eigenen Maßstäben zu beurteilen sind. Aktionen im kunsthistorischen Sinne sind ephemere Ereignisse. Als Werk existieren sie nur während ihrer begrenzten Dauer. Sie sind schnell vergänglich. Was aber passiert, wenn 7000 Eichen gepflanzt werden? Die Zeit, der Ort und das Wachstum bilden eine konkrete und symbolische Form. Es handelt sich um eine Dramaturgie, eine zeitliche Dauer und in diesem Sinne um einen kompositorischen Akt, der bis heute fortwirkt: das vielleicht interessanteste Kunstwerk, das Beuys, aus Sicht zeitlich basierter Kunst, jemals realisiert hat. Warum? Weil die Eichen wuchern und die Stadt Kassel vor die täglich wachsende Aufgabe stellen. Wuchernde Eichen, viele Jahre nach dem Tod von Joseph Beuys, ähnlich wie Ribbeck die berühmte Birne mit ins Grab gegeben wurde. Posthum wirkt der Künstler weiter, seine Eichen wuchern und bedrohen die Stadt. Die Stadt hat ein Problem? Sie darf das Kunstwerk von Joseph Beuys nicht zerstören. Interessante Fragestellungen lassen sich von der gärtnerischen Langzeitkomposition ableiten. Eine kurzzeitige, temporäre Aktion, die auf eine Langzeitwirkung hin angelegt ist. Eine Arbeit der Zeit, die dennoch keine Komposition ist. Andernfalls hätten Aufführungsanweisungen und auch Noten verfasst werden müssen. Doch wo findet das Werk statt? An den Straßen und Plätzen in Kassel? Als Konzept im Sinne der Konzeptkunst? Eher nein: Was also anstelle des Werkes bleibt sind Zeugnisse unterschiedlicher Medien. Alle verwendeten Materialien sind Dokumente, Fotos, Interviews des Künstlers, ein Stück Film, Presseberichte, Erinnerungen von Beteiligten. Als Gattung der bildenden Kunst und aus dem Kunstbetrieb und der Museumspraxis heraus werden sie Zeugnis der Pflanzung und sind Bestandteil des Werks. Dokumente von Aktionen haben einen widerspenstigen Charakter, da sie im Sinne eines finiten Objekts kaum zu konservieren sind. Mit ihnen, das kommt noch hinzu, kann kaum gehandelt werden, sie können nicht ausgestellt werden, sie können nicht bewahrt werden und sie lassen sich auch kaum präsentieren, d.h. alles, was das Kunstwerk als Handelsware ausmacht, wird mit der Aktion der Kunst und ihren Wertsystemen entzogen. Selbst der Erforschung von Aktionen stehen aufgrund ungesicherter Werkbestände beträchtliche Hindernisse im Weg. Sie setzen sich ganz im Geist der 1960er Jahre mit dem Kunstbetrieb auseinander und Spielregeln außer Kraft. Als Beuys seine künstlerische Tätigkeit um die spektakulären Ausführungen erweiterte, war er nicht der erste bildende Künstler, der mit seinem Körper einen zuvor erdachten Handlungsablauf vor einem eigens zu diesem Zweck eingeladenen Publikum präsentierte. Wir kennen es aus den 1920er und 1930er Jahren, bei den Dadaisten, bei den Futuristen, sogar noch davor in den 1910er Jahren waren öffentliche Performances im städtischen Gebiet mit Sirenen, Fabrikanlagen als innovative Kunstform möglich. Auch bei Kurt Schwitters sind, wie angedeutet, Performances wie seine phonetischen Arbeiten bereits Programm. Keinen geringeren Einfluss auf Beuys' Aktionen dürften die Aufführungspraktiken der 1960er Jahre im Rheinland im Umfeld des WDR gehabt haben. So fanden in Köln einige musikalische Aktionen von John Cage, Mauricio Kagel und Nam June Paik statt. Präparierte Klaviere und traditionelle Klänge mischen sich mit elektronischen Klängen zu etwas klanglich Neuartigem. Von Beuys sind über 40 größere Aktionen zwischen 1963 und 1985 dokumentiert. Mit seinen Szenarien gehört Beuys, wie Helga de la Motte-Haber ausführt, zur Bewegung des Fluxus, wenn auch eher am Rande. Einerseits passt er mit seinen Formaten unmittelbar hinein, andererseits wirkt er doch als Eigenbrötler, der sich innerhalb des Fluxus verankert hat.

Im Unterschied zu Joseph Beuys hat sich George Maciunas in diesen Kreisen als Führungsfigur entwickelt, die stark integrierend gewirkt hat. Maciunas, ein origineller Künstler, hat seine gesamte Schaffenskraft darauf verwendet, Bücher zu publizieren und regelmäßig Freunde zu Performances einzuladen. Bei den Lebensmittelhändlern hat er sich mit Waren versorgt, die kurz vor dem Ablaufdatum reduziert waren. So hat er sich eine Woche von Bananen, dann wieder von Orangen ernährt und die Ansammlungen der Verpackungen später als Kunst ausgestellt.

Regelmäßig hat er Komponisten eingeladen, die im Kontext von Minimal, Concept und Fluxus bekannt waren und auch im Umfeld von John Cage in Erscheinung getreten sind. Namen wie Dick Higgins, Nam June Paik, Henning Christiansen, La Monte Young, Yoko Ono und Robert Watts prägen die Szene. Vielleicht das Wichtigste dabei, dass zahlreiche Reisen von New York nach Berlin und Köln möglich waren. Es bestanden lebhafte Freundschaften, die Künstler konnten zwischen diesen Städten pendeln. Möglich war dies durch den DAAD, genauer das Künstler-Programm des Deutschen Akademischen Austauschdienstes und die Gelder, die der WDR ausgeben konnte. Ohne diese Förderungen wären die meisten Fluxus-Performances nicht möglich gewesen. Die Achse Berlin–New York wurde zur Institution.

Hinzu kommt die Sonderrolle der Stadt Wiesbaden, da es dort die wichtigste Air Base der US-Amerikaner in Europa gab. Dies begünstigte den Umstand, dass sich in der hessischen Landeshauptstadt die Fluxus-Bewegung (1962) entwickeln konnte und US-amerikanische Künstler ausgestellt wurden, wie Joe Jones, der zahlreiche Läden in der Innenstadt bespielt hat. Hersteller von Automaten und Musikinstrumenten haben ihre Schaufenster als öffentliche Bühnen zur Verfügung gestellt. In Wiesbaden, ehemaliger wilhelminischer Kurort preußischer Rentner um 1900, die das etwas mildere Klima und die Thermalbäder suchten, wurden prächtige Villen gebaut, die noch heute das historische Stadtbild prägen. Vor dieser Kulisse wurden in den 1960er Jahren Kinos und Tanzsäle zu Räumen von Aktionen. Konzerte mit teils nackten Menschen, die zunächst auf Instrumenten spielten, diese bearbeiteten und zerstörten, brachten Unruhe in die hessische Idylle.

Aber auch in Berlin gab es einen Künstler, der an dieser Stelle erwähnt werden muss: Wolf Vostell, auch er hat, wie Beuys, in einer Band gespielt, zuvor aber in Ulm gewirkt. Dort gab es ebenfalls eine Air Base, auf dem die Starfighter, die Lockheed F-104, die zwischen 1956 und 1975 gefertigt wurde, mit großer Lautstärke gestartet und gelandet sind. Der Starfighter war das Kampfflugzeug der 1960er Jahre. Anfangs stürzte jeder dritte Jet ab. 113 tote Piloten gab es allein auf den Übungsflügen zu betrauern. Vostell hat in einer Performance den Flugplatz als Konzertsaal mit dem Starfighter umgewandelt und in den sechziger Jahren eine schreiende Frau, wie bei Munch, vor den Jets mit laufenden Turbinen platziert. Das Bild des akustischen Terrors hat Geschichte geschrieben und wurde der Soundscape-Bewegung zum Sinnbild. Bildungsstätten werden Mittelpunkt der Kunst, wenn Konzerte und Performances zum Rahmen der Institutionskritik werden. Widerstand und Anfeindungen aus den Reihen bürgerlichen Kulturlebens sind auf der Tagesordnung. Natürlich wurden die Aktionen, wie zuvor in den späten 1950er Jahren in Paris, von jungen sportlichen Künstlern realisiert. Doch der Sprung, den der junge Yves Klein in Paris aus dem Fenster der Galerie Iris Clert machte, wurde nie übertroffen.

Es hat einige Jahre gedauert, bis sich Beuys und die Fluxus-Bewegung im Umfeld einer bürgerlich und staatlich subventionierten, institutionellen Kultur durchsetzen konnten. Mit Maciunas' Tod 1978 verlor das Fluxus-Netzwerk seinen Promoter und Koordinator. Festivals und Treffen fanden noch in den achtziger Jahren vereinzelt statt. Bald löst sich die Bewegung auf. Beuys aber hat an Bedeutung gewonnen, Sammlungen wie die Sammlung Ströer im Hessischen Landesmuseum Darmstadt sowie die Sammlung Berggruen im Hamburger Bahnhof in Berlin wurden zu Publikumsmagneten. Im Rückblick hat das plastische Werk überdauert, dessen Wirkung sich von der Person Joseph Beuys, wie er sich seit den sechziger Jahren inszenierte, abgekoppelt hat. Faszinierend der Zauber, den er als Person auszulösen im Stande war. Er hatte auf alles eine Antwort und die Spannkraft, sein Publikum zu binden. Ähnlich wie auch bei Cage wirkte seine Rede ruhig, ihr Duktus war meist entspannt. Beuys hat es ähnlich wie Cage verstanden, sein Gegenüber anzusprechen. Wer fragte, bekam eine Antwort und wurde belehrt. Beuys machte das auf so eine trockene Art, demütig, oft fast bittend in einer Haltung, die auf manchen Bildern der eines Heiligen gleicht.

Kreisläufe bilden das Zentrum öffentlicher Auftritte, die bisweilen in Installationen münden. So auch ist das Prinzip seiner Arbeiten *Tisch mit Aggregat* (1958/59) und *Tisch (2 Pole)* 1959 als Korrespondenz angedeutet. Arbeiten (Aggregate), die als abstrakte Batterie gestaltet sind, sowie der *Hochspannungs-Hochfrequenz-Generator* (1968), der auf der documenta IV gezeigt wurde, streben nach Ausgleich und Ruhe. Beuys arbeitet mit Speichern und erstellt fantastische Batterien. Fett und Metall und loses Kabelwerk werden zum Energiespeicher. Mit etwas Mühe ist ein Leitungssystem zu erahnen. Die Arbeit kann nur über einen definierten Zeitraum funktionieren. Irgendwann ist die Batterie leer. Bei Beuys, und gerade deswegen ist diese Anordnung so interessant, gibt es eine große Liebe zur Alchemie, die auch beschrieben wird. Beuys erstellt seine Batterien aus Fett und Leder und integriert konsequent chemische Prozesse mit abstrakter Batteriesäure: „Die Verwendung der Batterie im beuysschen Werk zeigt exemplarisch, wie vielschichtig das Verhältnis des Künstlers zu den wissenschaftlichen Disziplinen ist."[109] Erwähnenswert, dass unterschiedlich wertige Metalle verwendet werden, die anders als bei den Minimal-Künstlern wie Dan Graham und Carl Andre zum Einsatz kommen. Beuys zeigt Materialität im Raum und erstellt Polarisierung, indem Bewegung zwischen diesen beiden Materialien entwickelt wird. *Honigpumpe*: eine zentrale Arbeit, da sie ein Gebäude als ein Kreislaufsystem bearbeitet. Eine beeindruckende Installation, die raumfüllend auf der documenta VI zu erleben war, ein Kreislaufsystem, das Systemen der Batterie ähnelt. Ein komplettes Beuys-System. An den Bauteilen und ihren Funktionen wird deutlich, dass es sich um ein naturwissenschaftlich, physikalisch inspiriertes Werk handelt. Materialien werden in geistige Welten überführt. Beuys verstand seine gesamte Tätigkeit als Plastik, als soziale Plastik. Die Produktion von Honig zeigt darin ihre metaphysische Dimension.

Worte und Schriften bilden sich in seinem Verständnis zur Ganzheit aus, wie das Buch der Fluxus-Künstlerin und langjährigen Weggefährtin Louwrien Wijers, *Writing as Sculpture (1978–1987)* zeigt. Worte, wenn sie geschrieben sind, werden Skulptur. Selbst das Gedachte ist Skulptur. Alles ist sozialer Ort, und alles ist soziale Skulptur. Nur in der Gruppe kann Kunst ihre gesellschaftliche Funktion in der Moderne erfüllen. Wir erinnern uns an die Zeit um 1911, Steiner hat in dieser Zeit eine wichtige Rolle gespielt, als Künstlergruppierungen einen philosophischen Rahmen suchten. Kandinsky hatte Steiner kennengelernt und war stark theosophisch, dann anthroposophisch geprägt. Das *Geistige in der Kunst* bei Kandinsky meint jedoch etwas anderes als das Geistige bei Beuys. Das Geistige bei Mondrian ist etwas anderes als das Geistige bei Malewitsch. Diese Orientierung bleibt auch für die US-amerikanische Kunst bei Mark Rothko und Barnett Newman bedeutsam. Wobei unter dem Begriff des Geistigen das Erhabene als transzendentaler Wert der Kunst verstanden wird.[110]

Bilder brauchen Gehalte, um bedeutsam zu werden. Die Idee des Geistigen, die aus der Ästhetik der Aufklärung stammt, erkennt im Bild eine Assoziationsfläche. Beuys wusste dies in seiner Zeit, dem Nachkriegsdeutschland. Und offenbar entsprach Lehmbrucks *Kniende* der Suche nach einem Sinnbild, als die Figur am Eingang der documenta I, wie erwähnt, 1955 gezeigt wurde. Beuys ist es in Teilen gelungen, ein ganzheitliches Weltbild zu entwerfen, indem er eine Symbolsprache entwickelt, die positive Kräfte als Bestandteile aufgreift und sie in Wirkungszusammenhänge stellt, die als Prinzip *Batterie* und deren Polaritäten funktionieren. Die Anthroposophen haben die Chance genutzt, diese Potentiale aufzugreifen, Beuys entsprechend zu feiern. Beuys, Steiner, Goethe werden in einer Linie gesehen, die jene Bewegung für sich zu nutzen verstand. Zudem ist in jenen Jahren die Bedeutung Steiners auch entsprechend gewachsen. Die Kraft der Erneuerung und die Ursprünge der Lebensreform-Bewegung aus den 1920er Jahren fließen zusammen und münden, auch bei Beuys, in Figuren, die Erlösungscharakter aufweisen.

Institutionelle Rahmungen – Fluxus

Während in Kassel auf der documenta II (1959) ein internationales Feld mit staatstragenden Positionen der Kunstgeschichte inszeniert wurde, rumorte es an den Rändern in Wiesbaden, Kopenhagen, Düsseldorf, Paris und New York. Für die Kontexte der Abstraktion ist interessant zu beobachten, wie sich frühe Aktionen des Fluxus unmittelbar aus dem Geist und den Ideen der Musik und eines nahezu klassischen Musikverständnisses speisen. Übergänge von Musik zu Event und Performance spiegeln sich in vielen Titeln. Zwischen 1959 und 1978 entwickelt sich ein interdisziplinäres Feld der Kunst, das Gattungsgrenzen und institutionelle Rahmungen auflösen wird. Führende Persönlichkeit dieser Jahre ist George Maciunas (1931–1978), ein aus Litauen stammender US-Amerikaner, der in Bad Nauheim in Hessen zwischen 1946 und 1948 zur Schule ging. Schließlich wandert die Familie in die USA aus, und Maciunas studiert von 1949 bis 1950 an einer privaten Kunsthochschule, der Cooper Union. Von 1952 bis 1954 folgte das Studium der Musikwissenschaft und Architektur. Im Anschluss daran nahm er von 1959 bis 1960 an der New School of Social Research Kompositionsunterricht bei Richard Maxfield, der durch elektroakustische Werke einer kleinen Szene bekannt ist. Bald darauf floh er hoch verschuldet „vor seinen Gläubigern aus New York mit einem Militärtransporter zurück nach Deutschland, um zur führenden Figur neben Nam June Paik und John Cage zu werden. Der Exil-Litauer Maciunas ernennt sich zum Kapitän und Zeremonienmeister des Schiffs und steuert fortan unter dem Begriff *Fluxus* alles, was eigentlich nicht plan- und steuerbar ist.“[111] Maciunas wird für die Gruppenbildung des interdisziplinären Feldes organisatorisch und inhaltlich bedeutsam. Er sammelt und publiziert eine Vielzahl kompositorischer Formen und künstlerischer Produkte und erstellt für seine Freunde Multiples.

Der Begriff *Komposition* wird erneut im Feld der Kunst zentral und führt zu Performances und Objekten, die ausgestellt werden. Hierin schreibt sich eine Entwicklung fort, die bereits von den 1910er und 1920er Jahren bei Kandinsky, Klee und Mondrian sowie dem experimentellen Film her bekannt ist. Rhythmisierung und metrische Gestaltung komponierter Zeit werden auf tägliche Prozesse übertragen. Hände waschen, rauchen, sitzen, zu Bett gehen, aufstehen sowie andere Arten der Bewegung werden ins Medium der Kunst transformiert. Ein Handlungsfeld musikalischer Kompositionen wird in szenischen Formaten abstrahiert und in neuen Kontexten erprobt, die schließlich in offene Aktionen münden, deren Ausgestaltung den Aufführenden überlassen bleibt. Vieles entsteht, was rein fiktionalen Charakter hat und sich einer Aufführung verweigert. So etwa, wenn Phasen des Wachstums menschlicher Haare und das Abschneiden als INTERMISSON (George Brecht) und Teil einer Sammlung von Performance- Stücken zum Verkauf angeboten werden.[112] Yoko Ono wird diese Ideen aufgreifen und am eigenen Leib vorführen. Handlungen auf die Bühne zu bringen, Aufmerksamkeit zu erregen, ohne dabei weiter Botschaften zu vermitteln, grenzt für viele Zeitgenossen der 1960er Jahre ans Absurde, das keiner weiteren Betrachtung und Würdigung wert zu sein scheint. Erwartungen werden unterlaufen und führen zur Kritik des Publikums, das sich wie im Fall der legendären Uraufführung von John Cages *4' 33"* durch David Tudor im August 1952 betroffen und kritisch äußert und es an persönlichen Ratschlägen nicht mangeln lässt, diesen Weg der Abstraktion doch in Zukunft nicht weiter zu verfolgen.[113] Zentrum der Institutionskritik ist das klassische Format des Konzertes sowie Bild und Funktion des Klaviers, das Instrument des Bürgertums schlechthin. Seine Bearbeitung und Zerstörung im Kontext eines tradierten, akademisch legitimierten Musikverständnisses ist das Symbol für klassische Musik. Im Erlernen eines Instrumentes werden Rituale internalisiert, die tief im Bewusstsein des Musikers verankert sind. Wenn in Wiesbaden, nur wenige Kilometer entfernt von Darmstadt, der Metropole Neuer Musik, im September 1962 die *Fluxus − Internationale Festspiele Neuester Musik* als medialer Kontrast zu den Kranichsteiner Ferienkursen für Neue Musik des Internationalen Musikinstitutes Darmstadt sowie in der Nähe von Baden-Baden die Donaueschinger Musiktage durchgeführt werden, so weist der Titel *Neue Musik* auf den besonderen Anspruch im Bereich avantgardistischer Musik hin, nämlich im Medium zeitgenössischer Neuer Musik experimentelle Formen radikaler akustischer Ereignisse zu erschließen. Die Kuratorin des Nassauischen Kunstvereins in Wiesbaden, Elke Gruhn, berichtet von vierzehn Konzerten, die im September 1962 stattgefunden haben. Internationalen Stellenwert erlangten die Aktionen, da es den US-amerikanischen Militärbasen in Darmstadt und Wiesbaden-Erbenheim zu verdanken ist, „dass die Initialzündung von FLUXUS als historischer

Moment der jüngsten Kunstgeschichte ausgerechnet in Wiesbadens Städtischem Museum stattfindet. Denn die amerikanischen Organisatoren und Akteure finanzieren sich überwiegend durch kreative Jobs bei den Streitkräften."[114] Unter dem Label *Fluxus* entwickelt sich eine Bandbreite an Aktivitäten, die sich in Techniken der Abstraktion künstlerischer Handlungen beschreiben lassen. Zentral für die Entfaltung verschiedener internationaler Strömungen wird John Cage und seine Technik der Präparation von Klavieren, zumal Cage auch durch seine Kurse an der New York School of Social Research (1958–1960) den Akteuren der Szene vertraut ist. Maciunas, Cage und Paik verfügen allesamt über eine breit angelegte akademische und künstlerische Ausbildung und adaptieren Techniken aus Avantgarde-Strömungen, die zu Beginn des Jahrhunderts entwickelt wurden. Oft, auch auf scheinbar spielerischem Weg, werden Akzentverschiebungen im System künstlerischer Handlungen vollzogen, die im Feld von Performance, Konzert und öffentlichen Lesungen ihre Wirkungsräume finden. Schriftlichkeit in Gestalt von Handlungsanweisungen und Noten, Zeichnungen und Skizzen bildet die Grundlage performativer Handlungen und wird künstlerisches Dokument. Aufführungsanweisungen und handschriftliche Zeugnisse ihrer Schöpfer werden historisiert und ausgestellt. „An die Erweiterung und Entgrenzung des Musikbegriffs in der experimentellen Musik knüpft die Aktionsmusik an, die das Programm der *Fluxus-Konzerte* prägte."[115] Im Medium der Performance können fortan beliebige Ereignisse durch künstlerische Inszenierungen in den Fokus des Interesses gelangen und zur Reflexion von Zusammenhängen der Wirkung führen. „Bei aller Unterschiedlichkeit der musikalischen Konzepte, die von den Fluxus-VertreterInnen entwickelt worden sind, geht es in den Stücken meist um die Inszenierung und Erkundung von eher unspektakulären, alltäglichen akustischen und visuellen Ereignissen."[116] Interessanterweise ist, wie Elke Gruhn bemerkt, der Übergang von Formaten des Konzertes zur Performance noch nicht vollzogen.[117] „John Cage eröffnet mit seiner musikalischen Maxime ‚Everything we do is music' den theoretischen Hintergrund für dieses Phänomen, das sich in den Anfängen der 1960er Jahre in der bildenden Kunst entwickelt. [...] So finden in Deutschland die ersten ‚Prä-Fluxus'-Veranstaltungen 1960/61 im Kölner Studio bei der Partnerin des Komponisten Karlheinz Stockhausen, der Künstlerin Mary Bauermeister, statt. Während Stockhausen durch die Internationalen Ferienkurse für Neue Musik in Darmstadt geprägt ist, sind die Abende im Atelier von Mary Bauermeister als paralleles Gegenfestival zu denen der Internationalen Gesellschaft für Neue Musik (IGNM) angelegt."[118] Regionale Gruppierungen erwachsen im Feld der Neuen

Musik, aus denen auch die Berliner Gesellschaft für Neue Musik (BGNM) hervorgegangen ist. Doch zunächst werden jenseits akademischer Rahmungen die *Fluxus Festspiele Neuester Musik* im Jahr 1962 zur Bühne, auf der Nam June Paik seinen Kopf tief in einen Eimer voll schwarzer Tinte taucht, um damit eine lange Spur auf einer Papierbahn im Raum zu ziehen. Der Körper des Künstlers gewinnt im Medium der Performances Präsenz und plastische Qualität, er wird zur Signatur, wie kurze Zeit später auf dem Feld der Land Art bei Richard Long.

In diesen Jahren finden Aufführungen Neuer Musik in Darmstadt und Donaueschingen jedoch noch fast ausschließlich an den Rändern des öffentlichen Interesses statt, daher sind Skandale, die durch die avantgardistischen Konzerte von Fluxus ausgelöst wurden, hilfreich, um die Bewegung im Betriebssystem der Kunst zu etablieren. Nicht alle Akteure dieser Jahre wie George Maciunas, Dick Higgins, Alison Knowles, Benjamin Patterson, Wolf Vostell streben künstlerisch ein so breites Wirkungsfeld an wie Nam June Paik. Der Koreaner war 1957 nach Köln gezogen und hatte bei Karlheinz Stockhausen in den elektronischen Studios des WDR gearbeitet. Paik schätzt die musikalische Avantgarde, vor allem Stockhausen und Cage, verehrt sie und umgarnt beide. Ihnen sind Kompositionen gewidmet, und er wurde bald von den Internationalen Ferienkursen für Neue Musik nach Darmstadt eingeladen. Im Jahr 1961 entstand von Paik eine Komposition, die Jahre später in einer Sammlung publiziert wurde: Komposition 1 000 000 weiße Seiten folgen – stell dir das vor. Eine Sonate – für Radio (aus den ersten 3 Sätzen kann man einen Satz formen. Die Reihenfolge der 5 Sätze ist durch den Interpreten veränderbar, der dieses Programm macht; einige Stücke können ausgelassen werden.) Ich habe mein Radio-Stück überarbeitet. [...] erster Satz: Wenn eine volle Stunde schlägt, schalte 10-30 verschiedene Radios ein, die (zur selben Zeit) die Nachrichten senden, um zu demonstrieren, wie dieselbe Sprache oder verschiedene Sprachen unterschiedlich dasselbe Ereignis desselben Tages vermitteln. Dieses Stück sollte am besten in Mitteleuropa gemacht werden, wo viele ISMEN und viele Sprachen sich überlagern."[119]

Paik wird einen langen Weg von der Performance über die Medienkunst bis zu den legendären Video-Skulpturen zurücklegen, die eine eigene Gattung begründen werden.

Maciunas war ein Meister der Selbstinszenierung, darin gleicht er John Cage, dessen Fernsehauftritte in den 1950er Jahren heute als Video-Dokumente zugänglich sind. Wenn Cage auftritt und Werke wie *Water Walk* aufführt, integriert er akustische Alltagsgegenstände wie Küchengeräte,

Kinderspielzeuge, Jagdutensilien. Seinen Aufführungen lag immer eine Partitur zugrunde. Die Performances wurden als humoreske Mischung aus Entertainment und musikalischer Performances empfunden. In Fernsehshows, in denen Cage auftrat, wurde das Publikum immer zum Lachen angeregt. Markant und heiter ist Cage bei seinen Auftritten. Gemäß der Mode der Zeit im Anzug mit Schlips gekleidet. Das Format der Partitur, die bei einem Musikverlag editiert ist, spiegelt sein künstlerisches Selbstverständnis. Cage ist Künstler und Komponist. Anders der um 14 Jahre jüngere George Brecht, ein ehemaliger Student von Cage. An der Grenze zu traditionellen und akademischen Rahmungen entstehen bei Brecht Sammlungen von Karten, Briefen und zahlreiche Anweisungen, die als abstrakte Notationen erscheinen, wie *Water Yam (artist's book)*, eine Box mit einer Sammlung von 102 Karten mit miniaturhaften Anweisungen, die zur Aufführung anleiten sollen. Auf unterschiedlichen Kartenformaten, die zwischen 1 x 1 cm und 15,4 x 11,6 cm groß sind, wird ein Fluxus-Kosmos von Handlungen ausgebreitet. Wie ein Spiel-Set für Kinder. Absurd wirkende Anweisungen und konkrete Handlungen mischen sich. Zeitliche Rahmungen, wie die bekannt gewordene DRIP MUSIC (DRIP EVENT), liegen in verschiedenen Fassungen vor, die sich durch den Grad zeitlicher Ausarbeitung auch in ihrer Länge unterscheiden. „For single or multiple performance. A source of dripping water and an empty vessel are arranged so that the water falls into the vessel. Second version: Dripping. G. Brecht (1959–62)".[120] Ebenso bekannt das MOTOR VEHICLE SUNDOWN (EVENT) (TO JOHN CAGE) SPRING/ SUMMER 1960: „Any number of motor vehicles are arranged outdoors." Der Produzent des Events ist aufgefordert, Handlungsanweisungen in einer Folge zu erstellen, die an die Performer in Gestalt von Autobesitzern verteilt werden und in einer Choreografie idealerweise gegen Abend zur Aufführung gebracht werden, da Autoscheinwerfer, Blinker, Hupen, Scheibenwischer, Türen, Kofferraumdeckel und Motorhauben als kinetische Elemente zum Material werden und bei einbrechender Dunkelheit ihre Effekte besser zur Geltung kommen, wie dies etwa in Berlin beim Festival der Berliner Gesellschaft für Neue Musik beim Festival *Musik und Licht* am 30. November 1996 um 16.02 Uhr durch Frank Gertich in der Klosterstraße mit einem Ensemble von acht Auto-Performern zur Aufführung gebracht wurde.[121] Maciunas hat die Karten zu einem Set zusammengefasst, die Tomas Schmit zuvor grafisch gestaltet hatte und in einer kleinen Auflage als Multiple, als *Fluxbox* oder *Fluxkit*, zum Kauf angeboten hat.

Partituren können nun aus Noten oder Texten bestehen, die abstrakte Formen der Zeit gliedern. Ein breites Spektrum entsteht, wo der zeitliche Verlauf auch ins fast Unendliche vorgegeben ist. Paik schreibt eine Komposition, indem er seinen Schlips in Tinte taucht und diesen dann, mit gesenktem Kopf, über eine lange Papierrolle zieht. Parallelen zu Yves Klein und dem Abdruck des Körpers liegen nahe. Schriftlichkeit wird zum entscheidenden Hinweis auf kompositorische Handlungen im Sinne klassisch notierter Musik und weiteren Formen der Abstraktion. Rolle und Verständnis von Musik unterscheiden sich im Werk der Künstler am deutlichsten voneinander. So steht Musik bei Cage, Paik und Brecht in einem völlig anderen Zusammenhang als bei Beuys, der in der Fluxus-Enzyklopädie von Maciunas, die achthundert Seiten umfasst, lediglich vier Mal erwähnt wird. Das Jahr 1968 ist für die Bewegung bedeutend, da Maciunas die Gründung der Free International University in den USA vollzieht. Er gründet ein Fluxus-Haus in Soho. Im New York der späten 1960er Jahre wird Maciunas zum künstlerischen Makler von Grundstücken, leerstehenden Häusern und kleinen Industriebrachen. Er betreibt Grundstücksspekulationen und Immobilienankäufe, wird in Schlägereien verwickelt und legt sich mit Immobilien-Spekulanten an. Einmal wurde er fast totgeschlagen, als ein bestellter Schlägertrupp ihn mit Eisenstangen traktiert und ihm vier Rippen bricht sowie ein Auge schwer verletzt wurde. Nur die Notaufnahme konnte in noch retten. Fortan musste er die Etage, die er bewohnt hatte, verbarrikadieren. Ein privater Sicherheitsbereich entstand wie in einem Kriegsgebiet. Stacheldraht wurde gezogen, eine Schießscharte im Fenster eingerichtet, Klingelknöpfe wurden verschraubt. Körperlich geschwächt, litt er zeit seines Lebens an Asthma, später kamen chronische Magenschmerzen hinzu. Schließlich erkrankte er an Bauchspeicheldrüsen- und Leberkrebs und stirbt 1978. Er hinterlässt seiner Künstlercommunity Abrisshäuser und prägt mit den Besetzungen von Objekten eine künstlerische Praxis. An das Format der Intervention knüpfen weitere Künstler an. Gordon Matta-Clark und Robert Smithson entwickeln Vergleichbares. Im Format der Land Art werden ebenfalls Areale okkupiert, wo in notariell beurkundeten Verträgen Überschreibungen und Lastenwechsel dokumentiert sind, die dann später als Dokumente von Kunsthandlungen in Ausstellungen präsentiert werden. Zu meist symbolischen Kaufpreisen werden leerstehende Industriebrachen angeboten, gekauft und vereinnahmt. Der Begriff des Ortsspezifischen entsteht in diesen Kontexten und formt sich durch die künstlerische Praxis in einer Prägnanz aus, die bald im Feld der Architektur aufgenommen wird. Mitte der 1970er Jahre steigen die Grundstückspreise. Die Stadt erfährt einen rasanten Aufschwung. John Lindsay, ehemaliger Bürgermeister von New York, hat ein Buch verfasst, worin zu lesen ist, dass der Central Park, heute die beste Wohnlage überhaupt, bis in die 1970er Jahre als ein kriminelles und auch bei Nacht lebensgefährliches Pflaster galt. So wie die Bewegung der Land Art mit dem Tod Smithsons durch seinen Absturz mit einem Motorflugzeug im Jahr 1973 ihren Höhepunkt erreicht hat, so endet die Bewegung des Fluxus mit dem Tod von Maciunas 1978. Selbst George Brecht, der 2006 noch den Berliner Kunstpreis erhielt, hat seine künstlerische Arbeit in den späten 1970er Jahren eingestellt.

Doch die bis heute führende Figur dieser Jahre bleibt auf dem Feld der Performance und abstrakten Musik John Cage, denn er unterläuft sämtliche überlieferte Traditionen. Cage bleibt bis zum Ende seines Lebens im Jahr 1992 künstlerisch aktiv. Welche Bedeutung hat es, wenn Klaviere nach Anleitungen präpariert werden, um darauf dann Konzerte zu spielen? Was bedeutet es, wenn ein Klavier bearbeitet und zerstört wird? Wird daraus dann eine Skulptur? Präparationen durch Cage transformieren das Instrument. Das Klavier steht im Zentrum, seine klanglichen Eigenschaften werden modifiziert, ein neues Instrument entsteht, Vorhandenes wird regelrecht verfremdet und dem Hörer entrückt. Klavier- und Flügelbesitzer leiden. Bei Cage werden Radiergummis unterschiedlicher Marken, unterschiedlicher Festigkeit, unterschiedlicher Oberflächen zwischen die Saiten montiert, so dass eine Art Marimbaphon-Klang entsteht. Schrauben werden in Resonanzkörper versenkt, die teilweise mit Unterlegscheiben besetzt sind und so Perkussionsinstrumente entstehen lassen. Hier kann beobachtet werden, wie Veränderungen eines symbolisch bedeutsamen Instrumentes verlaufen. Klaviere werden in andere Instrumente verwandelt, doch sie verbleiben immer im Kontext der Musik, bei Cage, im Unterschied zu Beuys und Vostell, noch bespielbar. Doch für die meisten Musiker, die solche Präparation vornehmen, ist der Vorgang ein Leidensprozess, der Fragen aufwirft. Denn was passiert da eigentlich? Ist alles eine Performance? Wahrscheinlich ein zeitlich gefasster Akt. Auch Motive der Institutionskritik sind damit verbunden. Ein Flügel ist Instrument und Symbol. Er ist der oft unerreichbare Traum der bürgerlichen Familie, seit etwa 1830. Die kleine Version ist das Klavier, das Pianoforte reicht für den bürgerlichen Hausgebrauch. Ein Flügel hingegen ist ein wertvolles und teures Instrument. Flügel und Klaviere sind die beliebtesten Instrumente in Wien, Leipzig und Paris um 1900, wo hunderte von Klavierfirmen in diesen Jahren angesiedelt waren. Wird also diesem Instrument mit Schrauben, Unterlegscheiben zu Leibe gerückt, so werden Grenzen verletzt. Wer dem Instrument schadet, der vergeht sich an ihm genauso wie an den Wirkungszusammenhängen, die mit ihm verbunden sind. Das Tasteninstrument ist Sinnbild bürgerlichen

Kulturgutes, seine Modifikation im Bereich des Klanges wie bei Cage oder seiner Gestalt wie bei Beuys und Vostell ist als Institutionskritik am westlichen Musikleben zu verstehen. Das Instrument und das mit ihm verbundene öffentliche Auftreten ist Bild einer Gemeinschaft geworden. Rahmen gesellschaftliche und institutionelle Orte sind: Konzert, Galerie, Museum, Philharmonie, Kino, Revue-Theater. Damit verbunden sind architektonische Rahmungen, in denen bestimmte Zeremonien stattfinden. Wenn Erwartungen, die mit den Rahmungen verbunden sind, unterlaufen werden, kommen Fragen auf. Einen Flügel in einem Museum, wie z.B. dem Hamburger Bahnhof in Berlin aufzustellen weckt eine völlig andere Erwartung als einen Flügel in einem Konzerthaus in Berlin oder in der Elbphilharmonie in Hamburg aufzustellen. Orte prägen Erwartungen. Beuys zeigt sich als Künstler, Bildhauer und plastischer Gestalter. Fluxus-Akteure sind ganz klar Musiker. Zeit wird von ihnen künstlerisch gerahmt, wie etwa in der Maciunas-Ausstellung „One Year" in der Akademie der Künste in Berlin, wo Verpackungen von Lebensmitteln, die von ihm über ein Jahr aufgegessen wurden, nun als Readymades ausgestellt sind. Die Ausstellung erinnert an frühe Pop Art-Arbeiten von Andy Warhol. Eine Künstlerin, die als experimentelle Pop-Musikerin bekannt war, bevor sie zum Fluxus fand, ist Yoko Ono. Sie integriert das Publikum. Es entsteht ein performativer Akt. Wir kennen die Performance durch eine Amateuraufnahme, wahrscheinlich Super-8 mit Ton. Bemerkenswert sind die Gesten von Ono, die, auf einem Stuhl sitzend, leicht bekleidet mit einem übergroßen Hemd, durch den Schnitt einer Schere bearbeitet wird. Das Hemd wird zerschnitten und ihr nackter Körper schließlich freigelegt. Die Schere, auch als Symbol im Dada bekannt, hat auch immer etwas mit Filmschnitt zu tun, mit Filmbearbeitung. Alle Bilder erscheinen in der für die 1960er Jahre typischen Schwarzweiß-Ästhetik.

Neben der New Yorker Canal Street, im Umfeld von Maciunas in den 70er Jahren, wurde ein Schild *Fluxus Street Theater Free* als Adresse bekannt. Die zeitgleiche Berliner Variante dazu bildet Vostell. Streckenweise ist Vostell ein politischer Künstler, der den Vietnam-Krieg thematisiert und Kritik übt. Vostell hat den Begriff der Collage und Décollage entwickelt, um Formen medialer Wirklichkeiten und deren Kontexte zu beschreiben. Hier zeigt sich eine Nähe zu Beuys, wenn im Medium der Skulptur auch Schichten freigelegt werden, die gesellschaftliche Relevanzen und Machtverhältnisse von Gruppen aufzeigen. Vostell konterkariert Bilder, historische Aufnahmen werden mit absurden Materialien kombiniert. Autos sind im Werk Vostells präsent, historische Fahrzeuge werden umgebaut, Klaviere zerlegt und in Fahrzeuge hineingewuchtet. Zitiert werden Bilder des surrealen Films. Instrumente werden als plastische Form behandelt. Vostells *Fluxus-Symphonie für 40 Staubsauger* (1976) besteht aus dem plastischen Material von 40 unterschiedlichen Handstaubsaugern, doch die Staubsauger sind nicht in Funktion. Ein Ensemble wird auf einem Sockel präsentiert, ein Bild entsteht. Natürlich hört der am Klang geschulte Mensch ein imaginäres Rauschen historischer Haushaltsgeräte, wie sie gemeinsam klingen und Kontraste bilden. Was ist das für ein Rauschen, das da entstehen könnte? Welches Modell hebt sich klanglich besonders ab? Eigentlich würde man gerne hören, wie sich die Staubsäcke aufblasen, wieder zusammenfallen, aber es bleibt beim Bild.

Ähnlich wie bei Warhol Motive der Zerstörung als zeitlich eingefangene Momentaufnahmen wirken, so spielen eingefrorene Prozesse auch bei Vostell eine Rolle, wenn ein Auto auf einem Bahngleis bei Ulm im Rahmen einer Performance zerlegt wird. Ein Zug erfasst es in voller Fahrt und zerstört das Vehikel. Das Relikt der Performance wird Ausstellungsobjekt, die Wucht des Aufpralles ist der konservierten kinetischen Arbeit eingeschrieben.

Henning Christiansen – Schottische Sinfonie

In enger Zusammenarbeit mit Joseph Beuys tritt im Umfeld des Fluxus der 1960er Jahre der dänische Komponist Henning Christiansen hervor, der mit neuen instrumentalen Spieltechniken die nordische Szene bestimmt. Bedeutsam ist Christansen für die Entwicklung der noch jungen Gattung der Klangkunst, die ihre ersten Schritte auf dem Feld der Installation im Jahr 1967 durch Max Neuhaus nimmt, der eine Arbeit explizit als Installation bezeichnet. Christansen steht dem Fluxus nahe und tritt mit Beuys auf. Kirchen, als Orte der Klangerfahrung, führen ihn zur Orgel, die er in Werken wie *fluxorum organum Opus 39* (1967), *fluxorum organum* (1968) und *Kreuzmusik* (1989) in metaphysisch besetzte Orte des Fluxus verwandelt. Seine Partituren werden seit den 1980er Jahren in den nordischen Ländern in Ausstellungen gezeigt. An der Grenze zur Installation mit Klang entstand die *Schottische Symphonie*, die in der Titelgebung an das gleichnamige Werk Felix Mendelssohn-Bartholdys erinnert, dessen Reiseerlebnis Anlass zur Komposition war. Mendelssohns *Schottische Symphonie* in a-moll op. 56 entstand Jahrzehnte nach der ersten Englandreise des Komponisten 1829 und wurde 1842 uraufgeführt. Sie ist von den Landschaftsbildern Schottlands bestimmt. Christiansen kannte das Werk und erstellte eine reduzierte Form, wo zunächst nur ein Ton im stark perkussiven Gestus angeschlagen wird. Ein Werk liegt in einer Fassung mit der Dauer von 23 Minuten und 20 Sekunden vor. Helga de la Motte-Haber hat darauf hingewiesen, dass „Leben und Freiheit im Denken von Henning Christiansen eine große Rolle spielen".[122] Daher gewinnen Objekte, die Beuys und dessen Verweigerung von Klang durch Instrumente nahestehen, Bedeutung. Klang und Raum werden Christiansen zur Imaginationsfläche. Werke wie *Grüne Fettgeige* (1988), *Hammermusik* (1992) und *A Sound of Sludge* (1993) unterlaufen Erwartungen an die Musik und ihre Instrumente. In Zusammenarbeit mit dem Klangkünstler Andreas Oldörp entstand im Auftrag der Kunsthalle Rostock im Herbst 1997 die raumfüllende Installation mit dem Titel *Am Anfang war nicht das Wort, sondern ein Zwitschern*. Eine filigrane Arbeit mit lebenden Kanarienvögeln, sie trällerten in der

Kunsthalle in einer großen Voliere. Das Werk entsteht im Kontext der Kunst, ohne Opus und ohne Zahl. Ein Motiv des romantischen Liedes wird aufgegriffen. Vögel sind Botschafter der Seele, für Christiansen sind die Vögel skulpturales, kinetisches Material, bewegte Klangquellen.

Statement

Willi Baumeister – Albert Camus

1947: Zwei Jahre nach Ende des Zweiten Weltkriegs erscheint in Deutschland Willi Baumeisters Schrift *Das Unbekannte in der Kunst*. Die kleine Schrift des an die Stuttgarter Kunstakademie berufenen Professors, war in den Kriegsjahren 1943 und 1944 verfasst worden, in einer Zeit, wo Baumeister als entartet diffamierter Künstler nicht ausstellen durfte. Die Schrift trägt die bezeichnende Widmung: „Allen denen, die gelitten haben."[123] Sie ist vom Gedanken bestimmt, Grundlagen abstrakter Kunst als ein in allen Formen der Kunst wirksames Kräftespiel zu belegen. Motive des Rätselcharakters verbinden sich mit dem Verlassen der Bildgegenstände, deren Lücke das Bild zunehmend mit magischen Kräften auflädt. Bilder des Krieges und deren Bewältigung führen zum positiven Zukunftsentwurf, dem Künstler wird eine führende Rolle als Hoffnungsträger zugesprochen. Erneut wird die Dimension des Geistigen zum Leitbegriff. Es wird nun noch über zehn Jahre dauern, bis auf der documenta II das Spektrum abstrakter Kunst präsentiert wird. Baumeister: „Die Stärke des Kunstwerkes liegt in der Schwäche der Interpretation des natürlichen Vorbildes. Dem wirklichen Kenner ist die Übersetzung, der Abstraktionsgrad das Wesentliche."[124] Baumeisters Schaffen ist noch deutlich von Gedanken der Moderne um 1920 geprägt. Seine Ausführungen zur Kunst der Abstraktion befassen sich mit den Aspekten der Wahrnehmung sowie mit metaphysischen Dimensionen, die den Wert der Kunst in ihrer Geschichte kennzeichnen. Baumeister hat, so die Kunstwissenschaftlerin Karin v. Maur, „die abstrakte Kunst in Deutschland populär gemacht. Als bekanntester Künstler der Nachkriegszeit war er zugleich der engagierteste Vorkämpfer für die Wiederanerkennung der deutschen Moderne im In- und Ausland."[125] Die internationale Rezeption Baumeisters ist aus heutiger Sicht schwer einzuschätzen.[126] Die meisten seiner Schüler gehen nach dem Studium in kunstgewerbliche Richtungen und Raumdekoration.[127] Die Preise, die seine Kunstwerke auf Auktionen erzielen, liegen weit unter denen von Feininger, Kandinsky und Klee. Wahrscheinlich ist seine Schrift doch stärker als seine Kunst rezipiert worden.

Das Unbekannte in der Kunst erscheint als Kondensat einer allgemeinen Theorie der Abstraktion, deren Verdienst es zweifelsfrei ist, Wirkungskräfte und Spannungsverläufe im Bildgeschehen als dynamische Prozesse zu reflektieren. Baumeister bezieht sich auf Errungenschaften zeitbasierter Künste, die in ihren Funktionen bei Kandinsky, Klee und Mondrian erörtert werden. Er strebt, wie Gudrun Inboden ausführt, „Kompositionen an, die sich dem Inhalt (=Mythos) zu unterwerfen verweigern, ihn vielmehr neutralisieren".[128] Baumeister eröffnet ein Feld freier Interpretation, die dem Betrachter einen weiten Raum zugesteht. Nicht mehr die Identifikation von Gegenständen und Handlungen gilt es zu rekonstruieren, sondern es sind Felder zu erleben, die mit magischen Kräften wirken. „Baumeister unternimmt es, die Partizipation des Betrachters am Bild neu zu definieren. [...] er anerkennt einen offenen Kunstbegriff."[129] Anknüpfungspunkte einer Theorie impliziten Verstehens sind damit auf dem Feld der Kunst bereits in den späten 1940er Jahren gesetzt. Besonderen Stellenwert erhält das Werk Paul Klees mit Bezug auf dessen pointierte Titelgebung, deren Bedeutung von Baumeister als Spannungsfeld zwischen Werk und Betrachter diskutiert. Baumeister: „In der jüngsten Kunst treten Spannungen in ungewöhnlicher Art bei Paul Klee auf. Er ist nicht nur Meister der Form und Farbe, sondern auch ein Meister der Titelgebung. Bei ihm wird eine höhere Poetisierung des Werks durch die Titelgebung besonders angeschlagen. Durch seine Titel deutet er nur scheinbar die Bilder. [...] Bei Kandinsky werden die optischen Vorgänge auch mit Titel gegeben, die in kurzen Andeutungen das Bild charakterisieren, ohne es auszuschöpfen."[130] Poetische Gehalte und eher technische Titelgebungen werden deutlich, deren Ursprünge Baumeister auch mit der östlichen Philosophie verbindet. Er bezieht sich auf die gleichen Ansätze von Künstlern und deren Technik der Moderne wie Kandinsky.

Die Moderne der Abstraktion beginnt im Impressionismus. „Mit Cézanne beginnt die Rhythmisierung der Bildgegenstände, der Konturen, die Modulation der ganzen Bildfläche und damit die Entfernung von der täuschenden Nachbildung. Die Malerei gewinnt an Musikalität! Ein Ablauf innerhalb der Bildfläche gemahnt an den musikalischen Ablauf. Im Kubismus und besonders durch die Mittel von Klee, durch seine Formthemen, durch Wiederholung und Variation und durch die Linie als Fluss wird die Zeitsubstanz im Bild aktiv."[131] Neben mehrfachen Nennungen von Johann Sebastian Bach und dessen Fugen, die bereits für Feininger, Kandinsky und Klee richtungsweisend waren, wird Goethe mit anthroposophischen Referenzen erwähnt. Goethe, nach Baumeister: „Die höchsten Kunstwerke werden zugleich als die höchsten Naturwerke vom Menschen nach wahren und natürlichen Gesetzen hervorgebracht. [...] Jede Kunst verlangt den ganzen Menschen, der höchstmögliche Grad derselben die ganze Menschheit."[132] Hierin erfährt der Künstler eine Leitfunktion, die ihn zum Zentrum kulturellen Schaffens und einer gemeinschaftsbildenden Kraft machen soll. Seine Imagination und Schaffenskraft soll Vorbild in einer Zeit des Wiederaufbaues sein. „Die Gegenwart verlangt vom einzelnen Künstler eine Sammlung aller Kräfte. Der künstlerische Mensch ist der letzte Mensch überhaupt. Er öffnet sich allen Kräften, hat teil an ihnen, ist Teil davon."[133] Ähnlich wie zuvor bei Lehmbruck und später dann bei Joseph Beuys, führt Baumeister den Künstler als moralische und damit politische Instanz ein. Das allgemein Sichtbare ist Medium der Kunst, das Gegenständliche oder auch Nicht-Gegenständliche ist „in der Kunst nur ein Teil"[134]. Baumeister wählt in seinen Ausführungen einen Duktus, der religiöse Züge aufweist: „Der Künstler als untrügliche Membran des Ganzen schließt das Präexistente in sich. [...] Das Kunstwerk ist in der Lage, zu verkünden und zugleich anzukündigen. Aus dem beständigen Widerstreit gegen die ewige Durchschnittlichkeit und ihre sich nach und nach entwertenden Fixierungen (Gesetze, Gepflogenheiten) hebt sich die Hellsichtigkeit des Kunstwerks hervor."[135] Regelmäßigkeiten, die den Zeitverlauf im Bildgeschehen als eine Art vor-filmischer Bewegung behandeln, erkennt Baumeister in den Arbeiten von Cézanne, den er als Voraussetzung für Klee beschreibt. „Geht man der Tendenz der visuellen Bewegung innerhalb der Malerei nach, so stößt man, wie bei vielem Grundsätzlichen, auf Cézanne."[136] Baumeister erweist sich in der Analyse von Cézanne als ein Betrachter, der den Bildaufbau im Sinne einer horizontal-vertikalen Rasterung analysiert. Gesetzmäßigkeiten der Bilderschließung, die den Akt des Betrachtens von links nach rechts beschreiben und Aspekte der Sichtbarkeit/Unsichtbarkeit thematisieren, verweisen auf eine bereits phänomenologisch ausgebildete Analyse, wie dies wenige Jahre später in Frankreich durch Merleau-Ponty erfolgen wird. Baumeister zu Cézanne:

Sein Bildgefüge ist ein konsequenter Durchlauf von Linien, wenn auch in Abbrüchen oder Verwerfungen. Seine einzelnen Formen sind zu den sie umgebenden Formen in Beziehung gesetzt, und zwar derart, dass der Betrachter den Formvorgängen kontinuierlich folgt, mehr, als es beim Betrachten der früheren Malerei der Fall ist. Cézanne erzeugt durch An- und Abschwellung eine allgemeine Flächenerschütterung, eine Dispersion der Fläche.[137]

Baumeister beschreibt Linien, Formen, Farben und Verlaufsformen in ihrer Wirkung als Spannungsverhältnisse, die umso stärker wirken, je größer die Unterschiede sind. Die Ausführungen knüpfen an das ästhetische Konzept der Abstraktion von Kandinsky und seiner Kunstlehre für die Praxis an.

Im selben Jahr wie Baumeisters *Das Unbekannt in der Kunst* erscheint auch Albert Camus' *Die Pest*, die in wenigen Monaten zum meistgelesenen Nachkriegsroman wurde. Auch bei Camus erfolgte mit der Nennung des Wortes „Abstraktion" eine Öffnung der Handlung in Bereiche, die sich dem Leser nur noch vage andeuten konnten. Das Abstrakte wird bei Camus zur Projektionsfläche des Unvorstellbaren und ist mit den Schreckensbildern des Krieges verbunden. Ein dramaturgischer Bogen wie in einer Komposition wird angelegt. Vom erst langsamen Auftreten der Pest bis zu ihrem Anwachsen zu einer kaum überschaubaren, wuchernden Seuche sowie dann ihrem Abklingen entzieht sich das Ausmaß der todbringen Seuche jeder Vorstellung. Metaphorisch steht die Pest für die politischen Katastrophen, in die hinein Menschen geworfen werden, ohne Aussicht zu haben, ihnen zu entkommen. Die Seuche wird zur politischen Schicksalsmetapher. Ein paar Textstellen:

Nein, sagte Rambert bitter: Sie können nicht verstehen, Sie reden die Sprache der Vernunft, Sie sind in der Abstraktion.[138]

Nach einem Augenblick schüttelte der Arzt den Kopf. Rambert hatte recht mit seinem ungeduldigen Verlangen nach Glück. Aber er hatte auch recht, wenn er ihn anklagte? Sie leben in der Abstraktion. War das wirklich die Abstraktion, all die Tage, die er im Spital verbrachte, wo die Pest gefräßiger wurde und jede Woche durchschnittlich fünfhundert Opfer verlangte?[139]

Dann begannen die Kämpfe, die Tränen, die Überredung, mit einem Wort: die Abstraktion.[140]

Aber da, wo die einen Abstraktion sahen, sahen die anderen Wahrheit. Das Ende des ersten Pestmonats wurde nämlich verdüstert durch eine deutliche Verschlimmerung der Seuche und eine heftige Predigt des Jesuitenpaters Paneloux, der damals dem alten Michel beim Ausbruch der Krankheit beigestanden war.[141]

Das Pestfieber feststellen heißt, die Kranken rasch abholen lassen. Dann begann allerdings die Abstraktion und die Schwierigkeit, denn die Angehörigen wussten, dass sie den Kranken nur geheilt oder tot wiedersehen würden.[142]

Um gegen die Abstraktion kämpfen zu können, muss man ihr ein wenig gleichen.[143]

US-amerikanische Rezeption

Die Rezeption abstrakter Kunst in den USA entwickelt sich im Prozess wechselseitiger Anerkennung, die sie durch künstlerische Identifikation, kunstkritische Reflexion sowie die wachsende Nachfrage auf dem Kunstmarkt schließlich zum Bindeglied westeuropäischer und US-amerikanischer Kunst seit 1942 macht. Jackson Pollock:

Die gesamte bahnbrechende Malerei der letzten hundert Jahre kam aus Frankreich, kein Zweifel. Amerikanische Maler haben, pauschal gesprochen, nie den rechten Zugang zur modernen Malerei gefunden. Von daher ist es sehr wichtig, dass viele gute europäische Moderne jetzt hier leben – sie bringen nämlich ein Verständnis der Probleme der modernen Malerei mit. Besonders beeindruckt mich ihre Auffassung vom Unbewussten als Quelle der Kunst.[144]

Von epochaler Bedeutung war ein Beitrag des auflagenstarken *Life*-Magazin am 6. August 1949: *Jackson Pollock. Is he the greatest living painter in the United States?* Der Beitrag machte Pollock in kurzer Zeit zum viel beachteten Künstler. Identifikation mit europäischer Kunst, die durch europäische Emigranten seit Mitte der 1930er Jahre in die USA kam, brachte Impulse abstrakter Kunst, deren Ästhetik kulturpolitisches Programm werden konnte. Das Verlassen gegenständlicher Formen wurde Dreh- und Angelpunkt jener Debatten, die ihre Wurzeln bei Caspar David Friedrich und seinen einsamen Menschen im Universum der Kunst haben sollten. So äußerten sich Adolph Gottlieb, Mark Rothko und Barnett Newman zu den Irritationen des Kunstkritikers Edward Alden Jewell, der ihre Ausstellung der Federation of Modern Painters and Sculptors im Juni 1943 in New York nicht verstand und ihre Kunst als „verwirrt" beschrieb:

Die Kunst ist für uns eine abenteuerliche Reise in eine unbekannte Welt, die nur von denjenigen erforscht werden kann, die bereit sind, die Risiken auf sich zu nehmen. [...] Es ist unsere Aufgabe als Künstler, die Betrachter dahin zu bringen, die Welt mit unseren Augen zu sehen – nicht mit ihren. [...] Gute Malerei, die von nichts handelt, gibt es nicht. Wir bestehen darauf, dass der Bildgegenstand von entscheidender Bedeutung ist und dass nur zeitlose und tragische Bildthemen Wert besitzen."[145]

Künstlerische Formate und ästhetische Programme ergänzen sich und bilden sich unter den Labeln des *Abstract Expressionism* und *Colour Field Painting* aus. Kennzeichen der Entwicklungen finden sich in den Notizen, Briefen und Essays von Künstlern wie Mark Rothko, Barnett Newman, Ad Reinhardt, Jackson Pollock, Mark Tobey, Willem de Kooning, Clyfford Still, Robert Motherwell, Philip Guston sowie einflussreichen Kunstkritikern wie Harold Rosenberg, Michael Fried, Clement Greenberg und Rosalind Krauss. Die US-amerikanischen Künstler zeigen eine starke Identifikation mit europäischen Entwicklungen. *Das Erhabene* und *das Geistige* finden sich bei ihnen in Referenzen auf Kandinsky, Klee, Feininger und Mondrian, ebenso wie die Romantik zum Leitbild nicht nur Mark Rothkos wird, der bereits 1947 äußerte: „Die Romantiker sahen sich veranlasst, fremdartige Stoffe aufzugreifen und Reisen in entlegene Gegenden zu unternehmen. Sie ließen jedoch außer Acht, dass nicht alles Fremdartige und Ungewöhnliche zwangsläufig einer transzendentalen Erfahrung entspricht, obwohl umgekehrt der Begriff des Transzendentalen Fremdartiges wie Außergewöhnliches miteinschließt."[146] Künstler, Kuratoren und Ausstellungen, Ankäufe durch Sammler sowie Schenkungen an Museen entwickeln kulturpolitisch relevante Kräfte, die medienwirksam in der Tagespresse inszeniert werden und schnell an internationaler Relevanz gewinnen. Unter dem Label *Abstraktion* erwächst eine US-amerikanische Kunst mit Geltungsanspruch, die bald staatlich subventioniert und den europäischen Vorbildern als gleichrangig erachtet wird.[147] Der Abstrakte Expressionismus wurde seit Beginn politisch aufgeladen, die Rolle der Kunstkritik kann kaum überschätzt werden.

Abstract Art

Das Label *Abstract Art* wurde regelrecht erfunden: „Greenberg, der den Mythos begründet hatte, dass diese Malerei reine Malerei sei, war wie Rosenberg, der den komplementären Mythos begründet hatte, dass diese Malerei reiner Ausdruck sei, *linker Antikommunist.*"[148] Damit war eine entscheidende Haltung begründet, die überhaupt die staatliche Förderung in den USA politisch legitimieren konnte. Als wichtige Station in Europa gilt die documenta II im Jahr 1959. Auf Augenhöhe wird internationale abstrakte und erstmals US-amerikanische Kunst in diesem Umfang in Europa vor einem großen Publikum (über 130 000 Besucher in 100 Tagen) gezeigt. Es erfüllt sich eine Entwicklung, die im Rückblick Jahrzehnte zuvor angelegt war. Einhellig gilt vielen Kunsthistorikern die Armory Show in New York im Jahr 1913 als Beginn einer US-amerikanischen Kunstgeschichte, deren Höhepunkt in den 1950er Jahren erreicht ist.[149]

Wenige Jahre nach der Amory Show nimmt eine in Braunschweig geborene Tochter eines Industriellen sich der Kunst der Abstraktion in den 1920er Jahren an. Jahre vor den epochalen Ausstellungen von Peggy Guggenheim in Europa und New York ist es eine finanziell gut gestellte Persönlichkeit, die sich für die noch wenig bekannte Kunst mit Erfolg einsetzt. Wirtschaftliche Interessen und künstlerische Leidenschaft verbinden nunmehr zwei Frauen miteinander, deren persönliches Zusammentreffen bislang nicht nachgewiesen wurde: Galka Scheyer und Peggy Guggenheim.

Galka Scheyer, in Braunschweig 1889 geborene, deutsch-amerikanische Künstlerin und Kunsthändlerin wird zur ersten institutionellen Mentorin der Gruppe *Die Blaue Vier.* Auf Basis eines Galeristen- und Vertriebsvertrages wurden von ihr erste Ausstellungen in New York realisiert. 1939 stand sie als Mentorin Jawlenskys auch mit John Cage in Kontakt. Durch Cages Vermittlung gelangen mehrere Ausstellungen in den Bundesstaat Washington.[150] Zunächst konnte Scheyer im Jahr 1925 die erste Ausstellung mit Werken von Feininger, Jawlensky, Kandinsky und Klee zeigen. Zwischen 1925 und 1944 wurden von ihr insgesamt achtzehn Ausstellungen in den USA sowie eine Ausstellung in Berlin im

Jahr 1929 realisiert. Diavorträge, Werbemaßnahmen, Einladungen sowie Kontakte mit Sammlern und Galeristen fördern die Verbreitung der Werke. Dennoch kommt es ab Mitte der 1930er Jahre, bedingt durch die Diffamierung abstrakter Künstler in Nazi-Deutschland, zum Preisverfall, der auch in den USA zu spüren ist, die Preise gehen spürbar zurück, erneut stellen Themen der Abstraktion ein eigenes Feld dar.[151] Wenn der britische Künstler Ben Nicholsen 1941 in London zu einer Ausstellung seiner Bilder und den Kommentaren in der Presse Folgendes zum Thema Abstraktion äußert, dann zeigt sich auch hier eine klare Haltung gegenüber tradierten und gegenständlichen Werten der Kunst. Abstrakte Kunst geht in Opposition zu überlieferten Haltungen. „Über abstrakte Kunst: Soweit ich sehe, hat man bis jetzt noch nicht darauf hingewiesen, dass diese Befreiung von Form und Farbe in engem Zusammenhang mit all den anderen Befreiungen steht, von denen man hört."[152] Nicholson sieht in seinem Werk der Abstraktion insgesamt die Sprache einer Kunst der Moderne: „Ich glaube, dass abstrakte Kunst keineswegs eine beschränkte Ausdrucksform ist, die nur von wenigen verstanden wird; sie ist vielmehr eine mächtige, grenzenlose und universelle Sprache."[153]

Weit gestreut sind ästhetische Referenzen US-amerikanischer Künstler im Feld des *Abstract Expressionism* und der sich parallel entwickelnden Farbfeldmalerei. Ähnlich wie dies von Gruppierungen wie de Stijl, Dada und Bauhaus bekannt ist, fördern Freundschaften zwischen Komponisten, Künstlern und die Lektüre philosophischer Texte eine Erfolgsgeschichte, die durch die US-amerikanische Kunstkritik weiter geprägt wird. Intermediale Bedeutung hat vor allem John Cage erreicht, der mit den meisten Künstlern dieser Zeit über eine lange Periode eng befreundet ist.[154] Stationen seiner Biografie entwickeln sich zum Who is Who des 20. Jahrhunderts in Musik, Kunst, Grafik und Film. Im New Yorker Umfeld der 1940er Jahre geht Cage jedoch zu Jackson Pollock auf Distanz. Pollock wurde wie ein Star mit der berühmt gewordenen Einzelausstellung in der New Yorker Art of the Century Gallery im November 1943 gefeiert. Seine Kunst und Person wird zum amerikanischen Mythos stilisiert, wie eine Biografie labelt:

Jackson Pollock was more than a great artist, he was a creative force of nature. He changed not only the course of Western art, but our definition of art. He was a quintessential tortured genius, an american Vincent van Gogh, cut from the same unconforming cloth as his contemporaries Ernest Hemmingway and James Dean – tormented by the same demon: a comboy-artist, who rose from obscurity to take his place among titans of modern art, and whose paintings now command millions of dollars.[155]

Ein völlig andere Künstlertypus war John Cage, er wurde aus den Reihen seiner Künstlerfreunde Jasper Johns, Robert Rauschenberg und Emilie Antonioni heraus mit der Ausstellung in New York 1958 gefeiert. Partituren wurden Zeichnungen im Kontext der Kunst präsentiert. Dies in einer kleinen Retrospektive seines 25-jährigen Schaffens, neben einer Konzertreihe.[156] Bedeutsam wurden viele Freundschaften von John Cage, insbesondere auch mit Morton Feldman,[157] der sich in oft harschen Worten von der europäischen Musiktradition und zeitgenössischen Komponisten abwandte und vielmehr Grundlagen kompositorischer Verfahren im Medium der Kunst der Moderne von Cézanne über Klee bis De Kooning fand. Als Konstanten der Rezeption etablieren sich in diesen Jahren Aspekte des Geistigen, des Erhaben sowie eines körperlichen Erlebens von Kunst, die in der Summe als zeitlich expandierte Form in der Moderne erkannt werden und in dieser Logik zeitbasierte Künsten einander annähert. Wie wird die Kunst rezipiert, welche Leitgedanken liegen neben den erwähnten Statements vor? Die Wertschätzung abstrakter Kunst durchläuft verschiedene Phasen, die sie im Kontext der Minimal Art der 1960er mit Interpretationsansätzen bereichert, die Leitlinien der Wahrnehmungstheorie und bereits neurowissenschaftliche Ansätze zeigen.

Merleau-Ponty wird mit der Übersetzung seiner Schriften ins Englische einer künstlerischen Gemeinschaft bekannt, die Motive seiner Theorie künstlerisch beerben kann. Es erscheinen 1962 *Phenomenology of Perception*, 1963 *The Structure of Behavior* sowie *In Praise of Philosophy*, 1964 *Sense and Non-Sense* sowie *Phenomenology and the Sciences of Man* sowie weitere Werke. In den USA entwickelt sich eine erste internationale Rezeption, die bemerkenswert ist, da Merleau-Ponty in Europa erst Jahrzehnte nach seinem Tod eine zaghafte Wiederentdeckung erfährt, die bis heute reicht.[158] Ein Feld entwickelt sich, das der Kunsthistoriker und Minimal-Forscher Gregor Stemmrich beschreibt. Die neuen Werke erschließen sich erst im Prozess. So wird in der „Minimal Art Visualität von einer materiell lokalisierten Struktur von Dingen her konzipiert und nicht umgekehrt".[159] Die Dinge fordern eine eigene Theorie ihrer Perzeption, der implizite Betrachter wird erfunden. Zentral ist die Akzentuierung eines neuartigen, ganzheitlichen Verständnisses körperlicher Rezeption von Kunst.

Fried setzte Merleau-Ponty dazu ein, Greenbergs Vorliebe für die optische Plastik zu verteidigen, eine Plastik, die in einem virtuellen Raum existiert und dem Betrachter per Analogie seine individuell eigene Präsenz innerhalb des semantischen Feldes bestätigt. [...] Gleichzeitig sollte betont werden, dass dieses Sich-Berufen auf

Merleau-Ponty – damals eines unter mehreren theoretischen Modellen – bei allen Autoren [...] den Wunsch widerspiegelte, eine Analyse der bildenden Kunst über die Dimension von Greenbergs kantschem Empirizismus hinaus zu erweitern, dem zufolge der Geschmack des Betrachters Anfang und Ende der Diskussion über ein Werk war.[160]

Ausgang waren Erfahrungen mit plastischen Werken, die oft seriell ange-ordnet eines neuen Typus der Rezeption bedurften, der wiederum für die Wahrnehmung von Tafelbildern aufgegriffen wird. Merleau-Ponty konn-te zitiert werden, wenn es im Erleben von Kunst um einfache Formen und Folgen ging, die auf Grundlagen der Wahrnehmungen beruhten. In diesem Kontext wurden gestische Aspekte, die in einfachen Zeichen der Handschrift, der Kinderzeichnung sowie der Sprache liegen, neu bewertet. Damit setzt sich eine Entwicklung in den US-amerikanischen Künsten und deren Ästhetik fort, die von den Ur-Lauten (Schwitters) über die Zersplitterung von Gesten (Baumeister) bis zu poetischen Aufladungen assoziativer Wortfetzen (Mallarmé/Joyce/Kafka) reicht. Gestischer Ausdruck, körperliches Erleben sowie Rudimente der Spra-che werden in Summe mit Merleau-Ponty verbunden. Meyer: „Es ist, so könnte man sagen, der ältere Merleau-Ponty, der aber bereits in den 1950er Jahren mit seiner Phänomenologie, die in der *Phänomenologie der Wahrnehmung* in ihren höchsten Ausdruck fand, zu versöhnen suchte."[161] Ob es jemals zu einem solchen Ausgleich überhaupt kommen sollte, ist fraglich. Richtig jedoch ist die Einschätzung, dass der gesamte menschli-che Leib mit allen Dingen in der Welt kommuniziert, die im Medium der Kunst exemplarisch und konzentriert in Erscheinung treten. Abstraktion wird als Entdeckung eines ursprünglichen körperlichen Ausdrucks auf der Fläche, im Bild und dessen zunehmender räumlicher Tiefe entdeckt. Auch in den USA wird eine poetische, unendliche Moderne in der Ma-lerei mit Cézanne begründet, deren Fortschreibung über Kandinsky, Mondrian, Rothko bis zu De Kooning ihre Gültigkeit hat. Merleau-Ponty beschreibt einen analytischen Rahmen, wobei: „Cézanne und die Malerei als der paradigmatische phänomenologische Künstler und sein Medium fungieren. Cézannes Zweifel war der eines Mannes, der, in der Welt existierend, mit erheblicher Frustration versuchte festzuhalten, was er berührt und sieht. [...] so hatte er eine Sichtweise produziert, die so neu war, dass sie überlieferte Modelle der Repräsentation in Frage stellte."[162]
 Konstruktion von Wirklichkeit wird im Zeichen individueller Konditionierung und ästhetischer Erfahrung zusammengeführt und bereitet ein Forschungsfeld vor, das der Gestalttheorie nahesteht. Neu-rowissenschaftliche Ansätze lassen sich in Äußerungen von Rosalind Krauss erkennen, wenn sie sich zur Rezeption der Minimal Art von

Donald Judd äußert, die sich erst im Betrachter vollendet: „Das Objekt entsteht als zwingende Einheit der Gegenwart, der unübertrefflichen Fülle, die uns die Definition des Wirklichen ist.“[163] Im Feld der Kunst erfährt Merleau-Ponty jene Wertschätzung, wenn in seinen Texten ganzheitliche, multisensorisch sensible Reflexe auf den Körper des Menschen gespiegelt sind, die zunehmend an Bedeutung gewinnen. Meyer: „Interessant an Merleau-Ponty war seine Fähigkeit, gleichzeitig das Bildhafte und das Taktile, das Sichtbare und das Unsichtbare, die auf Cézannes festgehaltene Welt, in der wir leben, zu erklären. Und diese Dualität, die seinen Theorien eigen war, machte ihn in den 1960er Jahren für krass unterschiedliche Versionen des Modernismus brauchbar.“[164] Doch damit nicht genug. Durchsucht man die Texte der Jahre zwischen 1945 und dem Ende der 1960er Jahre, die aus dem US-amerikanischen Umfeld zeitgenössischer Kunst und Musik stammen, nach Quellen und Verweisen, so finden sich vergleichsweise wenige Nennungen und Referenzen auf Maurice Merleau-Ponty. Wie also kann dem Autor im Kontext einer vermeintlich durch die Kunstkritik zugesprochenen Bedeutung kritisch begegnet werden? Kommt dem Philosophen eine Funktion zu, die ihn ins Zentrum des Geschehens setzt? Wahrscheinlich nicht, denn der Blick in die relevanten Publikationen weist ihn kaum mit diesem Gewicht aus. Von einer systematischen und dann schließlich systemischen Funktion kann nicht ausgegangen werden. Was aber sind theoretische Leitlinien dieser Jahre? Es fällt schwer, eine einheitliche Rezeption ästhetischer Grundlagen zu erstellen. Vieles bleibt bruchstückhaft und dabei poetisch aufgeladen. Akademische Normen, wie diese Maßstab der Kunst in den 1960er Jahren waren, werden als überkommene Werte skeptisch gesehen. Gemeinsam ist den Künstlern dieser Jahre ein ästhetisches Selbstbewusstsein, das sie im Medium der Kunst verankern. Ansätze einer US-amerikanischen Ästhetik der Abstraktion deuten sich an. Herausragend sind großangelegte Formate, die in ihren metrischen Bezugssystemen eine Metaphysik der Zahl aufweisen und den Betrachter ins Bild ziehen sowie eine Rhythmisierung aufweisen, dabei wird Mondrian mehrfach erwähnt. Doch bei allen Versuchen, eine Adaption der westlichen Strömungen der Anthroposophie oder phänomenologischen Wahrnehmungstheorie als geistigen Kern der Abstraktion vorzunehmen, scheitert das Projekt einer eigenen US-Ästhetik. Relativ wenig Bedeutung kommt philosophischen Motiven innerhalb der Debatten in den USA zu. Motive des Erhabenen werden in den großdimensionierten Formaten der Tafelbilder, die als Merkmal früher Jahren typisch sind, zitiert, doch kaum weiter bearbeitet. Selbst Künstler wie Willem de Kooning, der den späten Cézanne und

Kandinsky als Wegbereiter seiner Entwicklung nennt, identifizieren sich mit dem Begriff des Abstrakten, dessen wesentliche Eigenschaft in der Erschaffung räumlicher Tiefe auf der Leinwand erkannt wird, nur bedingt. Im Akt des Zeichnens und des Malens wird von ihm der Moment des Zitterns als eine Grenzerfahrung künstlerischen Schaffens erwähnt, die auf die Angst im Prozess der Erschaffung verweist und gleichzeitig als frühes Indiz seiner Krankheit (Parkinson, Demenz, neuronale Erkrankung) verstanden werden kann. De Kooning erkennt in den 1950er Jahren die Funktion des Systems Kunst, dessen Bedeutung schlicht in der Verschriftlichung von Ereignissen liegt, die Bedeutungen zuschreiben und erst entstehen lassen. Ästhetik entwickelt sich aus Anlass der Kunst. „Denn sicherlich ist erst mit dem Reden die Malerei zur *Kunst* erhoben worden. Über Kunst lässt sich nichts Sicheres aussagen, außer, dass sie ein Wort ist."[165] Aspekte geistiger Gehalte, wie diese, von Kandinsky propagiert, eine lange Erfolgsgeschichte in gegenstandloser Kunst geschrieben haben, lehnt De Kooning explizit ab: „Kandinsky verstand Form als eine Form, wie ein Objekt in der realen Welt; und ein Objekt, sagte er, sei eine Erzählung. [...] Er wollte eine Musik ohne Worte. [...] Seine Schriften wurden aber nun ihrerseits zu einer philosophischen Barrikade, wenn auch eine mit vielen Löchern. Was sie bieten, ist eine Art mitteleuropäisches Verständnis von Buddhismus oder etwas, was für mich zu theosophisch ist."[166] Diese Äußerungen belegen eine intensive Auseinandersetzung mit den Schriften Kandinskys, der in einer eigenen Form Bestandteil künstlerischen Selbstverständnisses wurde. Das Abstrakte hat sich zum selbstverständlichen Ort der Kunst entwickelt. De Kooning: „Wenn ich tatsächlich abstrakt male, dann ist es das, was ich unter abstrakter Kunst verstehe. Die Frage ist mir offen gesagt unverständlich."[167] Kunst braucht keine weiteren Bezugspunkte: „Das häufig vorgebrachte Argument, dass die Wissenschaft wahrhaft abstrakt ist, und dass Malen wie Musik sein könnte, [...] ist äußerst lächerlich."[168] Gleichwohl finden sich aber in De Koonings Titelgebungen zahlreiche Verwendungen des Wortes *abstrakt*, die Rückschlüsse auf eine innere Systematik zulassen, die Teil seiner Erfolgsgeschichte war, die bei Kandinsky ihren Ausgang genommen hat und in den Bildgestalten an Baumeister und Miró erinnern. Frühe Werke wie *Abstraction* (1938), *Abstract* (um 1939/1940) und *Black and White Abstraction* (1948) lassen Anknüpfungspunkte erkennen.

Die Etablierung eines ursprünglich US-amerikanischen Labels der Kunst zeigt ihre ideologisch motivierte Wirkungskraft bis heute, wenn mit dem fotorealistisch anmutenden Gemälde von Mark Tansey *Der Triumph der Schule von New York* (188 x 304,8 cm)[169] der Sieg der US-amerikanischen Künstler und ihres ästhetischen Beistands in Gestalt der Kunstkritiker Greenberg und Rosenberg verkündet wird, den die Kunst und ihre Institutionen bis ins späte 20. Jahrhundert auf dem internationalen Kunstmarkt verteidigen konnten. Die Etablierung wurde schon als bildungsbürgerliche Selbstvergewisserung beschrieben, die unschätzbaren Wert haben sollte. „Denn der Abstrakte Expressionismus war auch die bewusste Herstellung einer eigenen ästhetischen Tradition, die die Vereinigten Staaten bis dahin nicht hatten, die sie aber benötigten, um im Kalten Krieg nicht nur militärisch und ökonomisch, sondern auch kulturell zu bestehen."[170] Unter dem Titel der New York School werden derzeit verschiedene Gruppierungen gehandelt, die nicht nur das Feld der Malerei betreffen, sondern auch den Kreis der Komponisten um John Cage, Morton Feldman, Earle Brown und Christian Wolff.[171] Inwiefern das Label im Sinne einer Schulbildung gerechtfertigt ist, kann hier nicht diskutiert werden, sucht man jedoch nach dem kleinsten gemeinsamen Nenner, so zeigen sich Parallelen in der Behandlung musikalischer Zeit, die seit Erik Satie und Charles Ives ins musikalisch Universale vergrößert wurde; viele Komponisten und Künstler knüpfen daran an. Musikalische Dauer, als zeitliche Expansion von Aufführungen von Kammerbesetzungen, und Bildformate erreichen Dimensionen, die in dieser Form in Europa selten sind. Überwältigung und Nicht-Fasslichkeit werden stilbildend: „Das unüberschaubar große und antikompositionelle Bild charakterisiert bereits die amerikanische gegenstandslose Malerei der vierziger Jahre."[172] Überwältigung und Unüberschaubarkeit werden zum Programm einer aktualisierten Version des Erhabenen. Der Betrachter und Hörer – insbesondere in den oft meditativen Werken Feldmans, die über mehrere Stunden ohne dramatische Ereignisse verlaufen – wird immer wieder aufgefordert, sich neu im Geschehen zu orientieren. Eine kognitive Leistung wird verlangt, die in Ermangelung von Haltepunkten auf weiten Flächen ein neues Verstehen fordert. Berge, Gebirgszüge und Gletscherregionen, die einst mit dem Erhabenen verbunden waren, werden in zeitliche Expansionen von Flächen projiziert.

John Cage im Medium der Kunst

Für die Wirkungsgeschichte John Cages ist entscheidend, dass er weniger im Musikbetrieb Europas als in Kreisen der Kunst in den USA und Europa rezipiert worden ist. Nicht nur als Leitfigur von Fluxus in Deutschland, auch in der New Yorker Szene der Neuen Musik und des Abstract Expressionism entfaltet er Präsenz, deren Wirkung erst langsam erkannt wird. Um 1950 wird Cage zum Bindeglied zwischen den Künsten. Seine Aufführungen im Betriebssystem Musik wurden und werden auch noch heute als massiver Angriff empfunden. Wie erklärt sich dies? Es scheint, als ob die Rezeption im kurzen Performance-Stück *4' 33"*, ein Schlüsselwerk des 20. Jahrhunderts, bereits zu sehen ist.[173] Bei Cage hat die Performance im Sinne einer musikalischen Aufführung einen eigenen Charakter. Der Pianist schreitet auf die Bühne, wendet sich dem Klavier zu, öffnet dessen Deckel, wartet. Er schließt den Deckel und geht. Was ist passiert? Die institutionelle Rahmung ist entscheidend: Es handelt sich um ein abstraktes Konzert. Wiederholungen sind ausgeschlossen, da der Effekt in der Überwältigung durch Reduktion geschieht. Eine Neuheit in den frühen 1950er Jahren. Bei Beuys hingegen steht das Klavier in einem mit Filz ausgekleideten Raum, oder eben auch ein anderes Musikinstrument, das in Filz gehüllt ist. Es sind skulpturale Objekte im Kontext der Kunst. Ähnlichkeiten bestehen zwischen Cage und Beuys, da es in vielen Fällen um die Vermeidung von Tönen geht. Bei Beuys ist der institutionelle Rahmen ein Museum, eine Galerie. Der Besucher ist Betrachter im Museum, und er sieht die Objekte als Objekte, als skulpturale Formungen, als einen in sich geschlossenen Körper, der ruht. Wenn er aber in ein Konzert geht, erwartet er zu Recht, musikalisch unterhalten zu werden. Die Zuhörer sind es gewohnt, dass auf der Bühne etwas passiert, dass etwas zu hören ist. Es gehört zum Ritual, in Ruhe zu verharren und den Verlauf als Konzert zu erleben. Cage und Beuys verweigern dies auf zwei völlig unterschiedliche Weisen. Das bedeutet im Umkehrschluss: Wäre jetzt Beuys mit dem Flügel im Museum und der Pianist würde kommen, nichts tun und weggehen, würde man dies nicht als Konzert, sondern als Aktion bezeichnen. Würde der Filzraum von Beuys oder die filzummantelte Umgebung mit Flügel in einem Konzertsaal stehen, würde man diese Inszenierung möglicherweise als Komposition empfinden, d.h. die Haltung gibt den Ausschlag für die Wahrnehmung, ebenso wie auch die Bereitschaft des Publikums, die Vorgänge in ihren institutionellen Voraussetzungen zu abstrahieren. Der Ort prägt das Werk, was in den sechziger Jahren und siebziger Jahren unter dem neuen Begriff des Ortspezifischen diskutiert wurde, ist zentraler Begriff der Land Art und später der Architektur geworden. Das Ortsspezifische macht den Betrachter zum Teilhaber, er entscheidet mit seiner Erwartungshaltung darüber, wie etwas funktioniert, Debatten der Leser/Hörer/Besucher im Kontext der Partizipation verhandeln diese Voraussetzungen der Rezeption.

Einschreibungen

Abstrakte Skulpturen – Neue Materialität

Robert Smithson war nicht nur epochaler Künstler im Feld der Land Art, sondern er hat auch eine Reihe von Aufsätzen veröffentlicht, die in den 1960er Jahren den Begriff der Abstraktion aufgreifen und ihn auf plastische Formen beziehen. Inspiriert von raumbildenden Techniken und Oberflächen, wird ein Begriff des Materials eingeführt, der richtungsweisende Aspekte enthält, da er sich auf El Lissitzky und László Moholy-Nagy und deren Idee von Licht als künstlerischem Material beziehen lässt sowie Ansätze der 1920er Jahre weiterführt. An Arbeiten von Donald Judd erklärt er Verfahren, die Techniken der Bearbeitung von hochglänzenden und lichtaktiven Oberflächen aufweisen. Hinweise auf abstrakt-kristalline Strukturen werden als Energiefelder, im Sinne von Material, herausgestellt: „Donald Judd hat neuerdings eine Firma, die die Techniken der abstrakten Kunst in Regionen hineinträgt, von denen man bislang niemals sprach."[174] Den Begriff der *Abstraktion* verwendet Smithson, um die neuartigen Qualitäten raumbildender Verfahren zu beschreiben, die sich nicht mehr im Repertoire der klassischen Skulptur fassen lassen. Durch gesetzte Perspektiven nähern sich Judds Raumkörper jenen der Architektur an. Smithson: „Dieser Nicht-Rotations-Aspekt bricht mit der Vorstellung vom dynamischen Raum. Materie, nicht Raum ist Judds vorrangiges Thema. Jede der Strukturen stellt die Frage nach der *Form* der Materie. Dies steht im Widerspruch zu der abstrakten Idee, dass Bewegung das direkte Resultat von Raum ist."[175] Smithson bezieht sich zudem auf Pollock, wenn er äußert: „Ein mangelndes Bewusstsein für die Masse scheint der Niedergang des Action Painting verursacht zu haben."[176] Referenzen auf natürliche Gestalten, wie jene von Kristallen, werden als einzige Vorlagen genannt: „Judd hat den Raum in eine abstrakte Welt aus mineralischen Formen heruntergeholt. Seine Tätigkeit könnte man als *die Ablagerung* des unendlichen Raums bezeichnen."[177] Ziel der Arbeiten ist Erzeugung einer neuen Dimension, die als Antimaterie beschrieben wird. Im Kern handelt es sich um die ständige Ausrichtung von Perspektiven, die als kubische Behältnisse angelegt sind.

A Line made by walking

Eine Einschreibung wurde zum Ereignis, die in England ihren Anfang nahm. In London wurde von einem Studenten ein Rasenstück durch eine Handlung zum Kunstwerk erklärt: *A Line made by walking* (1967) hat dazu geführt, dass das Laufen des Künstlers auf einer Oberfläche als so substanziell erkannt wurde, dass daraus ein System entstehen konnte. Bedeutsam in diesem Zusammenhang ist, dass die Handlung im System der Kunst als Vorgang protokollarisch festgehalten wurde, um dann als Dokument in einer Galerie gezeigt zu werden. Ausstellungen wurden entwickelt, Zeugnisse in den Kunsthandel gebracht. *A Line made by walking* wurde als Technik von Künstlern wie Michael Heizer, Walter de Maria und Dennis Oppenheim aufgegriffen und variiert. Handlungen und materiale Umsetzungen zeigen Variantenbildungen, die von der Einschreibung einer Spur über gezieltes Laufen auf weichen Oberflächen bis hin zu tief gesetzten Spuren in Schnee und Eis sowie in Wüstenlandschaften und Geröllfeldern in Höhenlagen von Bergen reichen. Mit solchen Bewegungen wurden Grenzen körperlich erzeugter Markierungen erreicht, die zunächst noch ohne Hilfsmittel vollzogen wurden. Später kamen kleine, dann immer größere Maschinen zum Einsatz. Großdimensionierte Formen entstehen. Bekannt wurde *Double Negative* von Michael Heizer, eine, wie der Titel andeutet, negative Skulptur. Wohl exakt eine Viertelmillion Tonnen Material wurde bewegt. Eine Schneise wie ein Graben in eine Formation geschnitten, das Ergebnis sah schließlich aus wie ein Steinbruch. So entstand die negative Form einer monumentalen Skulptur, die in ihrer Gestalt einer Baugrube glich, aber im Kontext der Kunst zum Kunstwerk erklärt wurde und auch als photographisches Dokument in einer Galerie gezeigt wurde. Erwähnenswert ist der Vorgang, da ähnliche Arbeiten zunächst außerhalb des Museumskontextes entstand sind und dennoch ihren Weg in die Institution Kunst geschafft haben.

Robert Smithson ist 1973 in einem einmotorigen Propellerflugzeug der Firma Piper abgestürzt und dabei zu Tode gekommen. Er hat das Begriffspaar *Site/Non-Site* eingeführt. Unter *Site* versteht man das ortsspezifische Material, die ortsspezifische Umgebung, *Non-Site* soll darauf hinweisen, dass ein Material von einer definierten Umgebung und Zeitpunkt gewonnen wurde und als Objekt in völlig neuen Kontexten ausgestellt wird. Angedeutet wird auf die noch wirksamen atmosphärischen Kräfte, die das Material auch noch im Raum der Galerie weiter ausstrahlt. Verschiebungen typischen Materials an andere Orte führen zu installativen Formaten in der Landschaft. Was entsteht in den Prozessen der Wertschätzung, wenn Kunstwerke in der Landschaft architektonischen Formen und bautechnischen Konstruktionen ähneln, die nur durch Fotografien und Filme bekannt werden? Skulpturen, die fensterlosen Gebäuden ähneln, und eben nicht im Umfeld urbaner Zonen aufgestellt, sondern in menschenleeren, einsamen und rauen Landschaften als Formen der Kunst inszeniert werden, wie funktionieren diese im System der Kunst? Welche Bedeutung und Wirkungsformen haben architektonische Skulpturen, wenn sie keine funktionale Bestimmung besitzen? Wie weit können Systeme ästhetischer Wertschätzung reichen? Können die Anlagen als plastische Objekte, als riesige, versuchsfeldähnliche Messstationen, die aus Blitzableitern (Walter de Maria), Fernrohren (Nancy Holt) und Gesteinsformationen oder singenden Telefonleitungen (Alvin Lucier) geformt sind, im Medium der Kunst bestehen? Wahrscheinlich, da sie Perspektiven vorgeben, Blicke ausrichten und ungeahnte Klänge im Ohr des Menschen als Kunst und abstrakte Musik erscheinen lassen. Schwankungen des Wetters, atmosphärische Einflüsse erweitern neben tages- und jahreszeitlichen Lichtstimmungen die Szene und bieten eine zeitbasierte (musikalische) Dramaturgie. „Heizer hat die unabwendbare Erosion als von der Natur aufgegebene Bedingung hingenommen, sie in den Werkprozess einbezogen. Denn wichtig an diesen Arbeiten war nicht nur ihre Verwirklichung, sondern ihre Eingliederung in den Kreislauf der Natur [...], in der sich die Grabungen im gleichen Rhythmus wie das Material und die Umgebung verändern."[178] Richard Long und Robert Smithson schreiben sich durch ihren körperlichen Einsatz im Medium von Natur und Landschaft in kosmische Dimensionen ein. Dokumentiert werden im Nachhinein Prozesse der Herstellung, die, als Filme von Künstlern erstellt, in deren spirituelle Welten einführen.

Wenn große Massen von Stein und Geröll bewegt werden, so kommen Maschinen aus dem Bauwesen zum Einsatz. Was unterscheiden auf formaler Ebene so erstellte monumentale Werke, die teilweise wie Spuren und abstrakte Straßen verlaufen und auch als technische Anlagen mit neuen Funktionen erscheinen? Architektur und monumentale Kunst, die gleichermaßen besondere Ausmaße haben, wenn sie über mehrere

Kilometer reichen und Expansionen aufweisen, die weithin und bei den Bodenarbeiten nur aus dem Flugzeug komplett sichtbar werden? Es ist ihre Funktionslosigkeit, es sind abstrakte Gebilde, die keinem anderen Zweck als dem der Kunst dienen. Spuren und Einschreibungen in der Landschaft nähern sich spirituellen, magischen Kräften, deren einfache Zeichen wie Bildmotive von Kandinsky, Klee oder Cage in landschaftlicher Vergrößerung erscheinen und oft nur aus dem Flugzeug in ihrer Größe erfassbar sind. Aus dem Kontext der Land Art sind die Werke Christos und Jeanne Claudes zu interpretieren, die in den späten 1960er bis 1970er Jahren entstanden sind. Institutionskritische Verfahren in Programmatik zeitlich definierter Intervention prägen die Werke. Verhüllungen brauchen oft Jahrzehnte zur Vorbereitung, um Entscheidungsträger zu gewinnen und technische Voraussetzungen der Realisierung zu schaffen. Wenn die Präsentation der Arbeiten dann oft nur wenige Wochen zu erleben ist, wird deutlich, dass der langwierige Gang durch die Institutionen selbst ein Teil des Kunstwerkes ist.

Ende der 1960er Jahre entstanden Arbeiten der Land Art / Earth Art auch in Opposition zum Galeriebetrieb, sie lassen sich zudem als kritische Stellungnahme zum Kunstmarkt verstehen. Eine Kunst (Oppenheim, Heizer, Long, Smithson), die keinen dauerhaften Bestand beansprucht, sondern Teil der Natur in ihren Wandlungen sein sollte. Interventionen und Signaturen in der Natur werden mit einfachem Material wie Erde, Steinen, Pigmenten, Lichtsetzungen erstellt. Kleine Tunnel, in sandige Hügel eingelassen, fokussieren durch ihre Ausrichtung das Sonnenlicht als natürliches Bühnenlicht. Material werden Kreisläufe der Natur und Wettererscheinungen (Ebbe, Flut, Schnee, Eis). Wetterlagen gestalten zeitliches Dauern der Arbeiten. Unter großem körperlichem Einsatz schaffen es Künstler, unglaubliche Massen zu bewegen, Kraft, Ausdauer und eine beeindruckende Energie spiegeln den künstlerischen Willen, dessen materiale Manifeste über jeden Zweifel künstlerischen Wertes erhaben sind. Körper und Gestalt des Künstlers fließen nicht nur als Bildmaterial ein, der Körper ist das Zentrum des Wirkens (Oppenheim, Nauman, Santiago Sierra). Poetisch mit Motiven europäischer Romantik aufgeladen, entfalten sich Ideen in US-amerikanischen Dimensionen. In ihrer psychologischen Wirkung erinnern Naturbilder in den Jahreszeiten an Sujets romantischer Landschaften um 1800, die Motive wie Sonnenaufgang und -untergang oder den jahreszeitlichen Verlauf des Lichtes spiegeln. Vegetation, Klimaphänomene, Wolkenbildungen, atmosphärische Schwankungen, Ebbe und Flut, Erosion, Austrocknung, Stauungen und Flutungen werden nun in jenen Dimensionen zitiert (Friedrich, Long, Smithson, Oppenheim), die den Menschen ins Verhältnis zum Universum stellen. Mensch und Kosmos zeigen sich in der Kunst. Dimensionen, die in der Landschaft inszeniert werden, bieten utopische, abstrakte Motive. Der Mensch signiert nach seinem Maß, in seiner Geste die Landschaft oder auch ein Wolkenbild (Klein, Oppenheim, Richter) zum Kunstwerk und entreißt es der göttlichen Schöpfung, an deren Stelle der Künstler tritt. Und so erklärt sich auch die Vorliebe der Land Art, rituelle Orte einer Frühgeschichte zu suchen, um im Kontext der Kunst die Einschreibungen auf geweihter Bühne der Landschaft zu präsentieren. *Double Negative* wurde von Zdenek Felix beschrieben.

Unsere Kenntnisse vom Universum sind ohnehin nur hypothetischer Art und Heizer ist sich durchaus bewusst, dass angesichts des riesenhaften Maßstabs der Natur jedes menschliche Werk nur marginal erscheinen kann. Bei *Double Negative* wirkt sich jedoch gerade die Verbundenheit mit der Natur, mit der Erde und somit auch mit der Welt als kosmische Verbundenheit aus. Diese Skulptur ist erdverbunden so wie die prähistorischen, in den Felsen gehauenen Gräber und Siedlungen der Pueblo-Indianer in Colorado oder in New Mexiko. Obwohl nur einige Jahre alt, nahm sie die geologische Zeit der Erde in sich auf, ebenso wie die Masse und Energie [...] und bekam damit eine Dichte von extremen und unbekannten Proportionen.[179]

Kunst als Markierung in Stadt und weiter Landschaft ordnet Terrain. Davor, dahinter, in der Mitte und im Zentrum erscheinen Werke im Medium der Kunst, und sie können mit Leistungen von Ingenieuren verglichen werden. Ursprünge jener gewaltigen Expansionen werden zwischen 1968 und 1973 in den rauen Landschaften der Mohawe-Wüste über Distanzen vieler Kilometer realisiert. Nicht mehr Pinsel, Hammer und Meißel sind Arbeitswerkzeuge, sondern Muldenkipper, Bagger, Planierraupen und Sportflugzeuge kommen zum Einsatz, wenn aus zunächst einfachen Spuren von Richard Long, die der britische Künstler in ein Wiesenstück in London lief, nun groß dimensionierte Einschreibungen und Markierungen entstehen, die an den Straßen- und Tiefbau erinnern. Zeichnung, Skulptur und Installation entstehen in neuer Handschrift. Von Richard Long bis Christo und Jeanne-Claude stellen Arbeiten unterschiedliche Spezifizierungen von Orten dar. Gemeinsam sind den Arbeiten neue Dimension im Einsatz des Körpers. Körper gegen Material, Muskelkraft als Spannung, die sich expressiv im Medium verewigt. Konzentration und Kraftentfaltung erinnern an interventionistische Handlungen (Gordon Matta-Clark), die sich kritisch zum System Kunst und deren institutionelle Kontexte verhalten.

Site / Non-Site

Mit der Unterscheidung *Site / Non-Site* konnten Arbeiten beschrieben werden, die zwar in der Wüste stattgefunden haben, deren Materialität aber in Teilen als Geröll oder pflanzliches Material im Galerieraum in Verbindung mit den Fotografien der Schauplätze gezeigt wurde. Thematisch interessant ist, wie die Arbeiten in die Geschichte der Kunst Einlass finden konnten. Arbeiten der Land Art entziehen sich bekannten ästhetischen Erfahrungen der Rezeption. Substanziell verlieren Arbeiten an Wert, wenn sie an anderen Orten in Abwandlung in Szene gesetzt werden. Entscheidend für das Verständnis bleiben Prozesse ihrer Herstellung. Material und menschliche Energie schaffen Werke in rauer Natur. Erosionsbedingungen wie Verwehungen von Sand, Geröll, Reste von Vegetation im Rhythmus der Jahreszeiten lässt Schnee und Eis zum Material werden. Die sich so wandelnden Oberflächen erfahren durch natürliche Zyklen wie Ebbe und Flut sowie Austrocknungen eine tiefe zeitliche Einschreibung. Natürliche Kreisläufe gliedern die Zeit, die sich als Material in örtliche wie zeitliche Spezifizierungen einschreibt. Landschaft wird zur Lektüre einer ortsspezifischen Kunst, die mit Site / Non-Site umschrieben wird. Theatralisch aufgeladen erscheinen solche Aufführungen in den Landschaften, die niemals wiederholbar sind. Jede Einschreibung ist zeitspezifisch an Tages- und Jahreszeiten sowie vorherrschende Witterungen gebunden. Werden Reste dennoch reinszeniert, entstehen nur fragmentierte Formen und Varianten, die mit originalen Arbeiten nicht vergleichbar sind.

Betrachtet man die Land Art als kunstgeschichtliches Format, das in ihren Differenzierungen eine Vielzahl von Techniken hervorgebracht hat, so treten zeitliche Einschreibungen als Phasen hervor. Sie lassen sich in Techniken beschreiben, die Parallelen zu musikalischen Kompositionen aufweisen. Mit Site / Non-Site, der Setzung des Ortsspezifischen, ist auch das Zeitspezifische eingebunden, das je nach Akzentsetzung auch in anderen Medien realisiert wird. Land Art und Soundscape-Arbeiten verweisen auf Phänomene, die im Zeichen der Ökologiebewegung um 1968 stehen.

Soundscape – Ökologie als Kunst mit Klang

Begriffe und Verfahren von Soundscapes, einem Kunstwort aus der Verbindung von Sound und Landscape, haben sich in den vergangenen Jahren zu den Leitbegriffen einer internationalen Gemeinschaft ausgeprägt, die auf der Suche nach ortsspezifischen Klängen entstand. Raimund Murray Schafer, der das Wort erfunden hat, befasst sich seit Mitte der 1960er Jahre mit akustischen Ökosystemen, der Erhaltung und Rekonstruktion akustischer Umwelten. Ländlichen Räumen in urbanen Kontexten sind seine Arbeiten gewidmet. Menschen haben nach Schafer das Recht, in einer von industriellen Klängen mit hohen Schallpegeln belasteten Umwelt den Schutz ihrer akustischen Umgebung einzufordern. Jeder Mensch sollte, so Schafer, das Recht haben, in einer nahezu geräuschbefreiten, gesunden akustischen Umgebung leben zu dürfen. Schafer hatte 1971 bei der UNESCO den Antrag gestellt, die Unverwundbarkeit der Hör-Atmosphäre als Grundrecht des Menschen festzuschreiben. Vergleichbares im Feld der Musik und künstlerischen Akustik ist nicht bekannt. Schafer hat zunächst in Vancouver gewirkt und eine Gemeinschaft ins Leben gerufen, die weltweit mit ihren Soundscapes ortsspezifische Klänge im Rundfunk als angewandte Umwelt-Kompositionen verbreiten konnte, deren Wirkung bis heute anhält. Mit ähnlichen Verfahren ist der US-amerikanische Komponist Bill Fontana, geboren 1947 in San Francisco, hervorgetreten, der Techniken aus dem Medium des Rundfunks sowie der Satellitenübertragung aufnimmt und akustische Brücken im internationalen Format erstellt. Städte, die viele tausende Kilometer auseinanderliegen wie Köln und Kyoto wurden in Real-Time akustisch miteinander verbunden.[180] Fontana bot der 50. Jahrestag der Landung der alliierten Truppen in der Normandie den Anlass zu einer großen Soundscape-Installation. Zwei akustische Ereignisse wurden übereinandergelagert, von einem fernen Ort an der Küste der Normandie wurden Klänge an historische Orte wie den Arc de Triomphe in Paris sowie eine Brücke über die Seine gesendet und es entstanden Klangfelder in der Stadt, die akustische Verschiebung zum Thema hatten. Komposition, Rundfunktechnik und interventionistische

Techniken verbinden sich miteinander, und sie basieren bei Fontana auf einer langjährigen Ausbildung. Fontana:

In meinen Klangskulpturen der letzten Jahre ist die Verlegung von Umweltklängen in den urbanen Raum ein radikaler Versuch, die Bedeutung des akustischen Kontextes in der Klangskulptur vielen Menschen, die sich normalerweise keine Gedanken über solche ästhetischen Fragen machen, zugänglich. Diese experimentelle Neudefinition des akustischen Kontextes ist auch ein Mittel, den Begriff Geräusch vorübergehend umzuwerten. [...] Genaugenommen nehme ich an, dass Musik – verstanden als eine unmittelbare Folge bedeutungsvoller Klangmuster – ein natürlicher und unendlicher Prozess ist.[181]

Übertragungstechniken aus dem Rundfunk haben sich zu Fontanas Handschrift entwickelt. Eine weitere große Arbeit entstand in Venedig, jener Stadt, die für die Entwicklung der abendländischen polyphonen Kirchenmusik maßgeblich war. Dort prägt der Einfluss von Byzanz sich in Gestalt von Kuppelbauten aus, die Einfluss auf Techniken der Komposition und später der Klangkunst genommen haben. Zentral ist der Markusdom, der sich durch seine fünf Kuppeln auszeichnet, die es möglich machen, in fünf akustisch definierten Räumen simultane akustische Ereignisse miteinander in ein Verhältnis zu setzen. Hier haben die Venezianer eine Technik eingeführt, wo ein Chor dem nächsten antwortet und eine frühe Art der Echo-Technik begründet wurde. Im offenen Raum wäre der Schall zu diffus gewesen, dadurch aber, dass die Kuppeln akustische Zonen bilden, entstehen visuell offene Räume, die jedoch akustisch nahezu geschlossen sind und in denen der Schall ausgerichtet werden konnte. Architektur ermöglichte es, die Echo-Effekte kompositorisch zu nutzen. Diese Echo-Effekte haben die Vokalpolyphonie seit dem 15. Jahrhundert geprägt und das Thema Musik im Raum bis ins 20. Jahrhundert und bis in das Feld der Klangkunst bestimmt.

Schafer hingegen hat sich zur Leitfigur einer Szene entwickelt, die kritisch gesehen werden kann, da sein Schaffen ideologie-politisch aufgeladen ist und künstlerische Produkte selten überzeugen. Poetisch überhöht werden Landschaften als Landschaften des Hörens bezeichnet. Seine Schüler kartieren, mit Richtmikrophonen ausgestattet, ihre Umgebung mit messianischem Eifer. Wertvoll sind zahlreiche akustische Übungen und schriftliche Dokumente, deren Verfahren akustischer Kartierungen bereits in Schulbücher Eingang gefunden haben und im Unterricht eingesetzt werden.[182] Problematisch dabei ist das Dogma der Bewegung, das in den akustischen Umgebungen und Klangwelten des 17. und 18. Jahrhunderts das Ideal für den Menschen in dessen Erinnerungswelten behauptet.[183] Pferdekutschen, Kirchenglocken, bäuerliches

Leben sind in unseren Lebenswelten historische Referenzen, die nur noch auf dem Land zu finden sind. Ortsspezifische und zeitspezifische Aspekte des Hörens zeigen Parallelen zur Land Art. Raum, Zeit und Architektur verbinden sich im urbanen Raum zu komplexen Wirkungsräumen. Dabei werden Systeme eigener Symbole eingeführt, die an die Notenschrift erinnern, wenn Noten und Kartierungen mit Graden der Lautstärke in zeitlicher Gestaltung erstellt werden, die in einen Aufführungsrahmen eingefasst sind.

Soundscapes haben als ein Teilbereich der Gattung Klangkunst bereits Geschichte geschrieben und eine Reihe von Künstlern hervorgebracht, die mit relevanten Verfahren arbeiten. Konzerte für Traktoren, Helikopter mit Streichquartett und Windgeneratoren und Motorräder stehen gleichzeitig in der Folge der Fluxus-Aktionen. So werden regelmäßig technische Geräte und Geräuscherzeuger gewählt, um bestimmte Frequenzbereiche zu nutzen. Jenseits der Hörschwelle nutzen manche Künstler auch Infraschall, ein Frequenzspektrum, das unter 20 Hz liegt und schädlich für den menschlichen Körper ist, da es Hohlräume unseres Körpers anregt, unter 20 Hz kommen Organe in Bewegung. Wie diese durch Windgeneratoren hervorgerufen werden. Gleichzeitig erzeugen riesige Rotorblätter interessante Schwingungen, die von Sven Ake Johansson in eine Landschaftsarbeit eingeflossen sind. Johansson hat Schlagzeug studiert und erkundet in der Technik des Schlagzeugers Räume. Mit seinen Schlagzeugstöcken werden Telefonbücher, Fensterscheiben und andere Oberflächen erkundet, das gesamte klangliche Material eines Raumes kann für Johansson zum Klangobjekt werden. Resonanzerfahrungen mit Räumen schaffen Folgen, die ihre dramaturgischen Rahmungen jenseits eines Schlagzeugsets haben. Erwähnenswert sind Kompositionen für historische Traktoren. Hier verbinden sich ortsspezifische und zeitspezifische Elemente zur Summe, die als Konzert für 12 Traktoren mehrfach aufgeführt und auch mit anderen Instrumenten in Gestalt von Motorrädern der Marke Harley Davidson aufgeführt wurden.

Im Feld erweiterter Instrumentation und dem Kontext besonderer Landschaften ist Georg Nussbaumer interessant. Seine Komposition *Desert Perforation* verbindet die Aufführung eines Cellos mit dem universalen Raum der Wüste. Mit einem Stachel werden harte Oberflächen und sandige Stellen gelocht und regelrecht perforiert. Das Cello ist nicht nur Instrument, sondern es ist Körper und wird akustischer Verstärker. Es dient als Bild des klassischen Instrumentes. Wie schon im Fluxus wurde es erotisch aufgeladen, wenn es Frauen spielen (Nam June Paik, Marie Amacher). Bei Nussbaumer wird das Instrument in eher maskulin konnotierter Form genutzt, um es als aktives Mikrophon einzusetzen, wenn es in den trockenen Wüstenboden hineingerammt wird und die quälenden Vorgänge akustisch verstärkt werden. Interessant sind solche Transformationsprozesse, die neue Bilder erzeugen und musikgeschichtliche Referenzen in Bereichen der Landschaft zitieren. Identifikation eindeutiger Gestalten ist gefordert. Übergänge musikalischer Figuren sowie markante Geräusche in der Landschaft zum Rauschen werden Material. Mir ist keine Gattung in der Kunst, Musik und Architektur bekannt, vor dem Hintergrund der letzten documenta XIV (2017) sowie der Architekturbiennale Venedig (2018), wo vergleichbar viele Bausteine zusammengefügt wurden, die auf soziale Räume in bestimmten Formaten verweisen. Institutionelle Verankerungen, in denen solche Performances und Langzeit-Kompositionen stattfinden, sind in den Schriften dokumentiert und bilden im Feld der Soundscape eine eigene Begrifflichkeit innerhalb der Installationen aus. Klangkunst kann sich bereits ohne die Geste der leeren Galerie frei entfalten, doch sie ruht auch auf der Vorgeschichte der Kunst um 1950, deren besondere Formen der Aufmerksamkeit eines abstrakt musikalischen Hörens etabliert wurden.

Interventionen

White Cube – Ein abstrakter Mythos

Paris und die Coté d'Azur werden zum letzten Mal im 20. Jahrhundert zum Dreh- und Angelpunkt eines Kunstgeschehens, das durch interdisziplinär angelegte Aktionen die Galerie als Ort und institutionellen Mechanismus freilegt und Handlungen zum Material macht. Verfahren der Abstraktion werden unter institutionellen Bedingungen umgesetzt und thematisieren wirkungsmächtige Rituale. Aufforderung und Verweigerung bestimmen Spiele, deren Regeln in den 1950er Jahren künstlerisches Material werden. Im Alter von 18 Jahren schuf Yves Klein sein erstes abstraktes, großformatiges Gemälde, indem er am Strand von Nizza an der Coté d'Azur liegend den azurblauen Himmel signierte und das einzigartige Blau als erstes *Monochrome* bezeichnete. Erfahrungen mit monochromen Flächen und deren Raumwirkungen führen Klein zur Auflösung horizontaler und vertikaler Rasterungen, die ihn an Gitterfenster von Gefängnissen erinnerten: „In der Ferne, in der Farbe: Leben und Freiheit. Und ich fühlte mich – vor dem Bild – wie eingesperrt, und ich glaube, dass van Gogh das gleiche Gefühl des Eingesperrtseins empfand, als er ausrief: Ich möchte aus diesem schrecklichen Käfig befreit werden."[184] Plane Flächen und feinste Linien lassen Muster und Erzählungen von Ereignissen als Folge entstehen, die sogar das Blau des Himmels unterbrechen. Klein sah sich, wie schon Gaston Bachelard, durch die Vögel gestört, deren Existenz Löcher und Risse in die blaue Leinwand des Himmels gruben. 1955 wird Paris seine Heimat, vier Jahre später äußert Klein in einem Vortrag: „Alle Farben wecken auf psychologischem Weg Assoziationen konkreter, materieller oder fassbarer Ideen, während Blau höchstens an das Meer oder an den Himmel erinnert, welche beide schließlich in der sichtbaren und fassbaren Welt geradezu Symbole des Abstrakten darstellen."[185] Es gibt nun aufgeladene, symbolische Orte der Kunst, die zwischen 1957/58 in Paris mit Yves Klein, etwas später durch Daniel Buren entstehen. Klein lässt sich zum Ritter schlagen, setzt lebende Pinsel in Gestalt nackter Frauen ein, die mit seinem *International Klein Blue* überzogen waren, sich über Bahnen von Papier durch die Galerie rollten und ihren Körper als

Druckvorlage einsetzten. Begleitet von einer puristischen Komposition, die als *Monotone Symphonie* bezeichnet und von einem kleinen Orchester aufgeführt wurde, bekamen die Besucher blaue Cocktails gereicht, die ihren Urin blau färbten. Klein bezeichnete die entstehenden Abdrücke weiblicher Körper als Anthropométries. Es bilden sich rituelle Akte im Medium der Kunst aus, die ihre Referenzen in Musik, Architektur und religiösen Handlungen haben und an die blaue Blume der Romantik erinnern. Körperliche Nähe und unmittelbares Erleben zeigen universelle Aspekte, die jenseits von Flächen der Tafelmalerei liegen. Klein:

Ich glaube, dass es für einen Maler eine unfassbare sensible und farbige Materie gibt. [...] Meine Arbeit mit Farbe hat mich unbemerkt dazu gebracht, nach und nach, mit einiger Hilfe des Beobachters oder des Übersetzers, die Realisierung der Materie anzustreben, und so habe ich beschlossen, den Kampf zu beenden. Meine Gemälde sind jetzt unsichtbar. [...] Jetzt, da es keine Vermittler mehr gibt (Linien, Konturen, Formen, Kompositionen, Faroppositionen etc.), wird man buchstäblich imaginiert.[186]

Leere Räume als Angebote an die Sinne brauchen spirituelle Gehalte, um der Perzeption eine Richtung zu bieten. Bekannte Verfahren der Abstraktion aktualisieren sich im Raum der Galerie, deren institutionelle Kontexte zunehmend freigelegt werden.

Vor der Galerie hat Klein einmal eine Abteilung der Garde Nationale als Wachen aufgestellt, um einer Gruppe von 3000 geladenen Gästen den Eintritt teilweise zu verweigern. Eine prominente Menge von Menschen in eleganter Garderobe versperrte den öffentlichen Platz. Wer keine Einladung bekommen hatte, sollte 1500 Francs zahlen. Fortgeschrieben wurde mit der Aktion in Gestalt der institutionellen Analyse die Entmaterialisierung einer Galerie, die als leeres Gehäuse und Rahmen von Anerkennungsprozessen deutlich wurde. Ihr architektonischer Raum konnte in den Außenbereich wirken, das Publikum auf der Straße erzeugte ein Bild, dessen Sichtbarkeit Programm war. Zur Veranstaltung wurden Einladungen gestaltet, die mit einer blauen Briefmarke versehen war: „Iris Clert lädt Sie ein, den hellen und positiven Anfang einer besonderen Reise der Empfindung mit aller Anwesenheit Ihres Gemüts zu beehren. Diese Demonstration der reinen Wahrnehmung sanktioniert die malerische Suche Yves Kleins nach einer ekstatischen Gemütsbewegung, die unmittelbar übertragbar ist."[187] Autorschaft und Handschrift des Künstlers werden ebenso neutralisiert, wie auch Klein die Räume der Galerien systematisch entleert und deren Oberfläche bearbeitet, um eine spirituelle Aura im Akt der Reinigung zu erzeugen. Klein: „Um die Atmosphäre dieser Galerie zu spezialisieren, ihre malerische Sensibilität im Rohzustand zu einem besonderen individuellen, autonomen und stabilen Klima zu machen, muss ich sie weiß streichen, um alle Spuren früherer Ausstellungen zu beseitigen."[188] Hieran orientiert sich die Institutionskritik auf dem Stand der späten 1950er Jahre, die anhand der Institution *Galerie* Verfahrensweisen gesellschaftlichen Umgangs mit Kunst, Musik, Film, Tanz und Architektur diskutiert. Künstler und ihre Handschriften sind nicht mehr nur Ergebnis künstlerischen Schaffens in abgeschlossenen Werken, sondern Handlungen werden im System der Kunst und seinen Wirkungsformen zunehmend als abstraktes Material zum Leitthema. Inszenierungen in Räumen der Kunst fordern Betrachter, Hörer und Leser heraus, sich auf Neuerungen einzulassen. Bedingung ist die Bereitschaft des Publikums, Kontexte und Voraussetzungen der Rezeption in einem neuen Maß zu abstrahieren, um Formen der Inszenierungen zu verstehen. Klein war vom geistigen Gehalt der Farbe Blau durch das Erlebnis einer Italienreise zum Schrein der heiligen Rita in Cascia geprägt, an deren Wunderkräfte er glaubte und der er in über zehn nachgewiesenen Wallfahrten für das Gelingen seiner künstlerischen Projekte dankte. Die Farbe Blau wurde ihm religiöses Sinnbild: „Ebenso wie Rosenkreuzertum, Okkultismus und Alchimie bot ihm der Glaube an die heilige Rita spirituellen Halt."[189] Im Zusammenspiel zunehmend abstrakter Referenzen und ihrer Lesbarkeit kommt es künftig darauf an, Spiele im Feld der Institutionskritik als Form zu verstehen und ihre Wirkungsformen zu analysieren.

Yves Klein wie auch später Daniel Buren bieten künstlerische Verfahren, Formen durch Analyse gesellschaftlicher Kontexte und ihres Zusammenwirkens. Formate von Buren sind Verklebungen von Galerieräumen, Werbeanzeigen, die in Paris in den 1960er Jahren geschaltet wurden, Plakatierungen in der Stadt machen seine Streifen zum Markenzeichen. 200 Streifen werden zum Programm in Paris, die etwas fortschreiben, was als Eingriff im öffentlichen Raum wahrgenommen wurde. Er nutzte Phänomene der Wahrnehmung, um Störung zu erzeugen, die bereits Klein erprobt hatte. Momente der Verweigerung gewohnten Erkennens entstanden, da monochrome Leinwände und Streifenbilder gleichermaßen dazu führen, Farbschwankungen als visuelle Interferenzen zu erfahren. Da unsere Augen es gewohnt sind, etwas so lange zu betrachten, bis sich zweifelsfreie Muster ergeben. Wird durch technische Verfahren wie im Feld eines akustischen oder optischen Rauschens die Möglichkeit des Erkennens eines Musters verweigert, so löst dies einen nahezu unendlich andauernden Prozess des Suchens aus. Wird ein Geräusch, eine Stimme oder ein Klang erkannt, so kann dieser benannt werden und der Vorgang findet seinen Abschluss. Wird das Muster erkannt, treten wir aus dem Status konzentrierter Aufmerksamkeit heraus. Bei den Pointilisten werden Lichtpunkte so gesetzt, dass kleine Farbpunkte benachbarter und kontrastierender Farbwerte dazu führen, dass das Auge auf der Suche nach Gestalt im endlosen Prozess der Fokussierung verbleibt. Ähnliches vollzieht sich in der Betrachtung von Streifenbildern, die Phantombewegungen auslösen. Buren bedient sich des Phänomens von Überlagerungen (Interferenzen), die verhindern, dass ein Bild, wie auch ein Klang, sich eindeutig in die Wahrnehmung einschreibt. Klein und Buren verbinden naturwissenschaftliche Erkenntnisse der Wahrnehmung mit institutionskritischen Motiven. Grundsätzliche Fragen der Kunst und ihrer gesellschaftlichen Bedeutung werden in der Galerie als Ort und Raum diskutiert, hieran kann die Kunsttheorie anknüpfen: Was gestaltet den Raum? Welche Funktion kommt Bewegungen mit Licht und Klang im architektonischen Rahmen zu, wie gestalten sich Verhältnisse bewegter Formen zu statischen Momenten? Die Figur des Künstlers rückt ins Zentrum. Seine Handlungen und schriftlichen Kommentare werden Teil der Kunst und dies explizit im Kunstraum.

Von den 20er bis zu den 70er Jahren unseres Jahrhunderts hat die Galerie eine Geschichte, die ebenso charakteristisch ist wie die Kunst, die in ihr gezeigt wurde. In der Kunst war es eine Trinität von Faktoren, die den neuen Gott hervorbrachten. Der Sockel schmolz und ließ den Betrachter hüfttief im Raum stehen. Der Rahmen wurde abgeschafft, und der Raum begann entlang der Wand wegzufließen, es kam zu Turbulenzen in den Ecken. Die Collage fiel aus dem Bild heraus und ließ sich auf dem Boden nieder wie ein Lumpensammler. Der neue Gott, der extensive Raum breitete sich in der ganzen Galerie aus. Alle Hindernisse wurden zugunsten der Kunst entfernt.[190]

Ein populistisches, einfaches Bild wird beschrieben, das der Künstler und Kunstkritiker Brian O'Doherty Mitte der 1970er Jahre vor dem Hintergrund der Pariser Ereignisse der späten 1950er Jahre zusammenfasst.

Räume der Kunst werden zu eigenständigen Bühnen erhoben. Damit verbunden entwickelt sich ein erweiterter Begriff der Skulptur und ihrer Kräftespiele, deren Introvertiertheit und körperliche Festigkeit schließlich durch Aktionen in die Extrovertiertheit der Installation führen wird. Dem Innenleben, dem Spiel des Lichtes auf den Oberflächen, dem fixierten Kräftespiel der Skulptur sowie ihren Grenzen der Form stehen Auslotungen des Raumes der Architektur und ihrer Position am urbanen Standort gegenüber. Räume sind, nach Klein und Buren, mehr als institutionelle Voraussetzung der Kunst, ihre Geschichte und bauliche Beschaffenheit selbst wird als Form der Kunst erkannt. Einschreibungen und Spuren werden als Zeugnisse aufgewertet, die als Reste und Überbleibsel des Materials gesehen werden können wie etwa jene staubigen Ränder unterschiedlicher Rahmenformate, die in Folge der großen Ausstellung Caspar David Friedrichs in der Hamburger Kunsthalle zur eigenständigen Kunst erklärt wurden. Die Idee der Kunst im Sinne einer weitreichenden Institutionskritik wird Material, und sie macht den Raum der Galerie zum geschlossenen Universum. „Der Galerie-Raum wurde zum Grund, sein Boden zum Sockel, seine Ecken zu Wirbeln, seine Decke zum gefrorenen Himmel. Die weiße Zelle wurde zur Kunst in Potenz. [...] Kunst war das, was in diesem Raum abgelagert, wieder entfernt und regelmäßig ersetzt wurde. Ist der leere Galerieraum der ideelle Raum par excellence, die größte Erfindung der Moderne?"[191] Doch so verlockend die Idee eines neutralen leeren Raums sein mag, so fiktiv bleibt doch dessen Existenz. Unweigerlich stellen sich bei jedem Betrachter Bilder ein, wenn Räume zitiert werden. Raum und Körper zeigen Verhältnisse von Menschen und Institutionen als schützende, geformte Grenze zur Umgebung. Solche Beziehungen führen bei Klein zur Idee einer Raumvermessung, und sie begründen abstrakte Formate institutioneller Vermessungen und die künstlerische Analyse einer weitreichenden Symbolik. Künstler im Raum. Der Mensch ist Maßstab, wie am 28. April 1958, als Klein in der Galerie Iris Clert auftritt und den Raum im Flug erkundet, indem er aus dem Fenster springt, als er etwas suchte wie „eine Welt ohne Dimensionen. Und ohne Namen. Wie gelangt man hinein? Indem man sie umfängt. Gleichwohl hat sie keine Grenzen."[192] Klein landete, wie das berühmte Foto zeigt, nach freiem Fall aus einem Fenster im ersten Stock auf der Straße. Im Judo-Training hatte er gelernt, einen solchen Sprung ohne Schaden zu überstehen. „Worauf er aber wirklich landete, das war die selbstgefällige Hochebene französischer Malkultur [...], klar ist auch, wie die Moderne aus Fotografien solcher Ereignisse ihre wichtigsten Wendemarken rekonstruieren muss."[193] Es dauerte fast zehn Jahre, bis die Tragweite des Sprungs erkannt wurde. Die Geschichte ästhetischer Manifeste verlagert ihre Wirkungsstätten von der Diskussion zum Material in das Jahr 1967, wo der Begriff der Installation eingeführt wird und Wirkungsfaktoren im System der Kunst diskutiert werden. Manifeste entstehen, wie jenes, das Buren am 1. Januar 1967 bei der Eröffnung der Galerie am 3. Januar 1967 als Flugblatt und Einladung verteilt hatte. Manifestation Nr. 1. Das Manifest in dem Salon de la Jeune Peinture, Musée de la Ville de Paris wurde mit einem Flugblatt zur Ausstellungseröffnung als Medium genutzt. Das Manifest, in dem die Gattung der klassischen Malerei als veraltet und überholt bezeichnet wird, wurde von Daniel Buren, Olivier Mosset, Michel Parmentier und Niele Toroni unterzeichnet. Damit nicht genug, die konzeptuelle, performative Handlung zugleich wurde vor ihren Bildern vollzogen, ihre Botschaft in drei Sprachen simultan auf Tonbandmaschinen abgespielt: „Buren, Mosset, Parmentier, Toroni empfehlen Ihnen, intelligent zu werden."[194] Flugblätter irritierten Besucher, und der Appell „intelligent zu werden" sollte provozieren:

Da Malen ein Spiel ist, da Malen heißt, Farben harmonisch oder dissonant aufeinander abzustimmen, da Malen heißt, bewusst oder unterbewusst Kompositionsregeln anzuwenden, da Malen heißt, die Geste aufzuwerten, da Malen heißt, die Außenwelt darzustellen (oder sie zu interpretieren oder sich ihrer zu bemächtigen oder gegen sie zu protestieren oder sie zu zeigen), da Malen heißt, der Phantasie ein Sprungbrett zu bieten, da Malen heißt, die Innenwelt sichtbar zu machen, da Malen eine Rechtfertigung ist, da Malen einen Zweck verfolgt, da Malen heißt, mit Rücksicht auf Ästhetizismus, Blumen, Frauen, Erotik, alltägliche Umgebung, Kunst, Dada, Psychoanalyse, Krieg in Vietnam zu malen, SIND WIR KEINE MALER.[195]

Noch am Tag der Eröffnung wurde die Ausstellung wieder geschlossen. Neun Jahre nach dem spektakulären Sprung Yves Kleins wurde sie zum kunstgeschichtlichen Ereignis:

Heute, genau um 18 Uhr, haben wir den Salon de la Jeune Peinture verlassen. Diese 2. Kundgebung [...] definiert unsere Haltung unwiderruflich gegenüber jeglichem Salon. [...] Weil die Salons das Erbe des 19. Jahrhunderts sind [...] die Trägheit des Publikums verstärken. Jeder ist ein Wallfahrtsort, zu dem ein ganz bestimmtes Publikum zur Erbauung kommt; zu einem genau festgelegten Zeitpunkt empört oder begeistert man sich. Weil, und dies vor allem, diese Salons Malerei zeigen und Malerei bis zum Beweis des Gegenteils aus Berufung objektiv reaktionär ist.[196]

Vehement wurde am System der Kunst Anstoß genommen, Buren gelang es aus heutiger Sicht mit minimalen Eingriffen, mit einfachen Streifen, die Tapeten gleichen, durch das Erstellen von Serien interventionistische Aktionen im System der Kunst aufzuladen. Wie ein Architekt erkundet er die Besonderheit jener Orte mit seinen Handlungen. Werk, Raum und Standort werden miteinander verwoben.

Schließlich liegt eine der äußeren Konsequenzen unserer Proposition im Problem, das der Ort aufwirft, an dem die Arbeit gezeigt wird. Es verhält sich nun so: Weil das Werk selbst sich ohne Komposition präsentiert und der Blick durch nichts Ereignishaftes abgelenkt wird, ist es das Werk als Ganzes, das zum Ereignis wird, bezogen auf den Ort, an dem es gezeigt wird. Die Infragestellung jeder Form als solcher, wie wir sie in den vorausgegangenen Abschnitten konstatieren mussten, zwingt uns, nunmehr, den begrenzten Raum, in dem diese Formen zu sehen sind, zu befragen.[197]

Burens Kritik an Funktionen der Galerie und des Museums abstrahiert diese als institutionellen Rahmen.[198]

Fenster sind notwendig, um aus dem Gebäude heraus- und in das Gebäude hineinzuschauen. Rahmen und Fenster wurden bei der documenta VI als skulpturale Setzung mit dem Bezug auf die Natur im Panorama inszeniert. Landschaft wie im Dia gerahmt zeigt eine begehbare Skulptur, die Ausschnitte der Natur als Landschaftsbild rahmt, die von der Künstlergruppe Haus-Rucker-Co 1977 erstellt wurde. Ein Rahmen, inszeniert als Skulptur auf einem Sockel, überhöht das Moment des Ausschnitthaften und zitiert eine ästhetische Funktion, die Rahmen und Fenster als Verhältnisse zwischen innen und außen als Schnittstellen bearbeiten.[199] Abhängigkeiten im System der Kunst werden deutlich. Der Rahmen wird zur Metapher eines institutionellen Verfahrens und zum Medium der Installation.

Institutionskritik am Ende

Gemeinsam sind Ansätzen von Klein und Buren, deren Ausläufer bis in die Gegenwart reichen, dass auf institutionelle und proportionale Voraussetzungen der Gebäude sowie auf politische Verflechtungen Bezug genommen wird. Architektur und Institution werden gleichermaßen berücksichtigt und zum Material. Der architektonische Körper wird Material, das Gebäude gefeiert, der Tempel der Kunst mit rituellen Handlungen neu besetzt. Als Akteur wird er mit seinem Körper zum Bild. Fragwürdige Ereignisse liefern neuere Arbeiten von Buren und Eliasson, wenn Überwältigung und universal angelegte Erfahrungen den Betrachter im Guggenheim Museum und der Tate Modern dazu auffordern, Körperhaltungen einzunehmen, die das Kunstgeschehen nun gerade nicht mehr auf Augenhöhe erleben lassen. Raumverhältnisse deuten sich an, die erklärungsbedürftig sind. Auf Überwältigung hin angelegte Räume vergrößern sich von der Galerie über das Museum in Expansionen von Landschaften. Auf den Maßstab kommt es an. Buren mit *In the eye of the storm* als auch Eliasson beim *Weather Project* integrieren Zuschauer ins große Bild mittels angebrachter Spiegel. Beide Arbeiten können kaum überzeugen, da ihnen jede kritische Haltung zum System als Kommentar fehlt. Schwer zu vermitteln, wie zwei im Feld der Institutionskritik etablierte Künstler sich der Institution unterwerfen und zur Huldigung und Überhöhung beitragen. Bei Buren bleiben die Menschen immerhin noch auf ihren Füßen stehen, bei Eliasson legen sie sich schutz- und wehrlos auf den Rücken und nehmen eine Haltung ein, die als Geste der Unterwerfung verstanden werden muss. Widersprüchlich in diesem Zusammenhang sind Äußerungen, die den architektonischen Rahmen, in den hinein die Arbeiten gestellt werden, lediglich von seiner gesellschaftspolitischen Position her betrachten. Das Spiel der Deutungshoheit von Kunst und Macht, das die Museen erfolgreich spielen, gehört noch im 21. Jahrhundert zu Voraussetzungen, mit denen sich viele Künstler zwangsläufig befassen. Auf diesem Weg wird jede Position zum stabilisierenden Bestandteil des Systems.

Im Feld der Institutionskritik ist Hans Haacke mit einer viel beachteten Position bekannt geworden. Sein Beitrag zur *Bemerkung zur kulturellen Macht*, 1976 erschienen, geht so weit, die Leiter von Museen als politische Funktionäre zu beschreiben.

Produkte, die als Kunstwerke gelten, sind von denen, die zu einem bestimmten Zeitpunkt und in einer bestimmten sozialen Schicht die Macht haben, ihnen das Prädikat ‚Kunstwerk' zu verleihen, als kulturell bedeutsame Objekte ausgewählt worden. Sie können sich nicht aus eigener Kraft, etwa auf Grund irgendwelcher ihnen innewohnender Eigenschaften, aus der Menge von Menschen produzierter Objekte herausheben. Museen und vergleichbare Institute gehören zu den Agenten in einer Gesellschaft, die einen beträchtlichen, wenn auch nicht einen ausschließlichen Anteil an der kulturellen Macht im Bereich der ‚hohen Kunst' haben. Alle Arbeiten, die im System des Museums gezeigt werden – und werden diese noch so kontrovers diskutiert –, erfüllen ihre systemimmanent stabilisierende Rolle. Unabhängig von ideologischen Haltungen sind Künstler und Förderer wie auch ihre Feinde, ohne dass sie sich dessen bewusst wären, Partner eines gemeinsamen Betriebssystems und stehen in dialektischer Beziehung zueinander. Sie beteiligen sich gemeinsam an der Wahrung und/oder der Weiterentwicklung ideologischer Strukturen ihrer Gesellschaft. Sie arbeiten in diesem Rahmen, setzen den Rahmen und werden gerahmt (im englischen Wortdoppelsinn: rahmen = leimen, aufs Kreuz legen).[200]

Wenig kritisch geht es weiter: Wenn es eine Macht des Museums aus aktueller Sicht gibt, so liegt diese in der medialen Kraft, die in ihm stattfindenden Ereignisse nach außen zu tragen.

Dieses Wechselspiel innen/außen kann auf verschiedenen Ebenen künstlerisch aufgegriffen werden. Nach Eliasson sollten die Arbeiten immer eine Referenz auf die formalen Voraussetzungen, sprich die der Architektur beinhalten. Hierbei stellen die Verhältnisse von innen/außen einen besonderen Bezug zur Realität dar. Wenn man im Museum ist, schaut man durch Fenster – wie erwähnt – als eine Art Interface. So wie Fenster als symbolische Schnittstellen verstanden werden, so existieren diese nur mit der Qualität der Orte. Das Museum wird zur Plattform, Dinge zu sehen und die Vorgänge des Sehens in vielfältiger Form zu analysieren. Ob dabei der Begriff und die Technik phänomenologischer Beschreibung notwendig ist, wie dies Eliasson propagiert, kann bezweifelt werden. Problematisch bleibt auch seine These vom optischen Instrument, das unser Auge für ihn darstellt, wenn es darum geht, Dinge zu analysieren. Sein Interesse gilt, nach eigener Aussage, den Vorgängen des Sehens. Mit seinen Ingenieuren entwickelt er im Medium der Kunst optische Instrumente, die an Vorgänge der Perzeption und kognitive Prozesse heranführen sollen. So erklärt sich sein Interesse an allen lichtbrechenden Vorgängen, wie diese mit Kaleidoskopen möglich

142

sind, die Gegenstände in ihre räumlichen und optisch erfahrbaren Bestandteile auflösen. Manche Arbeiten gleichen Versuchsanordnungen, die Ähnlichkeiten zu Produktionen der 1920er Jahre aufweisen, wenn durch Licht, Bewegung, Prismen, Spiegelungen mobile skulpturale Körper entstehen. Anordnung und Bildträger nähern sich Versuchsanordnungen aus Biologie und Physik an, die die Mystifizierung und Verherrlichung natürlicher Vorgänge menschlicher Wahrnehmung evozieren. Seine Versuchsanordnungen erklärt er zur Kunst. Manche Arbeiten fordern die Identifikation des Betrachters als künstlerische Strategie. Spiegelkabinette, Lichtobjekte, Prismenarbeiten und Indoor-Klimaprojekte erreichen ihr Publikum. Die naturwissenschaftlichen Verfahren vieler Arbeiten würde man im Sinne der Kunst übersehen, würden diese in anderen Kontexten präsentiert.

Hat die vermeintliche Avantgarde ihren Stachel verloren? Wahrscheinlich, denn stimmt man dieser Einschätzung zu, so ist auch die Funktion der Kunstkritik zum Begleitprogramm degradiert worden. Kunst findet im Museum oder durch das Museum organisierte Veranstaltungen statt. Gebäude mit zunehmend markanten Fassaden und hervorstechenden architektonischen Formen werden unweigerlich Bestandteil des City-Marketings. Institutionskritik verliert an Bedeutung, wenn, wie Andrea Fraser dies formuliert hat, Äußerungen von Künstlern sich bereits auf das Museum beziehen. Der Blick in die Printmedien zeigt eine Sonderausgabe der *Buren Times,* die als Beilage der *New York Times* kaum kommentiert werden muss. Wenn es um Fragen von Einfluss, Marketing, Identifikation und darin sich spiegelnden wirtschaftlichen Interessen geht, so vermischen sich alle Positionen bis zur Unkenntlichkeit. Ist das Format der Kunstvermittlung heute eine Dienstleistung am Kunden oder bereits bildungspädagogisches Relikt?

Andrea Frasers Performance *Can I help you?*, eine Aktion in der Galerie, aufgezeichnet und in verschiedenen Varianten wiederholt, karikiert den Verlauf einer Kunstvermittlung aus einer Haltung, die wie ein Verkaufsgespräch erscheint. Biographische Informationen werden als Geschichten von Helden präsentiert, die sich allen Widrigkeiten zum Trotz durchgesetzt haben. Geschichte der Kunst im Museum wird Abbild des gesellschaftlichen Prozesses, eines täglichen Kampfes um Anerkennung.[201] Wenn vor dem Hintergrund der Raumvermessung durch den menschlichen Körper, der als Maßstab gilt, erinnert wird, stellt sich die Frage, in welchen Verfahren Kunst mit ihren institutionellen Referenzen thematisiert wird. Andrea Fraser stellt angesichts der Buren–Show die Frage, wie Institutionskritik im System überhaupt noch funktionieren kann, wenn Künstler zum Medium des Marketings werden. Sie bezieht sich auf eine Besprechung Michael Kimmelmans in der *New York Times*, der wiederum vermerkt, dass Buren – im Unterschied zu seiner Position in den 1960er Jahren – nun, im Jahr 2005, offizieller französischer Künstler ist. Seine Kritik an der Institution hat sich damit zu einer Art Analyse der Institution abgeschwächt, die Buren in die Nähe von Christo und Jeanne-Claude stellt. Wie auch immer man den Aspekt der Kritik in der Form eines politischen Aktivismus bewertet, so kommt Fraser zu einem hilfreichen Befund, wenn sie schreibt: „Es ist nicht eine Frage, für oder gegen die Institution zu sein. Wir sind die Institution. Es ist eine Frage, auf welche Art wir zur Institution gehören, welche Werte wir institutionalisieren, welche Form der Praxis wir belohnen und welche Art Belohnung wir anstreben."[202] Dabei gewinnt aus Sicht Frasers die Analyse von Funktionsnetzwerken für die Kunst an fundamentaler Bedeutung. Hans Haacke erkannte die Institutionen als ein Netzwerk von sozialen und ökonomischer Verhältnisse, die Komplizenschaft zwischen den unterschiedlichen Bereichen der Kunst, des Staates und von Kooperationen sichtbar machen. Es war Fraser zufolge vor allem Haacke, der die Funktion der vermeintlich heroischen Institutionskritik in einem Machtsystem analysiert und als dessen konstitutiven Bestandteil entlarvt hat.

Im Kontext funktionaler Abhängigkeit erscheint auch das einst radikale Konzept der sozialen Plastik als eine im System selbst angelegte Strategie, die Joseph Beuys propagiert. Bei Beuys hat sie ihren autokratischen Kern behalten, da historisch nur der Name Beuys überliefert wurde. Damit bleibt die

Idee der sozialen Plastik letztlich ambivalent. Als integrierter Bestandteil der außerparlamentarischen Protestbewegung in der alten Bundesrepublik Deutschland trug sie zur Konturierung von gedanklichen Grundlagen bei, die noch heute die Hierarchie- und Parteikritik mitbestimmen. Es ist eine Idee, die an die zivilrechtlichen Strukturen der westlichen Industrieländer mit ihren selbstbestimmten Organisationsformen, den Bürgerinitiativen, Selbsthilfegruppen, freien Schulen, öffentlichen Demonstrationen etc. gebunden ist. Die Tatsache, dass Beuys als Referenzfigur genutzt wird, markiert zugleich die autoritäre Struktur des Konzepts, das auf den Künstler zentriert ist und bleibt.[203]

Doch der Weg von Beuys aus der Kunst in die Politik und zurück zeigt ein öffentliches Format, das der Kunst und ihren Organen entgegengebracht wird. Beuys äußert sich 1964 in Kassel zur Funktion der Kunst: „Die Plastik hat nur dann einen Wert, wenn sie an der Entwicklung des menschlichen Bewusstseins arbeitet. Ich möchte sagen, dass die Entwicklung des menschlichen Bewusstseins selbst schon ein plastischer Vorgang ist."[204] Beuys hatte zwischen 1961 und 1972 an der Staatlichen Kunstakademie in Düsseldorf eine Professur für Bildhauerei inne und stellte sich 1967 an die Spitze einer eigens von ihm gegründeten Studentenpartei, die wenig später in *Fluxus Zone West* umbenannt wurde. Sie spielte in der Studentenbewegung eine eher untergeordnete Rolle. Diese Gruppierung ging 1971 in die *Organisation für direkte Demokratie* ein, „aus deren Potential die Bundespartei Die Grünen entstand, für die der Künstler 1980 für den Deutschen Bundestag kandidierte".[205] Mit diesen Schritten vollzog Beuys den Übergang von der Kunst in die Politik. Sein viel zitierter Slogan: Kunst = Kapital macht auf jene Übergänge und Verflechtungen von Interessen aufmerksam, in deren Zentrum sich Künstler als politische Figuren bewegen, unabhängig davon, wie konform oder affirmativ sie sich zum System verhalten. Beuys verstand es, Bilder und Mythen zu nutzen, wie er mit seinem Projekt *7000 Eichen* für die documenta VII im Jahr 1982 in Kassel unter Beweis stellte. Verwaldung anstelle von Verwaltung sichert der documenta-Stadt Kassel ein blühendes Erbe. Und dies mit wachsendem Grün, das der Stadt zunehmend zum Ärgernis wird. Im Sinne der Institutionskritik und der damit verbundenen Manifeste wie etwa dem *Manifesto on the foundation of a Free International School of Creativity and Interdisciplinary Research* (1974) und dem *Aufruf zur Alternative* (1978) werden heute als klassisches Rollenverhalten von feministischer Seite diskutiert. Was also bleibt zwischen Kritik und Manifest, gesellschaftlichen Analysen für die Installation heute? Im Falle von Buren/Guggenheim kommt die Kritik zu dem Schluss, dass durch Buren der Raum des Guggenheims

neue ambivalente Sichtweisen, eine Fantasie von wechselnden Betrachtungsspiegelungen bietet. Ganz wie das Guggenheim selbst also, nur besser. Im besten Fall würde eine Anordnung wie diese all das hervorbringen, was am urbanen Raum narzisstisch [...] und differenziert ist – aber das ist weder Burens Projekt, noch das, was *In the eye of the storm* zu leisten vermochte [...], auch wenn sie als tief melancholisch gelesen wird, eben nicht kritisch in dem Sinn, wie ich Kritik verstehe.[206]

Institutionskritik ist und bleibt eine historisch reflexive Auseinandersetzung mit dem System und im Medium der Kunst und dies sowohl an repräsentativen Einrichtungen im Sinne gesellschaftlich funktionaler Gebäude wie an medialen Strukturen des Betriebs. Um Verfahren der Abstraktion in komplexen medial verknüpften Kunstformen identifizieren zu können, bietet es sich an, auf die Beschreibung elementarer Formen zu schauen. Fast architektonisch angelegt, können Körper in ihrer sensorischen und proportionalen Dimension aufeinander bezogen werden, um Merkmale der Unterscheidung zu entwickeln. Historisch werden die Bezüge unweigerlich, da einzelne Bereiche der technischen Entwicklungen untrennbar mit Orten ihrer Präsentation verbunden sind. Ein Kino bleibt ein Kino. Der Film hat einen institutionellen Ort, wenn er jedoch ins Konzerthaus mit entsprechendem Orchester verlegt wird, das zudem sichtbar inszeniert bleibt, so muss von einer anderen Situation ausgegangen werden, als wenn ein Orchester im Kino zum Einsatz kommt.

Interventionen – Symbolische Orte

Der Weg durch Institutionen und jede wirkungsmächtige künstlerische Entfaltung braucht kritische Impulse. In erstaunlicher Konstanz verbinden sich diese in Traditionen literarischer Romantik, die bis heute als Qualität künstlerischer Identifikation gilt. Im Rückblick zeigt sich, dass sich die Existenz jener im System der Kunst wirkungsmächtigen Kritik bereits um 1800 als unausweichliche Forderung etabliert hat. Kunst und Kritik werden um 1780 zum Bestandteil der Philosophie, was zur Verankerung von Anforderungen führt, die sich in Handlungen und Sprache manifestieren. Ein System, das sich im Laufe der Jahre immer weiter ausdifferenziert und im Bereich der Installation bislang einen noch undeutlichen Raum einnimmt. Ohne diese Basis kann das Potenzial, das im Medium der Installation angesammelt wurde, kaum erfasst werden. Und so setzt die Kritik an den Leitlinien ihrer Kriterien, der Qualität an. Kritik und Kunst des bürgerlichen Zeitalters sind untrennbar miteinander verbunden. Selbstbewusst und erhaben erscheinen die Werke als eigenständige Subjekte, die zwar auf ihre Schöpfer verweisen, dennoch aber ohne sie existieren können. „Die romantische Theorie des Kunstwerks ist die Theorie seiner Form. Die begrenzende Natur der Form haben die Frühromantiker mit der Begrenztheit jeder endlichen Reflexion identifiziert und durch diese Erwägung den Begriff des Kunstwerks innerhalb ihrer Anschauungswelt determiniert."[207] Um 1950 gewinnt die Kunst eine Form, die jenseits materialer Ausgestaltung im Minimalism und Conceptualism eine neue Dimension erreicht. Kunst kann in Gestalt einer Idee ohne exponierte Materialität in Szene gesetzt werden. Knappe schriftliche Handlungsanweisen reichen oft schon aus. Es ist die Erweiterung der Form durch jenen Vorgang der ihr innewohnenden Reflexionen, die neu gewichtet werden. „Die Idee der Kunst als eines Mediums schafft also zum ersten Mal die Möglichkeit eines undogmatischen oder freien Formalismus [...], die frühromantische Theorie begründet die Geltung der Formen unabhängig vom Ideal der Gebilde."[208] Form ist mehr als Erfüllung von Erwartungen und Standards der Gattungen. Walter Benjamin entwickelt seine Thesen anhand frühromantischer Dichtung mit dem Bezug auf die Philosophie der Aufklärung, und er erwähnt noch an keiner Stelle die Bedingungen, die heute mit den geänderten Bedingungen der Institutionen verbunden sind. Was im Dadaismus der 1920er Jahre zum Ausbruch kommt, kann als Steigerung der Kritik an Institutionen gelesen werden. Reflexion und Kritik sind literarischen und philosophischen Werken immanent, und diese Entwicklung bereitet jene Setzungen vor, die dann um 1920 als Kritik am System weiter gefasst werden. Kunst ist, im Verständnis der romantischen Theorie, unmittelbar an Erfahrung und Erkenntnis gebunden, die durch ein sich in Freiheit befindliches Subjekt erfahren wird. Aufgeladen ist nach Benjamin eine Theorie der Kunst mit der (hegelschen) Idee eines absoluten Kunstwerks, das nur vom Subjekt erfahren werden kann und Horizonte öffnet. Benjamin: „Die Romantik gründet ihre Erkenntnistheorie auf den Reflexionsbegriff nicht allein, weil er eine eigentümliche Unendlichkeit ihres Prozesses garantiert. Das reflektierende Denken gewann für sie vermöge seiner Unabschließbarkeit, in der es jede frühe Reflexion zum Gegenstand einer folgenden macht, eine besondere systematische Bedeutung."[209] Kritik als Medium der Selbstvergewisserung und Legitimierung wird zur Voraussetzung künstlerischen Anspruchs. „Die europäischen Avantgardebewegungen lassen sich bestimmen als einen Angriff auf den Status der Kunst in der bürgerlichen Gesellschaft. Negiert wird nicht eine vorausgegangene Ausprägung der Kunst (ein Stil), sondern die Institution Kunst als eine von der Lebenspraxis des Menschen abgehobene."[210] Auf diesem Weg entstehen Kräfte, die innerhalb der Werke als Erosionen von Form, Material und Verlauf aus akademischer Perspektive interpretiert werden. Gleichzeitig werden Orte wie Galerie, Museum, Konzertsaal zum Material erklärt. Historisch etablierte Normen werden in beiden Feldern als Material/Institution zu Fall gebracht. Diese doppelte Bewegung zeichnet die Kunst im 20. Jahrhundert aus, die durch das gewachsene Selbstbewusstsein kaum noch weitere Reglementierung durch Normen akzeptiert. Vor diesem Hintergrund kommt dem Manifest nun der Charakter einer neuen Art von Material zu.[211] Eine bemerkenswerte Phase künstlerischer Selbstvergewisserung wird erreicht, wenn nun auch noch in diesem Sinne avantgardistische Werke als Manifestation das objektgewordene Werk nicht nur kommentieren, sondern der Text künstlerisches Werk wird. Der Schritt vom Material zum Manifest bereitet die Einflussnahme einer Celebrity Culture seit den 1960er Jahren vor. Öffentliche Medien, wie diese im Futurismus genutzt wurden (um 1911 in Frankreich und Italien), erfahren wachsende Bedeutung und werden künstlerisches Material. „Eine dadaistische Manifestation hat keinen Werk-Charakter, dennoch handelt es sich um eine authentische Manifestation. [...] Damit wird nicht unterstellt, die Avantgardisten hätten überhaupt keine Werke produziert und momentane Veranstaltungen an deren Stelle gesetzt. Die Kategorie des Kunstwerks wird [...] von den Avantgardisten zwar nicht zerstört, wohl aber total verändert."[212] Auflösungserscheinungen gattungstypischer Eigenschaften, historisch als Form und Inhalt beschrieben, führen in einen neuen Begriff des Materials. „Die Kunst in der bürgerlichen Gesellschaft lebt von der Spannung zwischen institutionellem Rahmen (Freisetzung von gesellschaftlichen Verwendungsansprüchen) und möglichen politischen Gehalten der Einzelwerke. Dieses Spannungsverhältnis ist jedoch nicht stabil, vielmehr unterliegt es einer geschichtlichen Dynamik, die auf seine Aufhebung hindrängt",[213] so Peter Bürger 1974. Wie steht es heute um dieses beschriebene Spannungsverhältnis, dessen Kräfte ja auch für die letzte große Phase der Kritik in den 1970er Jahren in Europa wirksam wurden? Hat die Kritik am System ihren Stachel verloren? Auf der Ebene räumlicher Bezüge zeichnen sich folgende Ausprägungen ab:

1. Raum ist der explizite und dramatisch aufgeladene Außenraum: Dimensionierung und Aufwand erscheinen in vielen Aktionen der Land Art als interventionistische Geste, wo oft temporäre Werke entstehen. Somit kann auch bei Christo und Jeanne-Claude kein Zweifel mehr bestehen, dass es sich um konsequent entwickelte Konzepte handelt, die an Rändern etablierter Wirkungsfelder neues Terrain – in menschenleeren Landstrichen und städtischen Regionen – erobert haben. Diese Neubesetzung von Terrain zieht Fragen nach sich, die im Falle Christos und Jeanne-Claudes nicht mit dem negativ besetzten Begriff des Städtemarketings abgewertet werden sollten. Selbstvermarktung, Wahrung und Einklagen von Urheberrechten, Projektierung über Jahrzehnte bis zur Realisierung, lassen ingenieurtechnisch anspruchsvolle Arbeiten entstehen, die eine umfassende Projektsteuerung sowie aufwendige Genehmigungsverfahren bei Wahrung der Urheberschaft durchsetzen. Symbolisch besetzte Landschaften werden ebenso bearbeitet wie geschichtsträchtige Bauwerke. Wenn wie mit der Verhüllung des Reichstags in Berlin 1995 ein silbern beschichtetes Gewebe eigens entwickelt wurde, dessen Festigkeit und Faltenwurf das Bauwerk für kurze Zeit vergessen und die Skulptur im öffentlichen Raum wie einen Kristall erstrahlen ließ, so warf die damit verbundene Leuchtkraft ein Licht auf jene drei Millionen Besucher, die vor dem Gebäude über Tage angeregt durch die Kunst zum Verweilen eingeladen waren.

2. Raum ist der Innenraum einer Institution: Alternativ zu den großangelegten, oft Kilometer weit reichenden Installationen auf dem Feld

der Land Art werden Welten in Innenräumen realisiert, die ein eigenes Universum bilden. Ilya Kabakov: „Man darf nicht vergessen, dass diese Wände uns nicht nur von der Außenwelt (der Welt des Museums, der Galerie) trennen, sondern uns zugleich auch den Rand der eigenen Welt der Installation darstellen, die immer in der Rolle eines vollständigen Universums auftritt, eines vollständigen, in sich geschlossenen Modells der Welt. Es geht um diese Rolle einer rätselhaften Grenze, Randlinie der in sich geschlossenen Welt der Installation."[214]

3. Raum ist jener Raum, den die Kunst sich selbst schafft, der durch die Umgebung spezifisch und unverwechselbar neu gefasst wird.

4. Raum ist die medial gespiegelte Gegenwart von wirkungsmächtigen Institutionen, die als führende Museen in Erscheinung treten. Finden also Veranstaltungen im Namen und unter Schirmherrschaft etablierter *Player* statt, so übertragen sich Wirkungsfelder der Macht auf die Art medialer Präsenz. Wie am Beispiel Buren im Guggenheim 2005 erkennbar wurde, versagt sogar die Institution der Kritik.

5. Raum ist Sprache: Ereignisse auf Oberflächen schaffen Räume, die durch Schriftzeichen und Sprache zum Spiegel der Kunst werden. Fragmente und Texte werden Teil der Kunst. Institutionen prägen die Installation und lassen sie zum Schauplatz der Kritik werden. Juliane Rebentisch erkennt in der zunehmenden Verbreitung und gar Omnipräsenz installativer Formen eine Chance: „Wie stark dieser Kunstbegriff die kunstkritische Diskussion um die ästhetische Moderne bestimmt hat, wird nicht nur dort deutlich, wo die Überschreitung der Gattungsgrenzen im Namen der Tradition abgewehrt wurde."[215] Mit dem Verlust von Referenzsystemen geraten Modalitäten der Beschreibung ins Wanken. Kommunikative Aspekte gewinnen an Gewicht, wie Niklas Luhmann äußerte: „Kunstwerke sind mit anderen Worten Medien einer kommunikativen Vermittlung zwischen Subjekten als produzierte und rezipierte."[216]

6. Die Installation ist zum exemplarischen Raum der Gegenwart geworden: Kaum eine Form der Kunst weist mehr Referenzen auf, keine andere ist komplexer zu verstehen. Keine andere Kunstform steht heute so dezidiert für die Entwicklung hin zu einer gesellschaftlich engagierten Kunst wie die Installation.[217]

7. Installationen erfordern einen umfangreichen Prozess des Verstehens: Installationen verweigern etablierten Strategien der Vereinnahmung durch den Kunstmarkt. Opposition kann, muss aber nicht gleich als politische Handlung interpretiert werden. „Institutionskritische Kunst reflektiert nicht nur die Rhetorik der Hängung, sondern auch nationale, regionale und/oder ökonomische Interessen, welche die Po-

litik der jeweiligen Institutionen – und damit die von diesen gezeigte Kunst – durchziehen. Und sie tut dies, indem sie die Institution und ihre Praxis selbst (mit) ausstellt."[218] Dieses Verhältnis von Handlung und Rahmen, das Rebentisch beschreibt, kann, da es grob veranschaulicht, auf sämtliche Bereiche der an konkreten Orten arbeitenden Kunstwerke übertragen werden. Orte werden Kunst, wenn Handlungen diese mit lesbaren Zeichen markieren.

Interventionistische Manifeste

Kunst als Intervention im öffentlichen Raum kann im Verständnis und der Tradition einer Kritik am System gesehen werden. Kritik wird Qualität. Auf die Spitze getrieben bedeutet dies: Kunst ist ohne Kritik nicht möglich. Wenn die Installation als das aktuelle Format gilt, das sich auf eine Praxis der Kunstkritik in jener von Benjamin skizzierten Haltung beziehen lässt, so sind viele Schritte zur Durchsetzung von der Idee bis zur Realisierung notwendig, die als Arbeit am System der Kunst und ihrer Öffentlichkeit zu lesen sind. Zu pauschal ist daher Luhmanns Modell jener im System der Kunst wirkenden Spiele, die Kommunikation von Kreisläufen mit wiederkehrendem Charakter beschreiben. Oft nur scheint der Ablauf gleich, Binnenverhältnisse ändern sich. Das System der Kunst erweitert seinen Wirkungsrahmen, und an den Rändern erwachsen Neuerungen. Und auf diese feinen Verschiebungen kommt es an. Relationen von Aufwand und Ergebnis müssen in ein Verhältnis gesetzt werden, wenn spezifische Leistungen angemessen beschrieben werden sollen. Kunst erscheint im Rahmen institutioneller Erwartung und Erfüllung – Abweichungen gehören zum Programm. Wie bei jedem historischen Rückblick erzeugen alle Informationen erst jenes Gesamtbild, das zum Bestandteil und Wesen des Kunstwerks führt. Am Beispiel von Christo und Jeanne-Claudes Verhüllung des Reichstages in Berlin, die für die Dauer von lediglich vierzehn Tagen zu erleben war, rücken zunächst nebensächlich erscheinende Aspekte ins Zentrum des Interesses. Meinungsbilder in den Medien überschlugen sich förmlich in einem solchen Maße, dass deutlich wurde, dass es nur die Kraft des Künstlerpaars vermochte, sich über zwei Jahrzehnte gegen die Stimmen der Widersacher durchzusetzen: ein unglaublich langer Prozess von der Idee bis zur Realisierung. Der Kurator Klaus Honnef würdigte zur Eröffnung einer Ausstellung im Landesmuseum Bonn seinerzeit Christo: „Mir ist kein Künstler bekannt, der sich mit dem Problem der Funktion von Kunst derart intensiv und derart erfolgreich rumgeschlagen hat wie Christo und Jeanne-Claude [...], da seine Projekte ausschließlich in der Öffentlichkeit angesiedelt sind [...], setzt er Reaktionen frei, schafft den Blick für verborgene Strukturen und ruft Erkenntnisprozesse hervor. [...] Eine Arbeit, die er nicht zu realisieren vermag, ist für ihn gescheitert."[219] Eine Theorie des Wirkens des Künstlerpaars entstand zwar nicht als Manifest, aber aus der Summe der Zeugnisse ergibt sich ein Bild. Nimmt man die Zahl persönlicher Gespräche, die mit den Abgeordneten geführt wurden, um schließlich in namentlicher Abstimmung die Erlaubnis des Großprojektes zu erwirken, so mag man darin auch die romantische Kraft einer künstlerischen Vision sehen, die sich erst durch die Widerstände im System in ihrer ganzen Dimension entfalten konnte. Kunst als Antwort auf die vielgestaltigen Gegenkräfte. Die Medienberichte zu Berlin wurden Bestandteil des künstlerischen Werkes einer Verhüllung. Verbergung und Freilegung ermöglichten die Freilegung neuer Qualitäten. Von der Geschichte gereinigt, erschien der Reichstag in monumental-kristalliner Form. Die auch äußerlich triste Ruine wurde durch die Lichtspiele auf reflektierendem Gewebe belebt. Bedeutung als architektonische Skulptur hat er in Berlin auf besondere Weise erhalten, da das verhüllte Bauwerk die Gestalt eines Kristalls nachzubilden scheint. Zitiert wird damit jene Licht-Metaphysik, die in frühen Jahren der Elektrifizierung europäischer Metropolen in Verbindung mit der Entdeckung der Berge als touristische Orte einhergeht. Der Akt der Verhüllung, wie Ingo Arend es formuliert, entsprach einer klaren Setzung: „Das Projekt ist fest in deutscher Hand. Inzwischen soll nicht nur deutsches Tuch den Reichstag umwehen, deutsche Näherinnen aus der Lausitz es zusammenheften und deutsche Bergsteiger unter der Pickelführung des Südtirolers Reinhold Messner es entrollen."[220] Innen und außen bedingen einander und manifestieren sich in der gesamten Bandbreite einer politischen Öffentlichkeit, die wohl selten zuvor so leidenschaftlich über Kunst als Intervention und Kommentar zu symbolischen Orten verhandelt wurde. Den Widersachern sei Dank!

Installationen

Voraussetzungen

Wo steht die Kunst der Installation nach fast 50 Jahren ihrer Namensgebung? Worin lassen sich aktuelle intermediale Gemeinsamkeiten mit Akzenten in bildender Kunst, Architektur und in akustischen Formen finden? Welche Verfahren haben sich als Techniken etabliert, welche begrifflichen Kontexte zeichnen sich ab? Welche interdisziplinären Traditionen können herangezogen werden? Wie steht es um den internationalen Diskurs? Die Rolle des Künstlers und dessen Körper im Raum gewinnt an Bedeutung. Künstlerkörper zum Raum inszenieren ihn zunächst in Paris, dann in New York. Körper in Szene gesetzt, benennen Kontexte. Handlungen zeigen Referenzen. Der Künstler ist Akteur. Raum und Körper prägen die unverwechselbare, individuell elastische Form. Körper werden auch verletzt und von innen gezeigt, doch zunächst gilt die Hauptform der Bewegung. Menschlicher Körper – Künstlerkörper. Seine Proportionen und Gestalt führen zu Auslotungen, Räume erhalten ein Gewicht. Kletternd, springend, stampfend, hüpfend, liegend, mit Tieren in Räumen lebend – wie Beuys, der ein paar Tage mit einem Kojoten in einer New Yorker Galerie verbrachte. Schlafend, sich die Mahlzeiten mit dem seiner Meinung nach Besten, was die USA jemals hervorgebracht haben, teilend. Mit dem scheuen und wilden Tier im Raum. Eine Performance in Gestalt der Installation. Tierisch gut und lange vor Carsten Höllers zoologischen Botschaften mit den documenta-Schweinen und Hamburger-Kunsthalle-Rentieren zur Weihnachtszeit. Körper in besonderen Relationen zu Raum und im Spiel mit Institutionen. Dies ist bereits ein Teil eines umfangreichen Materials, das in die Installationen nach tradiertem klassischem Verständnis in Innenräume führt. Wie werden Räume erlebt? Welche Gewohnheiten der Wahrnehmung werden miteinander verbunden, wenn künstliche Lebensräume von Tieren mit jenen öffentlichen Räumen der Kunst gemischt werden? Welche Systeme der Wahrnehmung treten sensorisch in Kontakt miteinander?

Flug – Entfernen – Verschwinden

Musik, bildende Kunst und Literatur weisen ähnliche Sujets auf, die, in Verbindung, Grundlagen einer Theorie der Abstraktion im Medium der Installation ausbilden. Das aus der romantischen Dichtung bekannte Motiv des Fluges, also jene sich leicht von den irdischen Bindungen in die Lüfte erhebende Bewegung, ist Programm: *Entfernung und Verschwinden* wurde zur selben Zeit, als Ilya Kabakov seine Vorlesungen in Frankfurt hielt, als Ausstellungskonzept erdacht. Auf der historischen Achse Berlin – Moskau ersann Pavel Pepperstein eine Ausstellung, die die Idee des Fluges in den Fokus nimmt. Hier wird „der Flug zur Metapher des Sieges. Der Sieg über die Natur, über die menschliche Begrenztheit. Der Beginn des Modernismus fiel [...] mit den Anfängen der Fliegerei zusammen, und der Modernismus war von der Idee der Fliegerei besessen. Das Flugzeug wurde zum Beweis der Allmacht des Menschen. Flieger waren eine Art Helden der Zeit, Eroberer des Himmels."[221] Und so sind es auch zwei Sportflugzeugpiloten, Robert Smithson und die dänische Künstlerin Simone Aaberg Kaern, die im Flug ihre Installationen fertigten und dann vom Außenraum in die Galeriekontexte transportierten. Im Jahr 1985 äußerte Kabakov rückblickend:

In den 1970er Jahren stellt mein Schaffen ein Fliegen, einen schwerelosen Zustand, ein ontologisches Erfragen dar, das jedoch die mittlere Zone der sozialen Realität, des Alltags – nicht einschließt. [...] Mein Schaffen ähnelte der Arbeit eines Fluglotsen, der auf dem Radar Signale empfängt. Wann immer ich ein Signal empfing und es auf Papier notierte, war ich absolut glücklich. Ich war von der Methode selbst oder von der Technologie der Jagd nach den Signalen, also von meinen Zeichen vollkommen gepackt.[222]

Kabakov entwickelt aus der Idee des Fluges systematisch seine Konzepte der Installation, die ihm, wie er später äußern wird, als eigene Welt erschienen ist. Fluchten und sein rastloses Leben sind in der Person angelegt. „Seit ich mich erinnern kann, weiß ich von dem Wunsch wegzulaufen, ohne sich umzuschauen um niemals zurückzukommen, so weit wegzulaufen, dass man nicht zurückgebracht werden kann, so schnell zu laufen, dass niemand einen einholen kann, so plötzlich wegzulaufen, dass niemand es vorausahnen und einen hindern kann."[223] Mit einer Schleuder – die einem Katapult gleicht – wird eine Bewegung versinnbildlicht, die eine solche Wucht und Kraft aufweist, dass ein riesiges Loch in die Decke des kargen Zimmers geschossen wurde. Die Kraft der Poesie vermag Wände zum Einsturz zu bringen, und zurückbleibt ein zerstörtes Zimmer, an dessen Wänden Zeitungsausschnitte auf das Tagesgeschehen verweisen. Interventionen in bestehende Gebäude, deren Architektur skulptural freigelegt wird, wie die von Gordon Matta-Clark und Rachel Whiteread bearbeiteten unds zerlegten Gebäude mit Verweis auf die Gentrifizierung Mitte der 1970er Jahre, weisen Gemeinsamkeiten auf. Doch Kabakovs Bilder sprechen eine andere Sprache. Diese rastlose und leidenschaftlich in den Flug verliebte Haltung entspricht dem Moskauer Konzeptualismus zwischen 1970 und 1990. Hieraus lassen sich Kabakovs Konzepte in ihren Bezügen verstehen. Eine Eigenart russischer Kunst offenbart sich hier, die aus der Idee der Installation als Form des Widerstandes von der Welt ins Private – da die öffentliche Welt dem Generalverdacht der Lüge unterliegt – entwickelt wird. Raumgreifende Arbeiten entstehen, die zur Ausprägung und letztlich Grundlage der Gattung aus russischer Perspektive werden. Spannend daher auch, Übergänge von innen nach außen zu analysieren sowie Arbeiten in Innenräumen zu untersuchen, deren poetisches Material dem Außenraum entnommen ist.

Inneres Exil und Flucht vor der Realität äußern sich in Motiven des Fluges, dessen Metaphorik vom Vogelflug zunehmend technische Merkmale gewinnt. „Der suprematistische Flug in die immaterielle, irrationale Welt, in der die wissenschaftlichen Methoden und die Logik sowieso nicht gelten, wird mit einer ‚wissenschaftlichen Terminologie‘ getarnt."[224] Kabakov hat in seiner einem Handbuch gleichenden Schrift zur Installation die Anlage und Gestaltung mehrteiliger Räume fast im Sinne einer Bauanleitung ausführlich behandelt. Raumgrößen zwischen 150–180 m² werden als ideale Raumgrößen bezeichnet, wie er auch die Größe eines Tafelbildes bezeichnenderweise mit 3 bis 4 Meter Höhe und einer Breite von 6 bis 7 Meter angibt. Seine Beschreibung führt ins Thema ein: „Wie komme ich zu diesen Werten? Es hat etwas mit mir zu tun [...], es ist die totale Installation, ein *Modell der Welt*, sie kann eine ganze Welt darstellen, wie seinerzeit das Tafelbild."[225] Kabakov führt zur Rolle des Rezipienten in solchen Räumen aus, dass dieser sich in einer geschützten und behaglichen Umgebung sicher der Kunst widmen kann. Wie ein Spaziergänger wandelnd, durchschreitet er Räume und erfährt deren Gliederung als eine Abfolge, die dem Plan des Künstlers gehorcht. Wechselnde Stimmungen und Atmosphären entsprechen dabei dem Prinzip wechselnder Attraktionen. Je größer die so erstellte Anlage ist, desto eher gleicht sie, wie Kabakov es nennt, einer „ganzen kleinen Stadt".[226] Der architektonische Grundriss bildet mit seinen Raumfolgen die jene bestimmenden Grundlagen, die sich in der Installation abbilden. – Wir erinnern uns an Oppenheim, der den Grundriss der Galerie in den Schnee schrieb. Also: Dramaturgie, Attraktionen, Labyrinthe, zweigeschoßige Installationen erzeugen beim Betrachter den Eindruck eines Hauses. Seine Frankfurter Vorlesungen lesen sich wie eine Anleitung zum Erbauen von Bühnenbildern; hier sucht man eine am poetischen Inhalt orientierte Haltung, die den Künstler in der Vergangenheit regelrecht beflügelte, vergeblich. Kabakov, der Autor, nimmt stattdessen den Habitus eines Theoretikers und Kunsthistorikers an. Trotz ausführlicher Bauanleitungen lesen sich die Passagen Kabakovs, die fast handwerklicher Natur sind, bereits heute schon als historische Position. Bedenkt man jedoch, dass Kabakov eine Welt im Wandel vom Tafelbild zur Installation akademisch zu festigen bestrebt war, sucht man verzweifelt nach weiterführenden Ansätzen. Letztlich bleibt nicht viel: „Abschließend möchte ich sagen, dass dieses gesamte Thema – der Aufbau einer totalen Installation – notgedrungen sogar didaktischen Charakter hat. Das lässt sich nicht ändern. Die totale Installation erblickt das Licht der Welt in den Regeln unter den Bedingungen einer Ausstellung."[227] Problematisch ist es für Kabakov, dass die Bearbeitung und Produktion von Installationen in öffentlichen Räumen in einem zeitlich meist eng gesteckten Rahmen entstehen muss. Die Fenster der Galerie hätten einen Ausblick auf die Umgebung geboten, die nicht auf elektrisches Licht angewiesen ist. Wenn der Kontakt zur Außenwelt bewusst unterbrochen wird, so wird nicht nur die Kunst isoliert. Galerie und Museum werden zum Verlies und verlieren regelmäßig ihre Kontakte. Als Ulrich Eller im Rahmen der documenta VIII eine Installation aus einem Gebäude mit Blick auf eine Ampelschaltung entwickelte, hatte er die Übertragung der Verkehrsgeräusche in den Innenraum im Sinn. Es ging ihm darum, die „Anregung von außen im Inneren des Gebäudekörpers erfahrbar zu machen. Und dies mit der Möglichkeit einer sicht- und hörbaren Beobachtbarkeit. Der Blick auf die Ampelschaltung scheint die Lautstärkeverhältnisse im Inneren des Raumes zu beeinflussen, eine reale Transformation eines Parallelereignisses entsteht als Werk der Installation; jeder Moment klingt anders."[228]

Übertragen wurde das Bild des Fluges bis in unsere Tage als politisches Statement. Wie das Projekt der dänischen Künstlerin Simone Aaberg Kaern, die mit der Konzeption, Planung und Durchsetzung ihrer Flugroute über den Hindukusch ein politisches Statement verfasst hat. Der Himmel ist frei, dies allemal, wenn mit einem alten Sportflugzeug der Marke Piper eine Zeichnung in Gestalt einer Flugroute in den Himmel und auf die Karte geschrieben wurde. Später wurden Bestandteile des Projekts in Form einer Installation präsentiert, die ähnlich wie die Künstlerdokumentation *Spiral Jetty* von Smithson erläuternden Charakter haben sollen.

Groß, klein, eng, weitläufig etc. sind Umschreibungen, die sich an Personen im Raum anlehnen. Bewegung, Eindrücke, Abbilder und Hör-Erfahrungen wirken zusammen. Der Mensch ist Maßstab für Architektur, Kunst sowie musikalische und zeitbasierte Formen, denen unsere Aufmerksamkeit gilt. Der Homo erectus, die aufrecht stehende Gestalt, Sinnbild für Macht, Überlegenheit und Herrschaftsanspruch, zeigt erneut Körper in Handlungen und Funktionen, die um 1920 aus Perspektiven mechanischer, kinetischer und akustischer Bewegungen der Kunst analysiert und ins Medium der Installation übertragen wurden, um die Vermessung von Modalitäten vorzunehmen, die dem Menschen eigen sind. Die für ihn ungewöhnlichste Bewegung, der Flug, bildete einen Fokus konzeptueller Moskauer Kunst. Metaphern wie *Flug - Entfernung - Verschwinden* umkreisen jene poetische Dynamik, die Aspekte verdeutlichen, wenn es um abstrakte Überhöhungen von Körpern und deren Möglichkeitsformen[229] geht. So erscheint auch der Sprung von Klein aus der Galerie in Paris als Flug eines Menschen mit ausgebreiteten Armen, die Vogelschwingen gleichen. Material, Bewegung und Form entwickeln sich im Bereich der Installation in Unterscheidung zur Skulptur zum Merkmal der Gattung. Unterscheiden lassen sich Skulptur und Installation kurzgefasst vielleicht so: Skulpturen sind Gestalten, die in sich ruhen und im spezifischen Sinn introvertiert sind. Installationen hingegen sind extrovertiert und weisen oft einen Appellcharakter durch Bewegungen mit Licht, Klang, Wasser auf. Wie immer kommt es auf die Perspektive der Betrachtung an, wie nämlich Momente der Aufmerksamkeit erzeugt werden. Wie etwa die Frage, was in einem spezifischen Sinn eine Springbrunnenanlage im öffentlichen Raum von der Video-Installation Bruce Naumans unterscheidet, der sich als junger, schöner Mann mit nacktem Oberkörper als Springbrunnen – *Artist as a Fountain* – inszenierte, um die Aktion als Videoarbeit und Foto zu zeigen. Springbrunnen und Wasserspiele, angewandte Formen kinetischer Kunst, lassen sich als Installationen im architektonischen Umfeld lesen. Gleichzeitig wird das plätschernd fließende Wasser zur Klangquelle, die durch Aufnahme und Wiedergabe zum Material und Konserve der Kunst wird. Fließen und Rauschen sind gestaltete Zeit. So entstand auch eine Arbeit Naumans 1968 in der Galerie Konrad Fischer in Düsseldorf. Klangimpuls und Raum erzeugten eine typische

162

Resonanz, die Impuls, Reflexion und Absorption der Schallwellen als Ereignis im Raum der Galerie einzigartig machten. Nauman hatte in der Galerie mit seiner Violine eine Performance in sechs Teilen aufgeführt, nahm diese mit Kassettenrecordern auf und gab damit jedem Tag einen typischen Klang: *Six Sound Problems for Konrad Fischer*. Klang als Material in der Galerie einzusetzen war in diesen Jahren noch ungewöhnlich und sollte sich erst später durchsetzen.

Ein früher Meister der Installation, der Licht, Bewegung und Klang miteinander verbinden konnte, verglich sogar elektrische Apparate mit dem Körper des Menschen. Mit einer aus heutiger Sicht erstaunlichen Selbstverständlichkeit verstand er es, Apparate wie Grammophone, Fotokameras und Filmgeräte sowie deren Datenträger zu erforschen, um diese für seine Zwecke künstlerischer Arbeiten umzufunktionieren. Reproduktionsapparate wurden zum Instrument produktiver Raumerkundungen, Technik wurde auf elementare Abläufe hin erforscht.

Der Aufbau des Menschen ist die Synthese all seiner Funktionsapparate, d.h. dass der Mensch dann am vollkommensten ist, wenn seine Funktionsapparate – die Zellen ebenso wie die kompliziertesten Organe – bis zur Grenze ihrer Leistungsfähigkeit ausgebildet sind. Die Kunst bewirkt diese Ausbildung – und das ist eine ihrer wichtigsten Aufgaben, da von der Vollkommenheit des Aufnahmeorgans der ganze Wirkungskomplex abhängt –, indem sie zwischen den bekannten und den noch unbekannten optischen, akustischen und anderen funktionellen Erscheinungen weitgehendste neue Beziehungen herzustellen versucht und deren Aufnahme von den Funktionsapparaten erzwingt.[230]

Techniken in Fotografie, Film und akustische Aufzeichnung wurden im Jahr 1922 als Medium künstlerischer Arbeit erkannt. Jahrzehnte vor der Scratching Music praktizierte Moholy-Nagy ein Verfahren: „Das Grammophon hatte bisher die Aufgabe, bereits vorhandene akustische Erscheinungen zu reproduzieren. Die zu reproduzierenden Tonschwingungen wurden mittels einer Nadel in eine Wachsplatte geritzt und dann mit Hilfe eines Mikrophons (nun aber als Lautsprecher!) wieder in Ton umgesetzt. Der Apparat wurde zu künstlerisch produktiven Zwecken eingesetzt."[231] Ähnlich, wie zuvor mit Lichtreflexen in Fotografie und Film gearbeitet wurde, werden Techniken akustischer Wiedergabe zum Material der Kunst. Eine kaum bekannte Dynamik erwuchs hieraus. „Die bisherige Filmpraxis beschränkte sich hauptsächlich auf die Reproduktion dramatischer Handlungen. Zweifellos gibt es auf dem Gebiet des Films eine ganze Reihe wichtiger Arbeiten; teilweise wissenschaftlicher Art (Dynamik verschiedener Bewegungen: Mensch, Tier, Stadt usw., Beobachtungen verschiedener Art: funktionelle, chemische usw.; drahtlos projizierte Filmzeitungen usw.)."[232] Im Medium der Installation entwickeln sich Verfahren der Intervention, die weitere Felder der Abstraktion erreichen. Kunstkritische Qualitäten werden Bestandteil, wenn Werke hohe Anforderungen an die Rezeption stellen, insbesondere, wenn sie in minimalen Formaten inszeniert werden, die als Abweichungen täglicher Abläufe erscheinen. Immer müssen Betrachter überzeugt werden. Raumbildende Arbeiten haben bislang ein weites Feld erobert und zählen zu den wichtigsten Formen, wenn es um die Entwicklung engagierter künstlerischer Arbeiten mit Bewegung, Klang und Licht geht. Dennoch bleibt der Diskurs schwierig, da systematische Grundlagen einer interdisziplinären Gattungsgeschichte fehlen. Im Medium der Installation werden Verfahren der Abstraktion aus verschiedenen Künsten miteinander kombiniert, so dass komplexe Referenzsysteme in Beziehung zueinander gebracht werden, die ihrerseits vom Betrachter und Teilnehmer raumbildender Kunst eine Übersetzung fordern. In aller Regel werden solche Referenzsysteme nur in Teilbereichen erfasst. Keine Gattung der westlichen Kunstgeschichte scheint ein so breites Spektrum ästhetischer Werturteile auslösen zu können. Über keine Form intermedialer Kunst liegen methodisch so unterschiedliche Beschreibungen vor. Paradox erscheinen Äußerungen aus der Kunst-, Medien- und Musikwissenschaft, die zwar der Gattung nahezu uneingeschränkt ihre Bedeutung attestieren, gleichzeitig aber angesichts der Komplexität unterschiedlicher Installationen diese nicht im Hinblick auf ihre Verfahren und Wirkungsformen analysieren. Massive Kritik an installativen Formaten wird laut, wenn anstelle interventionistischer Verfahren aufwendige Werbemaßnahmen treten. Künstlerische Arbeit und Marketing bedrohen die Gattung Installation. Was auf dem Gebiet der Pop Art – zum Ärgernis mancher Kunstwissenschaftler – erlaubt ist, Material und damit Verfahren einer Celebrity Culture wurde, wird im Bereich der Installation scharf kritisiert. So auch Eliassons *Water Falls*, die 2008 an vier Orten in New York City als Maßnahme des City-Marketings von den US-Medien gefeiert wurden. Der Künstler scheute sich nicht, seine Aktionen mit Plattitüden der Werbeindustrie anzupreisen. Quer durch die Tages- und Fachpresse war ein Raunen zu vernehmen, das an Vereinnahmung und Ausverkauf künstlerischen Anspruchs Anstoß nahm. Ein Installationskünstler von internationalem Rang betrieb Selbstdemontage. Erholt hat sich der Meister atmosphärischer Formen davon kaum. Das Werk Eliassons hat seit den New Yorker *Water Falls* an künstlerischer Qualität spürbar eingebüßt. Offensichtlich zeigt der Vorgang, dass ästhetische Wertschätzung und Anerkennung jenseits von Marketing und Celebrity Culture wirksam sind.[233]

164

Material

Nach dem Rückgriff auf Positionen, die zwischen 1920 und 1930 kontroverse Auffassungen zu Relationen zwischen Material, Raum und Institutionen deutlich machen konnten, lassen sich historische Referenzen aufzeigen. Verfahren der Installation lassen sich kaum ohne Voraussetzungen verstehen, die im Begriff des Materials angelegt sind. Zumal seine Entwicklung zahlreiche Hürden zu nehmen hatte, um sich schließlich im wahrsten Sinn des Wortes zu entmaterialisieren. Material scheint an bestimmte Formen einer Gattungsentwicklung gebunden zu sein, steht im Kontext von Institutionen und kann auf Konstanten und Werkgruppen zurückgeführt werden. Steht die Auseinandersetzung um Werkstoffe und Formen in den USA bis zum New Bauhaus der 1940er Jahre im Zentrum, so erfährt der Begriff des Materials in den 1940er Jahren eine kulturphilosophische Akzentuierung, die sich in den kulturkritischen Äußerungen Theodor W. Adornos verdichten. Hier ist jedem künstlerischen Material eine zeitliche Markierung von geschichtsphilosophischer Tragweite eigen. Eine heute veraltete, sogar historistische Position liegt vor, wenn neue Formen – bildlich gesprochen – mit alten Schablonen, in die sie nicht hineinpassen, kritisiert werden. Adorno war der Überzeugung, im Fortschreiten des Materials etwas zu erkennen, das zur Grundlage authentisch und zeitgenössisch bedeutender Kunst wurde. Übergänge und Anschlüsse bestimmen eine gewisse Konstanz zwischen Werken (wie Streichquartett, Sinfonie und Werken der bildenden Kunst) und ihren Beurteilungen, die es zu rekonstruieren gilt. Dabei argumentiert Adorno im Glauben an einen nahezu linear verlaufenden Fortschritt, dessen Grenzen – bei ihm ebenfalls historistisch verstanden – von Institutionen bestimmt werden. Dies mag verwundern, da um 1910 bereits die Übergänge zwischen bildender Kunst, Musik, Film und Architektur sichtbar wurden und daraus Neuerungen erwuchsen, die bis heute prägend für die Installation wurden. In letzter Konsequenz bedeutet dies, dass die Vorgeschichte der Installation aus Sicht einer interdisziplinären Kunstgeschichte in der Erschließung neuerer Materials liegt, deren Beschreibungen zu leisten sind. Bereits bei Moholy-Nagy findet sich im Jahr 1917 eine Passage, die dem Licht eine materialgebende Kraft verleiht. „Raum, Zeit, Materie sind eins mit Licht, gebunden so wie Du an Leben lichtbedingt. [...] Licht ordnet, führend, Licht, so unerreichbar als Abglanz leuchtend, reines Sein erhellend, Ström' in mich, Licht, Du stolzes, scharfes Licht!"[234] Im Medium des Lichtes erkennt Moholy-Nagy die Möglichkeit einer neuen Dynamik jenseits einer von Gegenständen bestimmten Welt. Schwingungsformen der Lichtwellen ähneln jenen des Schalls und damit weisen beide, was schon der Berliner Physiker Hermann Helmholtz um 1850 erkannte, eine universale Dimension auf. Moholy-Nagy: „Alles Licht ist Schwingung, und alles Leben ist verkörpertes Licht oder verkörperte Schwingung. [...] Jeder Gedanke ist das Ergebnis der Schwingungen unseres Körpers."[235] Moholy-Nagy nahm mit dieser Sicht einen fortschrittlichen Standpunkt ein, der sich bei Künstlern und Architekten der *Gläsernen Kette* finden lässt, die ihre Zukunftsentwürfe angesichts der schlechten Auftragslage für Architekten in Form von Briefen und Texten in den ersten Nachkriegsjahren nach 1918 schriftlich und zeichnerisch verfassen mussten. Glasarchitekturen, kristalline Formen und Lichtarchitekturen bilden die Gegenentwürfe zu historischen Formen. Radikaler als dies in der Architektur von Le Corbusier, Bruno Taut, Hans Scharoun und später dann von Dan Flavin, James Turrell oder Olafur Eliasson propagiert wird, entledigt sich Moholy-Nagy der Funktion der Farbe. Seine skulpturalen, plastisch-expressiven Formen tendieren zur dreidimensionalen Zeichnung, für die es anfangs kaum Begriffe gab. Vielen seiner Gebilde ist ein großer Schwung in Form scheinbar schockgefrosteter Bewegungen gemein. Statt Farbe: Licht – so lautet sein Motto 1929.

Heutige Bemühungen zielen dahin, selbst den Farbstoff (das Pigment) zu überwinden oder ihn wenigstens so weit wie möglich zu sublimieren, um aus dem elementaren Material der optischen Gestaltung, aus dem direkten Licht, den Ausdruck zu realisieren. [...] auf polierten Flächen, Metall, künstlichen Materialien usw. werden mit Hilfe von Spritzapparaten fließende Farbschichten aufgetragen, die durch den reflektierenden spiegelnden Untergrund aufgelockert, fluktuierend erscheinen. Durch Spiegelungen und Reflexe dringt die Umgebung in die Bildebene ein, die seit dem Impressionismus erstrebte Flächigkeit wird aufgelöst. Die Fläche wird zu einem Teil der Atmosphäre.[236]

In einem späten Zeugnis beschreibt Moholy-Nagy die Erweiterung der künstlerischen Arbeit durch die Gestaltungen von Bewegungen im Raum. Ihm gelang es in den späten 1940er Jahren nun endlich, Flächen, Krümmungen und weiche Biegungen als lichtdurchlässiges Material zu nutzen, um so eine neuartige Dynamik in seine plastischen Formen zu bringen. Moholy-Nagy:

Gleichzeitig leuchteten die Biegungen stark; man konnte sie in Lichtkompositionen einbauen. Die Tatsache, dass ihre Benennung Schwierigkeiten bereitete, war noch kein Argument gegen diese Formen. [...] Deswegen gab ich mir nicht viel Mühe, dieser bisher unbekannten Version von Plastik-Malerei einen Namen zu geben. Für mich waren es Raummodulatoren. Die verzerrten Formen meiner Modulatoren brachten räumliche Wirkungen zu Tage.[237]

Nimmt man Äußerungen von Dan Flavin, Donald Judd und Carl Andre in ihrem Rückgriff auf Moholy-Nagy, El Lissitzky und Naum Gabo zur Grundlage einer Entwicklung abstrakter Formen der Installation, so bieten deren Texte die Möglichkeit, weiterreichende Hinweise auf Strukturen im Raum und deren Verwendung zu verstehen. Neuerung durch Medien wie Licht, Kunststoff, Fotografie und Klang revolutionieren das künstlerische Material, zu dessen Beschreibung und ästhetischer Wertschätzung noch Worte und Begriffe fehlten.

Systeme der Installation

Den verschiedenen bisher vorgestellten Spielarten einer Auseinandersetzung mit dem Betriebssystem Kunst, von der Diskussion um neue Materialien bis hin zur Kritik an den Institutionen der Kunst, ist gemeinsam,
dass sie sich über schriftliche Äußerungen und die angeschlossenen
Medien manifestieren. Verbunden mit Schriftlichkeit und der Sprache
sind Bedeutungen jene Orte, an denen über Kunst verhandelt wird und
die maßgeblich zum Brennpunkt einer mit ihr verbundenen Erwartung
geworden sind. Der Ort der Kunst wird zum Pool der Sprachregelungen.
Institutionen prägen Erwartungen und Normen, die so selbstverständlich sind, dass sie meist übersehen werden. Es gehört zu den Ausnahmen
im Betrieb, wenn Orte mit neuartigen Handlungen verknüpft werden.
Daher ist es reizvoll, Grenzen von Räumen und Orten und die an sie
geknüpften Erwartungen zum zentralen Ausgangspunkt für jede The-
orie und Interpretation der Installationen zu machen. Ein System der
Installation kann nur im Kontext anspruchsvoller Werke und deren
Sprache entstehen. In einfachen Worten: Für die Herausgeberin der
Zeitschrift *Texte zur Kunst*, Isabelle Graw „beruht der Begriff der Insti-
tutionskritik auf der Grundannahme, Kunst könne etwas bewirken".[238]
Möglichkeiten kritischer Auseinandersetzung werden in Frage gestellt.
Kritik auf Bestellung? Kritik lässt sich glaubwürdig ebenso wenig als
Auftrag herstellen wie ein Manifest. Räume tragen Erinnerungen in sich.
Räume sind Behälter unserer Träume, meist seit Kindheitstagen kon-
stant und fest in unserem Gedächtnis eingeschrieben. Schwimmbäder,
Sportstätten, Musik- und Kunstschulen, die Orte sind von individuell
unterschiedlichen Bildern bestimmt. Und dann gibt es noch das Museum
und die Galerie, das Konzerthaus und andere Orte künstlerischer Darstellung. Ästhetische Erwartungen werden im Bereich der Kunsttheorie,
nach einer Beobachtung von Isabelle Graw, erstmals unter dem Titel
der „institutional critique" im Jahr 1985 von der US-amerikanischen
Performance–Künstlerin Andrea Fraser als eine Verklammerung ortspe-
zifischer Erwartungen mit Handlungen beschrieben.

Was ist Institutionskritik? Meiner Einschätzung nach kann Institutionskritik als Praxis nicht durch einen Gegenstand oder eine wie auch immer weit gefasste Institution, nicht einmal als Kunst über Kunst, die an Metrostationen plakatiert wurde, funktionieren, sie ist keine Kunst über Kunst. Ebenso wenig wie die Fotos von Hüttensiedlungen, die Asher für die Biennale von Sao Paulo produziert hat. [...] Stattdessen würde ich eher sagen, dass Institutionskritik nur über eine Methodologie kritisch-reflexiver Ortsspezifizität bestimmt werden kann. Als solche lässt sie sich zunächst von ortsspezifischen Praktiken unterscheiden, bei denen es in erster Linie um die stofflichen, formalen, architektonischen Aspekte von Orten und Räumen geht. Institutionskritik dagegen bezieht sich vor allem auf Orte als gesellschaftliche Orte, strukturierte Formationen aus in der Hauptsache gesellschaftlichen Verhältnissen. Sie als gesellschaftliche Verhältnisse zu beschreiben heißt nicht, sie intersubjektiven oder gar intrasubjektiven Verhältnissen entgegenzusetzen, es heißt vielmehr, dass ein Ort ein Feld gesellschaftlicher Verhältnisse ist.[239]

Dies bedeutet unweigerlich, dass Funktionen und erinnerte Geschichte von Orten mit in das Werk einfließen. Kunst braucht in der Regel solche Orte, wenn sich Positionen noch im Prozess der Etablierung befinden. Wenn die Herausgeberin der Zeitschrift *Texte zur Kunst* die Haltung des in Dänemark aufgewachsenen gebürtigen Isländers Eliasson kritisiert, wird etwas deutlich, was auch dass durch die Ausstellung Burens in New York sichtbar wird, nämlich dass eine Rede im Zeichen der Intervention kaum mehr möglich ist. Ein für die Kunstkritik problematischer Fall ist nun deswegen eingetreten ist, weil sich angesichts der Prominenz von Ort und Künstler eine Kritik nahezu verbietet. Die Zeitschrift *Artforum* stellt der Ausstellung einen Beitrag von Andrea Fraser zur Seite. Sie nutzt die Mega-Show Eliassons in der Tate Modern in London, *Weather Project* (2003), zur Stärkung und deren medialer Präsenz zur eigenen Positionierung. Während Buren durch seine Kritik am System der Kunst, repräsentiert durch Galerie und Museum, sowie mit seinen Streifenmotiven zur Marke wurde, brachte Eliasson in den 1990er Jahren Arbeiten, die zwischen phänomenologischer Forschung und inszenierten Atmosphären angesiedelt sind. Gleichzeitig bezieht sich Eliasson auf Vorbilder, die der kinetischen Kunst, d.h. der Skulptur in Bewegung verpflichtet sind. Zitiert werden Manifeste der 1920er und 1930er Jahre, deren Verwendung als Appropriation erscheint. Welche Bedeutung kommt der Institution Museum im Jahr 2005 zu? Buren erstellt eine sich in die Höhe schraubende Spirale, die im Innenhof eine Bewegung andeutet, die ein Objekt mit Fliehkraft ausstattet, um es zu beschleunigen und in Drehung zu versetzen; der Besucher wird einer Art Sogwirkung ausgesetzt. Vergleiche mit Eliasson erwähnen dessen künstliche Sonne *Weather Project*, deren Strahlkraft auch an die ursprüngliche Funktion der großen Turbinenhalle erinnert. Nach Auffassung Burens hat sich die gesellschaftliche Funktion des Museums durch eine Art technische Revolution verändert. Nach dem Ende des Ölbildes ist eine neue Relation zwischen Künstler und Museum entstanden. Während in der Vergangenheit, so Buren, ausschließlich etablierte Künstler ihre Werke im Museum präsentieren konnten, so werden heute bereits sehr junge Positionen gezeigt. Nach seiner Meinung zerstört die Institution ihre Autorität. Auch habe sich diese Einebnung auf das Publikum übertragen, das den Häusern nun längst nicht mehr mit dem gleichen Respekt wie in der Vergangenheit begegnet. Diesem schleichenden Autoritätsverlust bieten jedoch angeblich nur noch vier Häuser weltweit die Stirn, indem sie noch im klassischen Sinn die Möglichkeit der älteren Wertschätzung ermöglichen. Dies sollen sein: MoMA, Guggenheim, Tate und Centre Pompidou. Soweit Buren. Wenigen Orten scheint es vorbehalten, die Autorität vergangener Jahrhunderte bewahrt zu haben. Von einem Kanonisierungsprozess der Institutionskritik und sogar einem historischen Ende aber kann keine Rede sein.[240] Auch ist die Idee der Institutionskritik an die Gattung der Installation stärker gebunden als an Gattungen wie Zeichnung, Malerei oder Skulptur.

Wo also kann die Institutionskritik heute verortet werden? Die unmittelbare Kritik war in den 1960er Jahren an konkrete funktionale Gebäude der bildenden und darstellenden Kunst sowie der Musik und mit ihnen verbundene Normen gekoppelt. Normbildende Kräfte der Institutionen verlieren sich in unseren Zeiten, wenn etablierte Institutionen durch neue Nutzungsformen wie Events oder Modeschauen unweigerlich auch Konsequenzen in der Ausbildung und Festigung ästhetischer Wertschätzungen nach sich ziehen. Institutionen wie Museum, Galerie, Konzerthaus oder Oper sind normbildend geworden. Ein Künstler, der Eingang in die heiligen Hallen der Künste gefunden hat steht im Rampenlicht des öffentlichen Interesses. Das Sprengen von Opernhäusern, wie es Pierre Boulez 1971 in Paris forderte, das Verschließen des Galerieeingangs bzw. das dortige Ausgießen von Zement, Bauschutt oder Mutterboden, wie es im Rahmen der Earth Art oder Land Art in den USA zwischen 1968 und 1973 vollzogen wurde, sind bedeutsame Handlungen der Kunstgeschichte, die auf die Verfahren künstlerischer Anerkennung verweisen. Werden Interventionen in kunstrelevante Räume inszeniert, so handelt es sich, nimmt man Santiago Sierra oder Eliasson als Protagonisten dieser Technik, um abstrakte Vorgänge der Appropriation. Historisch etablierte und kunsthistorisch überlieferte Verfahren und Sujets werden dabei aktualisiert. Eine Herausforderung für den Rezipienten stellt sich ein, wenn auf Kenntnisse von Original und Aktualisierung im Rahmen ästhetischer Wertschätzung verwiesen werden muss. Gleichzeitig darf man sich nicht verleiten lassen, das historische Bild, die Bedeutung und Autorität eines Kunstsalons um 1950 unverändert zu zitieren. Trotz vermeintlicher Ähnlichkeiten lassen sich Verschiebungen in den Bezügen feststellen. Grenzwertig sind Übernahmen vorhandener Verfahren, die als Sujets unreflektiert präsentiert werden. Eliasson sinngemäß: In den Begriffen der Veränderung bedeutet es wenig, Kunst in einem Museum auszustellen, da sich das Museum grundlegend in einem Wandel befindet, der auch außerhalb der Institution zu finden ist. Aber er denke, so Eliasson, dass eine signifikante Differenz darin bestehe, wie Künstler Institutionen heute nutzen. Eine Verschiebung des Wortes Kritik macht es schwer möglich, die Wucht mit den damit in den 1960er Jahren verbundenen Handlungen zu reaktivieren, da doch Museen über eine erhebliche mediale Präsenz verfügen und damit befähigt werden, jede Form künstlerischen Schaffens als Kunst – in einem umfassenden Sinne und als Teil einer visuellen Kultur – weiter zu festigen. Eliasson: „Die Wahrheit eines Projektes wie Deines, Daniel, ist, dass Du über die Jahre in das System hineingewachsen bist und zum Teil seiner Natur wurdest, ich denke, dies kann nur an wenigen Orten so passieren und das Museum ist ein Ort davon."[241] Die Macht des Museums hat sich von seiner kritischen Sammlung zur kommerziellen Macht verschoben. Das gesamte mit dem Museum verbundene soziale Netzwerk – das sich in den USA historisch anders entwickelt hat als in Europa – interessiert kaum. Eliasson sieht in den vier erwähnten Museen jene Komponenten, die zur Etablierung von Marken notwendig sind. Das Museum prägt (branded) eine Art von Erfahrung, die sich kaum von der Erfahrung bei einem Einkauf in einem Supermarkt unterscheidet. Gelenkte Blicke und eine gestaltete Dramaturgie, die in der Abfolge von Erlebnissen besteht, bestimmen den heutigen Stand. Buren macht darauf aufmerksam, dass in den vergangenen Jahren eine Vielzahl von Museen und deren Architektur zum starken Publikumsmagneten geworden sind; Gebäude werden heute als visuelle Marke von den Medien platziert. Medial sind Museumsbauten heute wesentlich stärker präsent als in der Vergangenheit. Die Hülle dominiert, Inhalte und Ausstellungsereignisse rücken in den Hintergrund. Außen statt Innen. Diesen Verhältnissen haben sich Künstler zu stellen, die mit institutionellen Räumen arbeiten. Daniel Buren: „Meine Philosophie ist, dass ich in einer Küche oder Kathedrale ausstellen kann, aber die Arbeit muss in einem Verhältnis, in einer Proportion zum Raum stehen."[242] So gesehen lassen sich die Räume des Guggenheim-Museums in New York und der Tate Modern in London vergleichen, da beide gigantische Ausmaße haben. Zudem neigen die beiden eingangs erwähnten Arbeiten dazu, den Besucher in einer besonderen Art zu fokussieren, der Raum wirkt unmittelbar auf den Betrachter ein. Bei Buren drehen sich die Windungen der Spirale wie das Auge eines Tornados, bei Eliasson sieht sich der Betrachter in den Spiegeln, die an der Decke angebracht sind, als Teil eines kosmischen Erlebens.

Körper – Räume

Der Mensch im Raum, der Körper in der Landschaft, der Künstler als Akteur auf einer Fläche oder im Raum. Um 1960 entstehen richtungsweisende Arbeiten, die den menschlichen Körper als spannungsvolles und elastisches Gebilde sowie als Material zeigen. Körper werden Stresssituationen ausgesetzt, die jeden Betrachter unmittelbar emotional ansprechen und jede Distanz aufheben. Der US-amerikanische Künstler Dennis Oppenheim brachte sich mit der Performance *Parallel Stress* in eine ungewöhnliche Situation. Der Künstler spannte seinen Körper zwischen zwei Mauern und hielt die Spannung, so lang es eben möglich war, zehn Minuten. Zum Zeitpunkt ihres Entstehens wurden die Arbeiten von Dennis Oppenheim, der heute der Land Art und Earth Art zugerechnet wird, kaum beachtet. Anders sein Landsmann Bruce Nauman, der seine Aktionen wirkungsvoll platzieren konnte. Nauman war mit seiner Kunst in den 1960er Jahren bereits erfolgreich. Die von Nauman entwickelten künstlerischen Techniken der Inszenierung seines Körpers, als Medium und Objekt, werden variiert, der Körper des Künstlers bleibt in vielen seiner Bilder erkennbar. Während Marina Abramović mit Ulay, ihrem langjährigen Partner, Verletzlichkeit in Performances inszeniert, die als Dokumente in den Installationen überdauern, wendet sich Santiago Sierra unterprivilegierten Menschen zu. die sich dem Künstler gegen eine symbolische Bezahlung ausliefern und Verletzungen aus den Performances in Kauf nehmen.

Im Spannungsfeld zwischen Sprengsatz und City-Marketing kann die einst revolutionäre Gattung der Installation heute verortet werden. Historisch reichen erste Vorläufer in die Zeit um 1920 zurück, die zunächst im Umfeld des Dada, dann der Minimal, Concept und Land Art mit systemkritischen Interventionen die Kunst und ihre Institutionen oft an den Rand der gesellschaftlichen Akzeptanz bringen. Heute hingegen werden Arbeiten von James Turrell, Olafur Eliasson, Christo und Jeanne-Claude bereits als Werbeträger des Städtemarketings genutzt. Potenziale künstlerischer Arbeiten müssen herausgestellt und gegen kunstgewerbliche Vereinnahmungen verteidigt werden. Systematisierungen nach Orten, Verfahren, Material und sprachlichen Bezügen gilt es zu befragen. Dabei lassen sich Ansätze auf dem Weg zu einer Theorie der Installation in Kunst-, Musik- und Architekturtheorie vereinzelt finden, die anlässlich von Ausstellungen in den Jahren 1967, 1992/93 und 2005 stattfanden. Daher gilt es die Aufmerksamkeit auf Quellen zu richten, die unmittelbar von Künstlern stammen. Ihr politischer Gehalt entsteht oft in Opposition zu politischen Systemen, auf die mit offener Kritik oder Entwürfen utopischer Gegenwelten reagiert wird. Hilfreich ist hier eine aus osteuropäischer Perspektive erschienene Schrift zur Installation (1995), die heute als historisches Dokument gelesen werden kann. Sie entstand im Zusammenhang mit dem Moskauer Konzeptualismus, Jahre vor Ilya Kabakovs Vorlesungen zur Installation, die an der Städelschule in Frankfurt am Main 1992/93 gehalten wurden. Räume, die bei Kabakov behandelt werden, beziehen sich auf Gestaltungen innerhalb von Museen und Galerien. Ilya Kabakov bietet einen Ausblick auf Techniken installativer Kunst und er behauptet, dass die Gattung als notwendige Entwicklung einer Kunstgeschichte entstanden ist, an deren Anfang die Zeichnung stand. Die Skulptur führt historisch in die Installation. Methodisch glaubt Kabakov an eine Logik der Entwicklungsgeschichte, die ihr interventionistisches und kritisches Potenzial in der Installation zeigt. Kabakov hat mit seiner Schrift ein dreisprachiges Manifest vorgelegt, das er mit den Stichworten: Raum, Notwendigkeit, Idee, Ort, Zeit, Objekt, Licht-Farbe, Musik und Stimme, Dramaturgie sowie Bild jene Begriffe gliedert, die Eckpunkte einer Gattungsgeschichte liefern. Kennzeichen namhafter Installationen sind zeitliche und räumliche Expansionen, die Prozesse anregen, die über Jahrzehnte dauern können und sich auch über große Areale und weite Landschaften erstrecken können.

Arbeiten von Künstlern, in deren Körpern bestimmte Zonen als intime Regionen in Szene gesetzt werden, artikulieren sich als Verortungen des Menschen im Raum. Verfahren um 1960 werden in Arbeiten von Marina Abramović, Bruce Nauman, Dennis Oppenheim deutlich, wenn es um Vermessungen öffentlicher Räume durch Körper der Künstler geht. Dabei bilden die Eigenschaften individueller Künstlerkörper in Räumen von Galerien und Museen ein Maß, das den Menschen im Raum mit dessen Handlungen regelmäßig abbildet. Manche Arbeiten der späten 1960er Jahre scheinen gar den menschlichen Körper als Alternative zum unbelebten Baustoff entdeckt zu haben. Menschliche Körper, zunächst meist der Künstler selbst, werden unter Belastung gezeigt. Nicht nur hängende, liegende, stehende, lehnende, durchhängende, laufende, auslaufende, masturbierende Körper können fortan beobachtet werden; es entstehen aus diesen Vorläufern sogar Szenen mit

Tieren in Räumen oder schlafende Personen, die ihre Körper in Kontexte mit Institutionen stellen. Ein Tierkäfig im Museum, das Gehege in der Galerie, der Stall als öffentlicher Raum einer Kunstschau. In diesem Zusammenhang werden dann Körper als empfindliche und verletzliche Oberflächen präsentiert. Auf diese Art entstehen Bilder und Szenen, die sich einschreiben. Es bilden sich raumgreifende Verknüpfungen, die an die Orte ihrer Entstehung gebunden sind.

Die Grenzen des Zumutbaren sind erreicht, wenn sich Künstlerpaare öffentlich verletzen und mit ihren Handlungen in die Nähe der Peinigung und Demütigung rücken. Der Betrachter fühlt sich verpflichtet einzugreifen. So wie etwa bei folgender Begebenheit, als sich der Lebenspartner von Marina Abramović in Amsterdam über eine Zeit von 45 Minuten den Mund mit Nadel und Faden zunähte und Marina Abramović seinen Platz einnahm, um Fragen aus dem Publikum zu beantworten:

Die erste Frage: Weshalb hat er sich den Mund zugenäht? Meine Antwort: Ich beschloss meinen Mund zuzunähen. Zweite Frage: Hat er Schmerz empfunden? Meine Antwort: Können Sie die Frage wiederholen? [...] Die zweite Frage wurde laut [...], dann schreiend wiederholt. Hat er Schmerz empfunden? Meine Antwort: Auf eine derartige Frage gibt es keine Antwort. Es geht nicht um Schmerz, es geht um Entschlusskraft.[243]

Performance oder Ritual?

Aus Protest gegen Gewalt und Übergriffe von Justizbeamten haben sich Ende Januar 2012 mehr als 400 Häftlinge im mittelasiatischen Kirgisistan den Mund zugenäht. Allein in der Haftanstalt Nr. 1 in der Hauptstadt Bischkek beteiligten sich über 1000 Häftlinge an einem Hungerstreik. „Das Problem muss dringend gelöst werden", forderte der Ombudsmann der Ex-Sowjetrepublik, Tursunbek Akun. Bei Unruhen in der Haftanstalt war vor kurzem ein Gefangener ums Leben gekommen, mindestens 30 waren verletzt worden.[244]

Mit solch grausamen Vergleichen – hier eine Aktion der Kunst, aus freier Entscheidung getroffen, und dort der Aufschrei vieler Gefangener, die vor dem totalen Hungerstreik sich mit einem Appell einer Bildsprache an die Öffentlichkeit wenden – beschreiten wir ein Terrain des Politischen.

Symbolische Orte

Die Beispiele machen deutlich, dass Handlungen und deren Bewertung untrennbar mit Orten, d.h. immer auch mit den Voraussetzungen der Rezeption und der zeitlichen Situierung verbunden sind. Ort, Handlung und Zeit bilden somit eine Einheit, die damit zwingend eine kunstgeschichtliche Bedeutung erfährt. Die raum-zeitliche Verbindung unterscheidet sie von anderen Formen und Gattungen der Kunst. Im Medium der Installation haben sich – wenn die Werke es wert sind und unser Interesse wecken – Impulse jener kritischen Auseinandersetzung erhalten, die das Wesen der Kunst im 20. Jahrhundert kennzeichnet. Installationen erinnern an die Möglichkeiten der Kunst, durch ihre kritischen Kommentare Einfluss auf bestehende gesellschaftliche Zustände zu nehmen und damit die Kunst als Ort der Reflexion zu verteidigen. Im Medium der Kunst gilt es, den über Jahrhunderte erkämpften Freiraum zu sichern. Und so bieten sich Möglichkeiten, die Strategien künstlerischen Handelns zu bewahren. Während Kabakov regelrechte Handlungsanweisungen zur Herstellung von Installationen verfasst hat, gilt es Fragen nachzugehen, die Merkmale der Gattung bieten, um visuelle und akustische Zusammenhänge in historischen Bezügen zu beschreiben. Die Bedeutung der Installation – die ihr historisch zukommt – wurde aus erwähntem Zentrum der konzeptuellen Moskauer Kunst heraus durch Kabakov propagiert. Zur Idee der totalen Installation doziert der seit Jahren in New York lebende Künstler im Städelmuseum in Frankfurt am Main, die Installation werde sich zwangsläufig durchsetzen, es „liegt nicht in ihren besonderen Qualitäten – diese sind noch sehr zweifelhaft und kaum erwiesen –, sondern in der Schwäche, dem Energieverlust, dem langsamen inneren Absterben und der Erschöpftheit dessen, was es ablösen soll, und auch in einer sehr wesentlichen Eigenschaft, die es mit seinem abtretenden Vorgänger teilt [...] dem Tafelbild."[245]

Installation als Manifest

Die Geschichte der Installation – also jener Konzeptionen und ästhetischen Behauptungen raumbildender Arbeiten – beginnt Mitte der 1960er Jahre. Klang, Licht und Bewegung werden als Material so in Szene gesetzt, dass daraus eine neue Gattung der Kunst erwächst. Material und Institutionen prägen Merkmale ihrer Entwicklung. Dan Flavin, damals noch Museumswächter, und der Schlagzeuger Max Neuhaus, der Kompositionen von Karlheinz Stockhausen und Pierre Boulez virtuos und scheinbar spielerisch zur Aufführung brachte, entwickeln nun Formen jenseits bekannter Gattungen. Beide, Flavin und Neuhaus, nennen diese Formen im selben Jahr, 1967, Installation. Flavin und Neuhaus werden von der Kunst- und Musikgeschichte als Namensgeber angeführt. Sucht man weiter nach Äußerungen mit programmatischem Gehalt, so finden sich solche eher in den 1920/30er Jahren und Jahrzehnte später im Umfeld des Moskauer Konzeptualismus. So hat Ilya Kabakov mit dem Begriff der Totalen Installation in erwähnter Vorlesungsreihe am Frankfurter Städel Grundlagen einer ausschließlich theatralisch argumentierenden Perspektive vorgelegt. Interventionen im System der Kunst, die substanziell sind, werden poetologisch mit dem Flug, als Bild von Freiheit und Ausbruch, umschrieben. Ihm ist die Kunst Mittel zur Flucht aus dem politischen Umfeld. Die künstlerische Arbeit wird zum Vehikel. Ergänzungen aus der Praxis sind notwendig, um seine Ansätze zu aktualisieren. Seine Konzepte aber auf dem Stand der 1960er Jahre zeigen Qualitäten, wenn konkrete Techniken und Verfahren ausgeführt werden. Erstmals wird bei ihm die Kunst der Installation im System der Kunst diskutiert. Kunst und Handwerk nähern sich bereits bei dem Lichtkünstler Flavin an, der sogar die Nähe zum Design betont. Dan Flavin eröffnet eine Ausstellung mit einer Widmung an den Architekten Frank Lloyd Wright. Dieser, so Flavin, riet „den Stadtvätern Bostons, ein Dutzend guter Beerdigungen als Stadterneuerung auszuprobieren".[246] Ein Satz, der sitzt. Er kann als kurzes Statement gelesen werden und spiegelt die Haltung eines 20-Jährigen wider, dessen Einstellung zum

System der Kunst auch in den autobiografischen Skizzen niedergelegt ist. Vieles geschieht nebenbei, ohne den europäischen Gestus des Akademischen. Handwerk statt Metaphysik der Kunst und dies doch alles mit Licht, dem zentralen Element im christlichen Schöpfungsmythos. Flavin verbrachte Jahre im Museum und entwickelte aus seinen Beobachtungen ein eigenes Format. „Während ich die Gänge im Museum of Natural History in meiner Funktion als Aufseher abschritt, stopfte ich mir die Taschen meiner Uniform voll mit Notizen zu einer Kunst mit elektrischem Licht. ‚Flavin, wir bezahlen Sie nicht dafür, Künstler zu sein‘, warnte mich der verantwortliche Kustode. Ich stimmte zu und quittierte den Job."[247] Und es sollte weitergehen: „Wie ich schon vor einigen Jahren sagte, glaube ich, dass die Kunst ihr berühmtestes Geheimnis ablegt zugunsten der Normalität von akkurat ausgeführter Dekoration. Die Symbolisierung schwindet, wird bedeutungslos. Wir bewegen uns herab zur Kunstlosigkeit – zu einem gemeinsamen Empfinden einer psychologisch indifferenten Dekoration –, zu einem neutralen Genuss, den jeder kennt."[248] Hier deuten sich bereits Varianten und Wechsel von Perspektiven an, die den Betrachter in Bewegung versetzen. Nicht einen Standpunkt, eine Sichtachse gilt es einzunehmen, stattdessen ist der Wechsel der Position Programm:

Ich weiß jetzt, dass ich jeden Teil meines Systems von fluoreszierendem Licht jederzeit adäquat wiederholen kann. Denn die Elemente des Systems verändern sich einfach in der Situation einer Installation. Sie sehen nicht nach Geschichte aus. Ich empfinde keine bedeutende stilistische oder strukturelle Entwicklung in meinem Modell, nur Verlagerung der Betonung in Bezug auf Teile, die ohne wesentliche Veränderung modifizierbar und hinzufügbar sind.[249]

Wie erwähnt, wird die Haltung der Besucher berücksichtigt, sie ist wesentlicher Bestandteil der künstlerischen Arbeit: „Für die Teilnehmer meiner Installationen ist ein schnelles, leicht zugängliches Verständnis vorgegeben. – Man sollte sich bei Kunst nicht länger aufhalten müssen."[250] Angesichts oft heftig ausgetragener Kontroversen in europäischen Kunstkontexten, die sogar bei Uraufführungen sinfonischer Musik um 1910 in Schlägereien mündeten, mag die demonstrativ zur Schau gestellte Gleichgültigkeit als Provokation empfunden werden. Kenntnisse der Kunstgeschichte und künstlerisch etablierter Verfahren, mit elektrischem Licht als künstlerischem Material zu arbeiten, sind Flavin zunächst noch unbekannt, wie er zumindest behauptet. Und so scheinen seine Lichtsetzungen eher aus der Praxis musealer Inszenierung hervorgegangen zu sein, die dem des Bühnenlichtes näher stehen als jenen radikalen Positionen, die zur Zeit des Konstruktivismus entstanden.

Flavin steht zunächst dem Lichtdesign näher als der Kunst, zumindest wenn man diese in der Tradition eines europäisch besetzten Begriffs des Kunstschaffens sieht.

Übrigens wusste ich am Anfang meiner Arbeit mit elektrischem Licht nichts von Moholy-Nagys Skulptur und genauso wenig von anderen Erzeugnissen der europäischen Solo-Systeme und Gruppierungen wie Zero, die erst vor relativ kurzer Zeit oder gar nicht in New York eingeführt worden sind. [...] Ich ziehe das Wort „Modell" – proposal – vor und bemühe mich, es angemessen zu verwenden. In meiner Kunst kenne ich keine Werke. Seit einigen Jahren arbeite ich mit einem System, um Entwürfe mit fluoreszierendem Licht in Situationen als Diagramme zu zeichnen. [...] Mein Ziel ist stets Klarheit und Distinktheit, zunächst in der Anordnung der Leuchten und dann in den Halterungen. Und egal ob mit oder ohne Farbe, ich vernachlässige niemals das Design.[251]

Kinetische Verfahren und deren künstlerische Rezeption nehmen Techniken der 1920er Jahre auf, die aus dem experimentellen Feld der Ton- und Bildaufzeichnungen sowie deren Wiedergabe aufgegriffen werden konnten. Ähnliche Verfahren unter den jeweils zeitgenössischen Bedingungen ihrer Entstehung ermöglichen Differenzierungen.

Historische Bedeutung erlangt das Werk Flavins auch, da es zum Bindeglied jener Raumkonzepte mit Licht der 1910er bis 1930er Jahre sowie als Drehscheibe zu Arbeiten von James Turrell, Anthony MacCall, Adolf Luther und Olafur Eliasson wurde. Standen die Kunstprojekte von Moholy-Nagy, Naum Gabo und El Lissitzky noch unter enormem (kunst-)politischem Druck, überhaupt als Kunst anerkannt zu werden, so bilden erweiterte Formen aus neuem Material die historische Konsequenz. Unterscheiden lässt sich das künstlerische Selbstverständnis zwischen west- und osteuropäischen und US-amerikanischen Konzepten um 1960 und in seinen Referenzen. Auch scheinen Aktionen auf dem Feld der Kunst im öffentlichen Raum in den USA weniger politisch besetzt zu sein als jenseits des Atlantiks. Stilbildend werden Produktionsbedingungen an neuen Orten, die mediale Verfahren der Unterhaltungsindustrie beerben. Eine metrische Vermessung von Strecken erfolgt als künstlerisch veranlasste Bewegung auf der Straße. Orte werden Material, wie Fahrer mit ihren Autos kinetische Objekte werden. Orte und Übergänge, in denen neue Formen zwischen den Gattungen der Künste entstehen, sind fließend. So wurde ein Straßenabschnitt zum historischen Parcours einer Installation, in dem der Schlagzeuger Max Neuhaus die erste Klang-Installation im öffentlichen Raum produzierte. Das Auto wurde zum mobilen Kino, das Fenster zur Kamera, die Bildfolge entsprach der Geschwindigkeit. Vorbeirauschende Klänge mischten sich mit Bildsequenzen der Straße, die zur tönenden Kulisse wurde. Jeder Fahrer hatte seinen eigenen Rhythmus. Jedes Fahrzeug hat seinen Klang. Eine Autofahrt – als Folge von Bild-Sequenzen – gewinnt Appellcharakter. Ähnlichkeiten zur Lektüre von Comics stellen sich ein. Die Dramaturgie der Impulse folgt laut Max Neuhaus den Ereignissen der Straße. *Drive-In-Music* wird als mediale Installation eines öffentlichen Raums, des Lincoln Parkway Buffalo, New York realisiert. Auf 600 Metern wurden 20 kleine Rundfunksender installiert, die in den Automobilen bei gleicher Frequenz der Autoradios zu empfangen waren. Die Innenräume der Autos wurden zum steuerbaren und mobilen Konzertsaal. „Fahrgeschwindigkeit, Wetter und Tageszeit bestimmten die Ereignisse"[252] einer öffentlichen Performance, die gleichzeitig den privaten Charakter eines (Auto-)Kammerkonzertes hatte. So verwandelt wurde der Lincoln Parkway Buffalo zur Bühne und zum Instrument, eine Diashow entstand, die selbst Teil einer Musik wurde. Wandernde Klänge konnten als eine imaginierte Partitur empfunden werden (Louis I. Kahn),[253] deren Verlauf durch die vorgeschriebene Geschwindigkeit bestimmt war. Die Straße wurde zum Ort der Kunst und hat seitdem weitere Arbeiten inspiriert, die im Bereich der Resonanzforschung angesiedelt sind.[254] Für Augen oder Ohren wurden Strecken als Folgen von Attraktionen angelegt. Meist in kleinen, zunächst unauffälligen Formaten entstand die Installation im Kontrast zu beleuchteten Reklameschildern, die in den 1960er Jahren US-amerikanische Städte wie Las Vegas prägten. Es scheint, als haben sich die Ideen Moholy-Nagys erst viele Jahrzehnte nach seinen Entdeckungen durchsetzen können. Er kam regelrecht ins Schwärmen, wenn er das Bild einer Lichtarchitektur ausführt, die sich über jede materiale Realität erhebt. Hier wird eine Lichtmetaphysik skizziert, die sich gängiger Klassifizierungen entledigt. „Das Werk Moholys, das ein mit den *alten*, formellen Begriffen vertrauter Kunsthistoriker sofort als *nüchtern geometrisch* beschreiben würde, scheint sich einer Definition zu entziehen, wo das Intuitive oder das Emotionale vorherrscht. [Es liegt vielmehr] ein Beharren auf dem *rätselhaft Fließenden*, das *ein Werk definiert, das sich aus dem Unterbewussten erhebt.*"[255] Neue Formen werden möglich durch

das Material Licht – in seiner neuen energetischen Dimension [....] einer dynamischen Spezifik, seinen Bewegungen, seinen ständigen Veränderungen. Aufgabe des Lichtes ist es nicht, eine statische plastische Realität herzustellen, sondern das Thema des neuen bildnerischen Werkes zu werden. [...] Texte des Künstlers Kurt Schwitters dienten Moholy-Nagy als Hilfsmittel. Er versuchte – für seine Arbeit – die spezifischen Eigenschaften dieser neuen *Lichtgestaltung*, also die spezifische Textur, zu erfassen.[256]

Verlagerungen der Argumentation können beobachtet werden, wenn Diskussionen um materiale Bedeutung – von Kunststoff, Plexiglas, Filmmaterial, Licht und Klang – später auch in institutionelle Bedingungen der Kunstproduktion verschoben werden. Institutionen rücken an Stelle des Materials. Eine Verlagerung historischer Bedeutung liegt vor. Was einst als Verfahren akademischer Wertschätzung galt, wandelt sich um 1960 in eine Kritik an den Institutionen und ihrer zunehmend komplexen Wirkungsformen.

Fragmente, Spuren, Resonanzen

Außen–Innen. Expressivität–Innerlichkeit. Explosion–Implosion. Gebäude oder Skulptur? Kathedrale oder Merzbau? Begriffspaare fordern heraus, komplexe Sachverhalte in anschauliche Bilder zu übersetzen. Die Aufgabe der Kunstkritik ist es schlechthin, die Reduktion von Komplexität von Realität in sprechende Bilder zu übersetzen. Kabakov äußert: „In dem gestalteten abgeschlossenen Raum entsteht etwas, das etwas völlig *anderes* zu sein scheint als die durch und durch bekannten und im Prinzip praktikablen und verständlichen Verfahren, die das soziale und kulturhistorische Gedächtnis ansprechen."[257] Beispiele erfolgreicher Übertragungen in geschlossene Räume und sich wandelnde Systeme lassen sich als Gestalten von symbolischer Referenz erkennen. Es wundert dann nicht, wenn Kurt Schwitters' *Merzbau* als eine nach innen gespiegelte Kathedrale interpretiert wird. Ebenso können Christos und Jeanne-Claudes *Wrapped Reichstag* als Kristall wie als Stadtkrone (Bruno Taut/Hans Scharoun) als architektonische Referenz auf ein alpines Panorama gelesen werden.

Im Medium der Installation kann es gelingen, die Dynamik interventionistischer Arbeiten zu zitieren und nach innen zu kehren. Was in äußeren Räumen als Installation entstand, findet sich in Innenräume verlagert, wenn spezifische Eigenschaften herausmoduliert werden. Orte werden durch die Kunst signiert. So auch jene dreigeschoßige Tiefgarage, die im Laufe der Bauphase am Potsdamer Platz in Berlin zur Bühne für die Klangkunst wurde. Kunst lenkt das Außen nach innen. Ein System wird umgekehrt, es entsteht eine Art Abguss oder Negativform der Installation. Dies funktioniert vor allem und maßgeblich im Zusammenhang der Kommunikation. Ohne das Medium der Sprache wären bestimmte Arbeiten im Innenbereich kaum in ihrer tiefen Bedeutung verständlich. Installationen in Innenräumen, wie in leeren Galerien, Bereichen des Museums, ausrangierten Industriehallen sowie privaten Gebäuden vorliegen, signalisieren den Rückzug ursprünglicher Nutzungen. Poetisch aufgeladen ist dann manches. Dabei gelingt es, öffentlich wirksame Diskurse – nur im System der Kunst – als politisch expressiven Bestandteil der Installation zu integrieren. Gegenwelten entstehen. Die Haltung des Künstlers und die Art seiner Äußerungen werden Kennzeichen der Qualität. Verfahren werden entwickelt, die in der Intimität geschlossener Räume Momente des Rückzuges, der Isolation und des Ausschlusses der Öffentlichkeit anbieten.

Referenzen

Ulrich Eller im Kontext

Das künstlerische Selbstverständnis bietet nach 1980 eine erstaunliche Vielfalt an Hinweisen, die sich nicht nur im künstlerischen Werk äußern, sondern die auch in der Art des Sprachgestus besondere Akzente setzen und ihre Einmaligkeit, ihren ästhetischen Anspruch behaupten. Besondere Bedeutung gewinnen Fragestellungen in der Beschreibung gestalteter Räume, wenn historische Orte mit verschiedenen Medien gleichzeitig im Sinne der Installation und ihrer Verfahren erweitert werden. Bewegungen in Räumen können selbst zum Thema werden. Wenn der US-amerikanische Klangkünstler Bill Fontana die akustischen Ereignisse des Bahnhofsplatzes in Köln mit jenen des Bahnhofs in Kyoto verbindet und die so erstellte Simultaneität als *Sound-Bridge* und akustische *Translocation* bezeichnet, wird deutlich, dass Techniken der Satellitenübertragung mit jenen der Rundfunkpraxis gemischt werden, um akustische Identitäten der Orte über Kontinente hinweg aufeinander zu beziehen. Bewegte Klänge und akustische Identitäten zitieren Techniken kinetischer Kunst, die von der Idee räumlicher Volumina bestimmt sind. „Auch das virtuelle Volumen mit seiner Transparenz und seiner Visualisierung des Inneren als Raum der Plastik lebt als Volumen von der Konstitution einer Oberfläche",[258] die im Bereich der Klangkunst an öffentlichen Orten zur akustischen Vermessung der Umgebung durch Klang und seine Resonanzphänomene wird. Oder wenn der Wiener Architekt und Stadtplaner Bernhard Leitner akustische Vermessungen von Innenräumen und Strecken, die seine Klänge durch die Gebäudeteile zurücklegen, als *Ton-Architekturen* in besonderen geometrischen Formen wie *Wölbungen, Biegungen* etc. bezeichnet, so deuten diese Hinweise auf den Anspruch hin, eine eigene künstlerische Sprache in Worte zu fassen, die der Architektur näher als der klassischen Musik stehen soll.

Ulrich Eller hingegen bezieht viele seiner Werke auf instrumentale Ursprünge und Gattungen der Musik. Eingebettet in historisch bedeutsame Räume prominenter Gebäude entstehen seine Arbeiten vor Ort und bieten einen kritischen Kommentar zu bestehenden Umgebungen. Herausragend sind etwa Installationen wie *Im Kreis der Trommeln* (Ehemaliges

Staatsratsgebäude der DDR, Berlin 1996), *Konzert für Schneckenklavier mit Seebrücke* (Ahlbeck, Usedom, 2007) oder *Kammer-Stück* (Schifffahrtsmuseum, Kiel 2008). Vorhandene Einstellungen, die aus dem Wissen um Orte herrühren, nehmen ihre Gestalt als historische und kulturelle Erwartung an und werden letztlich zum Material. Zu skulpturalen Formen modifizierte Instrumente erweitern das Bild. So stand ein installatives Set mit einem Konzertflügel am Ostseestrand von Ahlbeck (Usedom) in jene Richtung gewendet, die den Besucher am Strand in die Position eines imaginierten Pianisten versetzte, wie dieser zur Zeit der Wiener Klassik vom Piano aus das Orchester dirigierte, nun mit historischer Seebrücke und Perkussionskörpern, die zugewandt wie ein Orchester erscheinen mochten. In feiner akustischer Korrespondenz vermittelte sich vom Strand zur gründerzeitlichen Seebrücke eine Installation, die in das Usedomer Musikfestival, von Kurt Masur gegründet und Thomas Hummel geleitet, eingebunden war. Eine Installation mit Verweis auf Bilder von Klavierkonzerten, jener führenden Instrumentalgattung im 19. Jahrhundert. Auf dem Deckel des Flügels waren, vielleicht auch in Erinnerung an die Fluxus-Klaviere eines Joseph Beuys, Wolf Vostells oder Georg Nussbaumers, kleine Wellhornschnecken platziert. Diese, mit kleinen, aus Korea stammenden Lautsprechen gefüllt, strahlten ein breitbandiges Rauschen ab. Der Konzertflügel wurde zu neuem Leben erweckt. Die interessierten Besucher glaubten die tönend bewegte Oberfläche als besonders gelungenes Gemurmel der nahen See zu erkennen. Irrtum. Eller aber hatte den Klang US-amerikanischer Highways von Chicago aufgenommen, der durch die Kombination der künstlerischen Elemente am spätsommerlichen Ostseestrand kaum erkannt wurde. Vermutungen, die mit der körperlichen Präsenz des Flügels verbunden waren, wurden unterlaufen.

Vielfältig und komplex sind die erwähnten Arbeiten auf dem Feld akustischer Kunstformen mit installativem Charakter, so dass es einige Überlegungen quer durch die Künste braucht, um tragfähige Bezüge zu erkennen. Die Kunstkritik ist überfordert und versagt meist völlig. Aus den Reihen musikwissenschaftlich geschulter Kommentatoren kommen wenige hilfreiche Erkenntnisse, die Kritik an der Gattung insgesamt findet im Sinne qualifizierter Besprechungen kaum statt. Sprachlosigkeit macht sich in den Kritiken breit, die oft nicht über den rein beschreibenden Charakter hinauskommen und in der Deskription des technischen Materials verbleiben. Poetische Gehalte sucht man vergebens. Aus meist falschem Respekt vor den Institutionen versagt regelmäßig die Kritik, und viele Arbeiten – selbst wenn diese an führenden Orten zeitgenössischer Musik in Donaueschingen, Darmstadt,

Kassel oder Witten angeboten werden – bieten oft ein schwaches Bild mit ebenso mäßigem akustischem Anteil.

Können Räume ähnlich wie Objekte als eine Art gefundene Körper in ihrem Status zur Kunst erhöht werden, indem sie signiert werden? Welche Handlungen sind notwendig, um aus architektonischen Körpern täglichen Gebrauchs jene der Kunst werden zu lassen? Unter welchen Voraussetzungen lassen sich Raumkörper der Kunst im Sinne einer Geschichte, die etwas veraltet als Entwicklungsgeschichte gefasst wird, verwandeln? Wir sind im Kern des Themas Installation, wenn es um die Neugewichtung von Räumen und die in ihnen wirksamen Kräfte geht. Die Geschichte der Installation bietet gute Beispiele, wo Räume als Zitate anderer Kunsträume (Bill Fontana, Bernhard Leitner, Ulrich Eller, Alvin Lucier) bearbeitet und neu geformt werden. Dabei gilt es Alternativen zu erkennen, die die Rezipienten in den Stand versetzen, Ableitungen von Räumen in anderen Kunstformen zu leisten. Alvin Lucier führte vor, wie es gelingen kann, eine Kaffeekanne in einen Konzertsaal zu verwandeln. Ein Klangraum im Klangraum, um den herum sich Publikum sitzend versammelte, um eine Sinfonie Beethovens aus dem Bauch der Kanne zu lauschen. Ein symbolisch wertvoller Akt, der zeigt, dass es sich lohnt, institutionell geprägte Rezeptionen in entsprechende Vergleiche zu stellen.

Einstellungen und Erwartungen bilden dann seitens der Betrachter, Hörer, Besucher eine Plattform des Vergleichs. Fast wie eine Stufenfolge angelegt, verfährt ein Künstler als Theoretiker in eigener Sache und liefert eine Interpretation, auf die später Juliane Rebentisch zurückgreift.[259] Kabakov erinnert etwa an typische Haltungen, die er im Theater, Kino und dem Sportstadium zu erkennen glaubt, um deren Spezifik auf das Feld der Installation zu übertragen. Näherungsweise zeigen sich Parallelen, wenn Voraussetzungen der Rezeption verglichen werden.

Nehmen wir unterschiedliche Genres und versuchen wir, jene stabilen psychischen Reaktionen [...] zu benennen, so bietet das Theater [...] die Versenkung in einen Traum und Identifikation mit den wichtigsten Helden des Stücks, im Kino das süße Gefühl des Blicks in das Leben, ein fremdes Leben. Bei allen schrecklichen Peripetien des Märchens kindliches Gefühl der Sicherheit. [...] Im Sportstadium starkes Verlangen nach Sieg und Bestrafung (öffentliche Vernichtung) des Rivalen.[260]

Historisch verspätet ist die rhetorisch zu verstehende Frage, die in den 1990er Jahren aus verschiedenen Gründen nicht mehr aktuell war. Jene Erfahrungen cineastischer Überwältigung dürften seit Mitte der 1950er Jahren zur medialen Praxis geworden sein. Schnelle Bildfolgen, hohe Lautstärken und alle Sinne bis an deren Grenzen überfordernde Geschwindigkeiten führen zur Erschöpfung der Besucher. Singuläre Reize werden in der Praxis der Installation zur vielfältigen Herausforderung. Intensitäten sind gebunden an Räume und deren Volumen. Denn nur in Räumen mit großen und übergroßen Volumen gelingt es, Phänomene der Überwältigung zu inszenieren. Auch aktuell werden selten Installationen erstellt, die in Theatern, Kinos oder einer Sportarena stattfinden. Selbst raumfüllende Installationen von James Turrell und Olafur Eliasson, die sich an gigantische Formaten erproben, nähern sich in ihren Wirkungen schlicht jenen auf pure Überwältigung angelegten Verfahren der Lichtkunst, wie diese in den 1930er Jahren zu faschistischen und totalitaristischen Zwecken der Überwältigung eingesetzt wurden. Massenwirkung technischer Verfahren wurde, wie Gernot Böhme erkannte, als Technik kommunikativer Strategien eingesetzt, deren Ursprünge sich zudem auf Formen sakraler Überwältigung beziehen lassen.

Musik über Musik. Kunst über Kunst

Praxis und Beziehungen künstlerischer Zitate sind wesentliche Verfahren, mit denen sich musikalische Kompositionen und bildkünstlerische Verfahren unmittelbar und meist rekonstruierbar auf Vorläufer beziehen und eine Verortung in der Geschichte anlegen. Das Werk wird zum Glied in einer Kette. Wertschätzung, Anerkennung und Widmung offenbaren ausdrücklich geistige Verwandtschaften, wie dies etwa Komponisten von Ludwig van Beethoven, Wolfgang Amadeus Mozart, Arnold Schönberg, Alban Berg bis zu Nam June Paik, Helmut Lachenmann, Luigi Nono und Morton Feldman praktiziert haben. Widmung, Zitate und Anagramme integrieren als abstrahierte Fragmente musikalischer Motive sowie Referenzen auf Namen. Weiter spielen individualisierte Instrumentengruppen einen wichtigen Bezug. Gemeinsam sind den musikalischen Verfahren mit Referenzen, dass durch solche Widmungen, Zitate und Anagramme Orte in einer Geschichte der Gattungen beansprucht werden.

Bildkünstlerische Verweise sowie Formate eines Bildes bieten ebenfalls Anhaltspunkte auf Vorbilder. Anagramme, Verschlüsselungen und Spiele mit Worten, Buchstaben und Farbwerten erweitern die Palette. Musik über Musik, Kunst über Kunst, Film über Film – die Folge ließe sich sicher weiter fortschreiben und durch nahezu alle Gattungen der Künste manifestieren. Vorbilder und Nachfolger bilden Traditionen. Auf diesem Weg entstehen Konstanten und Abweichungen innerhalb der Formen, die sich in zeitlicher und oft formaler Anlage bestimmen lassen. Mit dem Grad der Verflechtung der Gattungen steigt die Herausforderung an die Rezeption. Perspektiven und Techniken der Interpretation konkurrieren oftmals um die beste aller Lesarten. Grundlegend werden dann Fragen wie: Sind die Werke eher aus den Konventionen der Musik, der bildenden Künste oder der Architektur zu verstehen? Welche Worte der Beschreibung dürfen überhaupt verwendet werden, ohne sich dem Verdacht historisch belasteter Kriterien unreflektiert auszusetzen?

Die Idee, Räume als Readymade zu markieren, nutzt Funktionsräume, die seit Marcel Duchamp und Marcel Broodthaers zum Einstellungswechsel in der Kunst geführt habent. Fortan konnte jeder vermeintlich leere Raum durch minimale Eingriffe signiert werden. Jeder Raum hat ein Gewicht. Institutionen werden seitdem auf Wirkungsformen hin analysiert, um mittels Klang und Licht eigene Werke in vorhandene Räume im Sinne schöpferischer Arbeiten einzulassen. Vorhandenes wird verwandelt. Der Gedanke der Umwidmung drängt sich auf, aus musealen Räumen andere Arten von funktionalen Gebilden entstehen zu lassen. Aspekte künstlerischer Kreativität erfahren neue Ausprägungen. „Das originäre Werk – im traditionellen Sinne – entsteht hier nicht, sondern es wird nur das Immer-schon-Dagewesene zitiert. Aber: Hinter dem Künstler steht in diesem Falle das Museum, die ganze moderne Institution der Kunst. Die Aneignung der profanen Gegenstände des täglichen Lebens geschieht, wenn auch rein symbolisch, im Namen der Institution."[261] Was Boris Groys mit der Übertragung institutioneller Wertschätzung am Objekt des Readymades – vergleichbar mit den Positionen von Dan Graham, Arthur Danto und Niklas Luhmann – deutlich macht, liefert Hinweise auf das System, in dem Räume nun durch minimale technische Veränderungen als Installationen erscheinen. Groys sieht bei Bernhard Leitner Parallelen zur „minimalistischen Ästhetik der New Yorker siebziger Jahre. Man kann ohne Mühe visuelle Verweise auf Richard Serra, Carl André oder Donald Judd erkennen, die aber in der Gesamtgestalt der Klanginstallation eine völlig neue Funktion erhalten. Sie dienen nämlich der Verschiebung der Aufmerksamkeit von der visuellen auf die klangliche Ebene der Installation."[262] Im Sinne eines Zitates oder künstlerischen Appropriation jedoch sind die Verweise nicht zu werten, da die gesamte formale Anlage sowohl in Größe, Material und Anordnung als auch in der Benennung der Titel wenig konkret ist. Wenn, wie Groys behauptet, sogar die visuelle Anlage zugunsten akustischer Verlaufsformen in den Hintergrund tritt, dann verlieren Hinweise auf kunst-, musik- und architekturgeschichtliche Wertschätzungen in visuellen Medien an Bedeutung. Alles, was in den Ausstellungsräumen an Veränderungen inszeniert wird, gelangt durch diese Art zu einer „Einschreibung eines profanen Gegenstandes [...] und folgt einer gewissen Logik der musealen Sammlung".[263] Doch an welcher Stelle kann die Installation ihre fundamental wichtige Wirkungskraft entfalten, um im Sinne der Intervention wirksam zu werden? Kunst oder Dekor? Akustisches Ambiente oder anspruchsvoller Kommentar zu bestehenden Ordnungen? Und schließlich auch die Frage: Welche Verlagerung visueller, akustischer, haptischer Anteile in ihrer Neubewertung und Auslotung in bestehenden Institutionen sind notwendig, um den bekannten Raum tatsächlich neu zu entdecken? Was führt zu einem Wechsel der Einstellung, die vielleicht sogar nachwirkt?

Räume über Räume

Wie lassen sich Räume aufeinander beziehen, wenn diese im Kontext der Kunst oder der Architektur thematisiert werden? Die Idee eines neuartigen Raumkonzeptes, das in der Tat stilbildend in der Kunst der Installation wurde, konnte im Rahmen der Venedig-Biennale im Jahr 1976 unter dem Titel *Ambiente/Arte. Dal futurismo alla body art* vom einflussreichen Kunsthistoriker Germano Celant präsentiert werden. Die gleichnamige Dokumentation bietet noch heute einen repräsentativen Überblick über jene Verfahren, die sich unter der Rubrik der psychologischen Wirkung von Räumen anschaulich fassen lassen. Celant brachte einen Überblick zu Verfahren der Intervention, die allesamt bestehende Räume vom Fußboden über die Wände bis hin zu den Decken betreffen. Ob dies nun durch den Einbau einseitig verspiegelter Wände und das radikale Einreißen architektonischer Elemente geschieht oder in Techniken, die sich auf die Phasen der Baugeschichte beziehen, alle diese zitierten Verfahren lösen den ursprünglichen Körper auf und modifizieren seine architektonische Form. Baukörper werden plastisches Material. Formen und Volumen werden verändert. Klanglich modifizierte Räume entwickeln sich in diesen Jahren erst noch zur eigenen Gattung, deren einzelne Vorläufer wenig bekannt waren.

Raumkommentare – Komplexe Bewegungen

Mit der Entdeckung und systematischen Erforschung von Flugbewegungen im Raum und aeronautisch günstigen Formen ist das künstlerische Interesse an jenen poetischen Ausflügen verbunden, die seit der Antike die Idee des Fliegens zum Symbol uneingeschränkter Freiheit haben werden lassen. Ungebremste künstlerische Potenz und fantastische Ideen haben den Flug zum Sinnbild werden lassen. Nichts kommt dem Flug gleich. Für das Interesse an Installationen sind seit den Ausführungen von Ilya Kabakov und den Künstlern des Moskauer Konzeptualismus die Flugmetaphern zum Ausdruck überirdischer, kosmischer und universaler Kräfte geworden, die Idee des Fluges mit der damit untrennbar verbundenen Mechanik bleibt gegenwärtig. Der Flug und all die Lebewesen, die seiner mächtig sind, werden in kleinste anatomische Teile zerlegt, um in ausführlichen anatomischen Studien gezeichnet und beschrieben zu werden, aus denen dann Baupläne erstellt werden. Metaphern des Fluges haben eine starke Antriebskraft. Es lohnt sich auf Leonardo da Vinci zu verweisen. Der Flug bei da Vinci wurde – wie zahlreiche Aufzeichnungen und Notizen belegen – zum Inbegriff sexuellen Verlangens, das den körperlich unbefriedigten Künstler zu wahren Höhenflügen inspirierte. Mit dem Impuls des Nachvornedringens war noch nicht mal so sehr das Eindringen in andere Sphären gemeint, sondern vielmehr der psychologisch entscheidende Vorgang männlicher Erektion, der sich in dem Modell ungeheurer Spannung und explosiver Entladung manifestieren sollte. Vergleichbar dem Flug der Tiere hat auch jede Erektion ihr natürliches Ende. Die Schwerkraft fordert ihr Recht. Ausgehend von Sigmund Freuds Interpretationen zum Impuls künstlerischen Schaffens verfasste Kabakov in New York in den 1960er Jahren seine Studien zu Leonardo da Vinci.

Das Erscheinungsbild des Vogels also und seine besondere Fähigkeit bewirken, dass er sich gut als Phallussymbol eignet. Angesichts von Leonardos problematischer Sexualität und seiner großen Empfindlichkeit, was die Unfähigkeit oder den Unwillen des Genitals betrifft, sich sozusagen in der Luft zu halten, wenn dies erwartet wird, könnte er wohl unter allen Vogelarten sehr wohl den Milan ausgewählt haben, von dem man am ehesten die Geheimnisse seiner Fähigkeit in Erfahrung bringen konnte.[264]

Im weiteren Verlauf seiner Studien wendet sich jedoch da Vinci mit folgender Aussage von dem Greifvogel ab und widmet sich einem kleinen Vampir. „Bedenke, dass dein Vogel nur die Fledermaus zum Vorbild haben soll, weil ihre Häute als Versteifung oder, richtiger gesagt, als Verband für die Versteifung, d.h. Streben der Flügel dienen."[265] Leonardo war weniger an den Flugeigenschaften von Milan und Fledermaus interessiert, als dass er an einer für den Menschen nutzbaren Nachbildung eines Fluggerätes forschte. So fordert er auf: „Zerlege die Fledermaus, halte dich an sie und baue nach ihr das Gerät, d.h. die Flugmaschine."[266] Vom technischen Vorteil der Konstruktion beim Vogel und dem Vampir ist die Fledermaus leichter in der Bauart, aber auch empfindlicher. Vorbild blieb die Fledermaus bei den ersten Gleitflugzeugen. Bespannte Rippenkonstruktionen auf tragfähigen Holmen wurden mit leichten Papieren, Stoffen und später mit Folien überzogen. Große Volumen anströmbarer Flächen bei niedrigem Gewicht bestätigen die Erkenntnisse Leonardo da Vincis der Jahre zwischen 1499–1506. Gleichzeitig unterscheidet sich die einer Membran ähnlichen Haut vom Federkleid, da die gespannte Haut auch akustisch wirksam wird. Sie kann, bei entsprechender Frequenz, wie das Fell einer Trommel schallverstärkend auf den gesamten Körper wirken. Klangbewegungen im Raum lassen sich vor diesen Überlegungen als eigene Form kinetischer Kunst jenseits aller musikalisch tradierten Bewegungen und ohne den Historismus der Musikgeschichte neu fassen. Vor allem die Ortungssysteme der Fledermäuse sind es, die neben dem Flug von Insekten (Hummel und Bienen) und die der Vögel nun ästhetisch wirksam werden.

Die Kunsthalle Rostock brachte von September bis November 1997 eine ungewöhnliche Installation des in Hamburg lebenden Künstlers Andreas Oldörp mit dem dänischen Künstler Henning Christiansen. Dieser hatte bereits mit Joseph Beuys von 1969 bis 1985 Performance-Auftritte. Oldörp und Christansen hatten nun eine Arbeit für die Kunsthalle Rostock in Gestalt einer künstlerischen Voliere erstellt. Thema der Installation im modernistischen Museumsneubau der späten 1960er Jahre war der romantisch-anspielungsreiche Titel, für den Robert Schumanns Klavierstück *Vogel als Prophet* Pate gestanden haben mochte: *Am Anfang war nicht das Wort, sondern das Zwitschern.* Eine Voliere im Museum, ein Raum im Raum, macht den Zuschauer, der sich innerhalb des großen

Vogelkäfigs bewegt, ebenso zum Gefangen wie die Kanarienvögel. „Gezüchtete Kanarienvögel können nur in der Gefangenschaft leben, sie sind gelb, orange oder weiß [...] stellvertretende Bewohner mit einem Lebensumfeld auf Zeit, andererseits für das Kunstwerk handelnde Mitwirkende."[267] Oldörp, dessen Beitrag mit den für ihn typischen Elementen in Gestalt von Glasleitungen und Orgelpfeifen den Museumsbau mit stehenden und wandernden Orgelklängen anfüllen konnte, steht in der Tradition jener Musiker (La Monte Young, Alvin Lucier, Arnold Dreyblatt), die mit ostinaten Klängen Räume füllen und deren akustische Atmosphäre oft auch lange Zeit färben. Angeregt werden Oldörps Luftsäulen durch kleine Gasflammen, die unterschiedliche Luftsäulen, vergleichbar einer natürlichen Orgel, zum Schwingen bringen. Anzahl und Proportion einzelner Metallpfeifen bedingen das Klanggewebe. Durch die Bewegung der Besucher sowie Schwankungen des Raumklimas angeregt, verändern sich die stehenden Klänge meist minimal und bilden so eine Art klingenden Ursprung, auf dessen Oberfläche kleine akustische Einsprengsel – wie das Flattern und Zwitschern der Kanarienvögel – zum besonderen Ereignis werden . „Doch der Raum ist durch die Klänge verändert worden, und in dem Moment, in dem es im Gefängnis zwitschert, ist es nicht mehr nur Gefängnis."[268] Der mich an Schumann erinnernde Titel bezieht sich nach Pierangelo Maset jedoch auf die französischen Philosophen Gilles Deleuze und Félix Guattari, die in dem Gesang eines besonderen Vogels den Ursprung der Kunst insgesamt erkannten.

Der *Scenopeïetes dentirostris*, ein Vogel aus den Regenwäldern Australiens, lässt die Blätter jeden Morgen, vom Baum abgetrennt, zu Boden fallen, dreht sie so um, dass ihre hellere Innenseite mit dem Boden kontrastiert, konstruiert sich auf diese Weise eine Szene wie ein Readymade, und lässt dann genau darüber, auf einer Liane oder einem Ast sitzend, seinen Gesang erschallen, einen komplexen Gesang aus eigenen Tönen und denen anderer Vögel, die er in den Intervallen nachahmt, während er zugleich die gelbe Wurzel von Federn unter seinem Schnabel freilegt: ein vollkommener Künstler.[269]

Die Rostocker Kunsthalle bot mit ihrer tönend belebten Voliere mehrfach interessante Verweise auf eine lebendige Installation im Raum, der den fünfzig Kanarienvögeln für zwei Monate eine museale Heimat gab. Oldörp äußerte sich zur Gestalt der Arbeit in den Metaphern einer akustischen Innenarchitektur, die den Klangraum schwerelos und nur durch die Bewegung der Besucher im Raum individuell bestimmt macht, die eben damit für jeden Besucher anders hörbar wird. Freiheit durch Bewegung im Raum und die Ortsveränderung scheinen gemeinsames

Motto der Kooperation gewesen zu sein, frei nach Henning Christansen: „Die Freiheit ist um die Ecke."[270]

Erhalten haben sich im Medium der Kunst verschiedene Formen sichtbarer, hörbarer oder auch fühlbarer Bewegungen, die jeden Innenraum prinzipiell einem Instrumentalkörper vergleichbar machen. Der Raum, als klingend bewegtes und geschlossenes Universum, wird zum Kosmos verschiedener Bewegungen. Die darin zurückgelegten Verlaufsbahnen lassen sich ihrerseits als Flugbahnen des Lichtes, der Bewegung von Objekten oder eben des Schalls beschreiben. Verhältnismäßig einfach darzustellen sind Arbeiten, deren Kern aus identifizierbaren, d.h. sichtbaren Objekten besteht, wie etwa auch Hans Haackes Installationen „*Kugel im schrägen Lichtstrahl* (1964/ 1968) und *Fliegen* (1967) [...] Installationen von aerodynamischen Wirkungen im Raum und Bewegverhalten des Objektes [sind]".[271] Schwebende Objekte, durch einen gerichteten Luftstrom in Bewegung gehalten, verweisen auf die sie anströmende Luft, und sie weisen auf die Kräfte hin, die nun einfach sichtbar wirksam werden. Ähnlich lassen sich freilich auch andere physikalisch wirksame Kräfte aufzeigen, wenn etwa Lichtwellen durch Nebelfelder zu temporären plastischen Formen werden, Objekte durch magnetische Felder anfangen, auf Oberflächen zu wandern, oder Klangbewegungen durch leichte Materialien wie Papiere, Pigmente oder leichte Federn sichtbar werden. Energie und das Verhalten der Bewegungen weisen je nach Typ unterschiedliche Dynamiken auf, und diese verweisen auch in mehr oder weniger deutlichen Anspielungen auf ihre Quelle.

Wie lassen sich Räume der Kunst gestalten, die zunächst anderen Funktionen und Nutzungen vorbehalten waren? Welche Formen sind geeignet, Einstellungen der Rezipienten, die nicht unmittelbar durch den Einfluss wirkungsmächtiger musealer Institutionen wie MoMA, Guggenheim, Tate Gallery geprägt sind, zu irritieren, zu erschüttern oder sogar zu verändern? Wie sind die Übergänge vom Atelier zur Öffentlichkeit angelegt, welche Arten der Modifikation erfahren installative Werke, wenn diese in anderen Umgebungen platziert werden? Welche Arten künstlerischer Handlungen bieten sich für Vergleiche an? Antwort: Es sind die Techniken der Übertretung, der Überschreitung von Grenzen (Dennis Oppenheim), die Aufmerksamkeit im System erzeugen und dann als Verfahren der Dokumentation und schriftlichen Traditionen in das kulturelle Gedächtnis eingehen. Es scheint sogar, dass ausschließlich die Kunst der Intervention geeignet ist, das System der Kunst – als Teilsystem gesellschaftlicher Kommunikation – zu stören und damit neue Impulse zu setzen. Der Aspekt der Orts- und sogar

Funktionsverschiebung – wie bei Dennis Oppenheims *Gallery Transplant* (1969), wo der Grundriss der Galerie in den Schnee gezeichnet wurde, oder bei Ulrich Ellers *Perkussion zweier Räume* (1983), wo der Boden der Galerie durchbrochen wurde, um zwei Resonanzräume aufeinander beziehen zu können – benennt nur zwei Eingriffe. Es handelt sich bei aller Verschiedenheit der Arbeiten um zwei massiv in das Bestehende eingreifende Werke, die für einen kürzeren Zeitraum angelegt waren. Stimmt die Einschätzung der Bedeutung radikaler Intervention für die Installation, so zeigt sich, dass es sogar gezielte, fast anarchistische Akte in öffentlichen Bereichen des Systems sind, die mit der Kunst in Verbindung gebracht werden. Heftigkeit und Wirksamkeit der Interventionen sind sogar oft der Garant für den Wert der Aktion, wenn die öffentliche Ordnung bedroht zu sein scheint; wenn die Wächter einschreiten, kann manchmal Geschichte geschrieben werden. Abweichungen stellen sich damit als wichtigste Quelle des künstlerischen Impulses dar, ohne die das System an Vitalität verliert.

Ein Beispiel aus der Musikgeschichte, das bekannt ist, aber hier mit neuer Facette erscheint. Eine Relation zwischen John Cage und Igor Strawinsky bildet den Gegenstand. Nach Auskunft des *Time Magazine*, dokumentiert von Nam June Paik, wurde im Zusammenhang mit einer Aufführung von John Cage, Merce Cunningham, David Tudor, Earle Brown zur Performance vom 10. Oktober 1960 von einem ungenannten Autor überliefert:

In den 23 Jahren der Geschichte des internationalen Festivals zeitgenössischer Musik in Venedig wurde das Publikum mehr als einmal an den Rande der Gewalttätigkeit gebracht, mit seinen 48 Jahren hat der Mann des ‚prepared piano‘ wieder einmal das Publikum an den Rande des Wahnsinns getrieben. [....] Die Explosion war über den ganzen Canale Grande zu hören. [...] Als die letzte Runde eingeläutet wurde, ging man im Publikum aufeinander los. ‚Verschwinden Sie hier‘, schrien die Traditionalisten, worauf ihnen ein entfesselter Modernist zurief: ‚Gehen Sie doch woandershin, wenn Sie Melodien hören wollen. Lang lebe die Musik!‘ Cage brüllte das Publikum an, und das Publikum brüllte zurück. Ein namhafter Abweichler war Igor Strawinsky, der die ganze Veranstaltung so langweilig fand, dass er schon nach der ersten Hälfte verschwand. Auf die Frage, ob der Tumult damit vergleichbar sei, was sich 1913 bei der Premiere seines *Sacre du Printemps* ereignet habe, antwortete er stolz: ‚Es hat niemals einen größeren Skandal als den meinen gegeben.‘[272]

Das Zeugnis belegt die Wirkungskraft des Publikums und seines unmittelbaren Kommentars bei den Uraufführungen, die im Unterschied zur Musikkultur nach 1950 noch zu Anfang des 20. Jahrhundert im Bereich sinfonischer Musik auf den Titelseiten europäischer Tageszeitungen besprochen wurden. Kritiken der Presse bilden oft erste Konstanten in der Geschichte. Dies wiederum bestätigt, dass ohne Öffentlichkeit – zu welchem Zeitpunkt und aus welchem Anlass auch immer – der Vorgang einer Wertschätzung im System der Kunst (Danto) kaum stattfinden kann. Es lohnt daher, die Entwicklung einzelner Phasen der Rezeption im Sinne künstlerischer Wertschätzung genauer zu betrachten.

Der Weg von der künstlerischen Aktion in eine architektonische Planung bietet sich in Arbeiten von Akio Suzuki an. Übergänge performativer Aktionen in öffentliche Räume zum Format der Installation zeigen sich als Verschiebung. Gleichzeitig bietet der Weg von der Performance zum Konzept wichtige Hinweise auf künstlerische Intentionen. Wie jene Performance Suzukis der frühen 1960er Jahre, deren akustisches Vorgehen auf den Treppengängen des Bahnhofs der Chuo-Line in Nagoya darin bestand, Gegenstände eines Metalleimers die Treppenstufen hinunterpurzeln zu lassen. Der Titel ist Programm: *Throwing from Staircase* (1963) war als öffentliches Konzert an mehreren Orten geplant und von dem Gedanken motiviert, facettenreiche Klangerlebnisse zu erzeugen. Das Ergebnis war offensichtlich enttäuschend. „Statt ein buntes Durcheinander von Klängen zu produzieren, häuften sie sich einfach zu seinen Füßen an."[273] Aus dieser klanglichen Erfahrung entstand das Projekt, klingende Treppenhäuser zu gestalten, die eine fröhliche Ausstrahlung haben sollten. Aus architektonischer Sicht stellen Treppenanlagen und die sie umgebenden Räume ein akustisches Problem in neueren Gebäuden da, zumal harte Oberflächen und lang gestreckte Bauformen hohe Nachhallzeiten bedingen. Harte Steinsorten, Stahlbeton und anderes schallreflektierendes Material verstärkt die vorherrschenden urbanen Geräusche. Tunnel, Unterführungen und Treppen im Zusammenspiel mit öffentlichen Verkehrsmitteln heben den Lautstärkepegel an. „Ein Treppenhaus, von dem man, wenn man von seinem Absatz aus etwas hinunterwirft, einen *Mir-geht-es-gut-Rhythmus* als Antwort erhält."[274] Die akustisch-performative Erforschung erregte bald öffentliches Aufsehen und führte dazu, dass Suzuki von der Polizei verhaftet und erst gegen Kaution freikam. Gewinnbringend für die künstlerische Entwicklung wurde die Erfahrung, da Suzuki akustische Signale mit ihren Umgebungen im Sinne einer Beschreibung von Räumen fortsetzte und die Kunst der Installation bereicherte. Ziel seiner künstlerischen Tätigkeit ist es, ein intentionsloses Hören alltäglicher Geräusche in ihrer Umgebung zu erfahren. Ähnlich wie bei einem meditativen Zustand sollen bewusst erlebte Akte des Hörens vermieden werden, um ein neues Erleben zu ermöglichen. „Er schaltete seine Konzentration aus und [...]

irgendwie strömte nun, da er in diesem entspannten Zustand war, eine ganz unerwartete Musik an sein Ohr. Der Klang von den Reifen der Autos, die weit weg am Hügel über den Schotter fuhren [...] eingehüllt in dieses Gefühl völliger Freiheit. [...] Sein ganzer Körper wurde zu einem riesigen Ohr."[275] Vor dem Hintergrund dieser Erfahrung stellt sich sein Interesse an Orten dar, die besondere klangliche Verdichtungen in Gestalt von Echos aufweisen. In Berlin wurden im Jahr 1996 dreißig solcher Punkte mit weißer Farbe markiert, deren Ausrichtung für den Hörer durch vorgefertigte Fußabdrücke erkennbar wurde. „Die Form der Markierungen, auf die man die Füße stellt, sollen John Cages Ohren nachempfunden sein."[276] Eine temporäre Einschreibung im öffentlichen Raum, die als Handlungsanweisung angelegt ist und deren Impuls aus der Performance entstand und als Eingriff im öffentlichen Raum zur Installation wurde.

Absoluter Film

Strategien interdisziplinärer Rezeption

In den folgenden Jahren steigen die Anforderungen der Rezeption beträchtlich, da seitens der Kunst interdisziplinäre Formen der Abstraktion entwickelt werden, die nun vom Publikum ein hohes Maß an Abstraktionsvermögen verlangen. Um 1930 wurden Ansätze interdisziplinärer Kunstformen im Feld der Filmästhetik sichtbar, deren Wert in Erinnerung gerufen wird. Verfahren der Abstraktion erstrecken sich über einen Zeitraum von knapp einhundert Jahren und führen Kunst, Musik, Film, Literatur und Architektur zusammen. Beschreibungen entstehen, die sich aus Gattungstraditionen speisen, sich überlagern und zu komplexen Gebilden ausformen. Um 1970 mischen sich Referenzen auf Wassily Kandinsky und Gerhard Richter, von Anton Webern bis John Cage, von László Moholy-Nagy bis Michael Snow. Stationen abstrakter Kunst wurden bislang mit Kandinsky und Brian O'Doherty angedeutet. Schriften wie: *Über das Geistige in der Kunst, Punkt und Linie zur Fläche* sowie *Inside the White Cube* brachten Ansätze zur Rezeption abstrakter Formen sowie Analysen kulturgeschichtlicher Orte der Wirkungen (Institutionen), in denen gewohnte Sujets (Gestalt, Figur, Erzählung) oft vergeblich gesucht wurden. Ein neuer Typus des Betrachters, Hörers und Lesers wird geboren, dessen gestaltbildende Kräfte zum Zentrum des Kunstgeschehens werden.[277] Inszenierungen auf Flächen bedingen Räume, deren Einschreibungen neuartige Wahrnehmungsformen auslösen konnten. Linien, Proportionen im Raum erzeugen durch aufgeladene Farbflächen abstrakte Architekturen, Konturen verschwimmen, Orientierung im Raum wird zur Aufgabe und stellt Anforderungen an die Teilnehmer. Erfahrungen von Zeit und Raum in Kunst wie Musik, Film wie Literatur und raumfüllende Skulpturen führen in zunehmend komplexe Formate, die sich aus mehrfachen Schichtungen und den mit ihnen verbundenen Referenzen speisen. Kompositionen, deren Aufführungen über viele Stunden angelegt sind, präsentieren sich gleichzeitig mit nur wenigen Ereignissen. Warten auf Ereignisse und Haltepunkte der Gestaltbildung werden zum Programm. Flächenhafte Strukturen und Colourfield Paintings stellen sich für die Betrachter meist im ersten

Kontakt als endlose Rätsel dar, Erläuterungen der Künstler gehören zu oft notwendigen Voraussetzungen der Rezeption. Sehen, Hören und Lesen im Medium der Kunst werden als Akt der Wahrnehmung und ästhetischen Verstehens erkannt.[278] Manche Künstler etablieren sich bereits durch kurze Manifeste, wie Ad Reinhardt, dessen frühe Bedeutung aus seinen Texten erwächst, bevor er mit seiner Kunst bekannt wurde. Ganz ähnlich wie Barnett Newman, der Motive europäischer Kunstgeschichte und deren Motiv des Erhabenen aufgreift und weiterentwickelt. Mark Rothko wiederum gestaltet magisch dunkle Flächen, deren Gehalte spirituell aufgeladen sind, wie Kandinskys Bildkompositionen durch theosophische und anthroposophische Gestalten motiviert waren. Fehlen Erläuterungen seitens der Künstlerhand, werden Werke unweigerlich zur Projektionsfläche wie bei Gerhard Richter: „Die Kunstszene ist harmlos und freundlich, eine geschäftig wuchernde Szene, nur die Variante eines immerwährenden Gesellschaftsspiels, das den Bedürfnissen nach Kommunikation entspricht. [...] Kunst entsteht trotzdem, selten und immer unerwartet."[279] Ohne Erklärungen, metaphorische Bildtitel und Verweise bleiben viele Fragen an abstrakte Werke ungelöst. Phasen der Abstraktion entwickeln sich noch auf Basis klassischer Formate wie im Tafelbild und musikalischer Komposition, um sich bald darauf im Medium des künstlerisch ambitionierten Films auf allen Ebenen miteinander zu verbinden. Wenn Kandinsky seine Bilder in Begriffen von Komposition, Farbgebung und Linienführung beschreibt, so deuten sich Wirkungskräfte an, die nun raumgreifend werden und für die Beschreibung von Bewegtbildern relevant werden. Kandinsky glaubte an Kräftespiele. Visuelle Kompositionen zeigen Gewichtsverhältnisse, die etwa in Gestalt einer schraffierten Linie verlaufen, die als horizontale, vertikale oder diagonale Linie in eine perforierte Linie mündet, um mit verschieden großen Flächen zusammengebracht zu werden. Bei ihm liegen bereits Formen vor, die den Raum des Tafelbildes dynamisch aufladen und Kräfte sichtbar werden lassen, die wenige Jahre später in neuen Verfahren weitergeführt werden. Das Lesen der Bilder verbleibt im Medium der Kunst und ihrer Geschichte, die von Gerhard Richter als Abbild des Sozialen gelesen werden. „So kann ich meine Bilder auch als Gleichnisse, also als Bilder über die Möglichkeit des gesellschaftlichen Zusammenlebens ansehen. So gesehen, versuche ich doch mit einem Bild nichts anderes, als das Unterschiedlichste und Widersprüchlichste in möglichster Freiheit lebendig und lebensfähig zusammenzubringen. Keine Paradiese."[280]

Rezeption des abstrakten Films

Kaum überschätzt werden kann der Einfluss früher Erfahrungen mit Techniken der Fotografie und Bewegtbild, die ihre Wirkungen auf sämtliche Künste ausüben. Technische Entwicklungen, wissenschaftliche Forschungen im Bereich der Psychologie der Wahrnehmung fördern Formate, deren öffentliche Präsentation neuartige Erlebnisse ermöglichen. Innovative Formen der Kunst ziehen Fragen der Beschreibung medial entwickelter Formate nach sich, die eine eigene Ästhetik auf den Weg bringen wird. Grundlagen neu entstehender Gattungen rücken zeitbasierte Formen in den Fokus eines Interesses, aus dem Leitmotive der Selbstbeschreibung der jungen Gattung bewegter Lichtkunst und Film beerbt werden. Im Umfeld von Kandinsky entwickelt Hirschfeld-Mack Kompositionen mit bewegten Scheinwerfern, Projektionsflächen und grafischen Elementen, die von Hand verschoben werden. Visuelle Kompositionen und Bewegtbilder entstehen in mechanischer Ausführung durch Studenten, die mechanische Elemente verschieben, ordnen und illuminieren. Schriften aus den Reihen musikalisch gebildeter Autoren führen in die Arbeiten ein, deren Schaffung mit ästhetischen Positionierungen untermauert werden. Zeitbasierte Formen verbinden musikalische Kompositionen mit Bewegtbildern, die aber erst durch kognitive Leistungen des Publikums als dynamische Strukturen erkannt werden, um Gegenstand phänomenologischer Analyse zu werden. Erkenntnisse aus der Theorie der Wahrnehmung werden im Medium einer zunehmend dynamisch gestalteten Kunst realisiert. Noch in den späten 1920er Jahren bestimmt die Analyse zur Konstruktion ein Bildgeschehen, das von Motiven wie Bewegung, Dynamik und Abstraktion bestimmt ist. Aus dem zur Verfügung stehenden Material der Jahre entwickeln die Autoren ihre Theorie eines frühen Films, dessen Formate sich rasant ändern und durch die Schwelle vom Stummfilm zum Tonfilm geprägt ist. Künstlerische wie phänomenologische Entwicklungen bilden Grundlagen, um Leitgedanken und individuelle Setzungen zu erkennen und zu gewichten. Die Selbstbeschreibung der jungen Gattung nimmt Motive und Leitbegriffe auf, die aus literarischen und musikalischen Formen stammen. Rudolf Arnheim, Walter Benjamin und Siegfried Kracauer widmen sich dem neuen Medium und vermitteln in ihren Schriften durch systematische Beschreibungen den Verlauf der Rezeption.

Arnheim war im Bereich der Gestalttheorie ausgebildet und überträgt deren Grundlagen auf die Beschreibung abstrakter Kunst wie Musik und Film. Wie wird die sinnliche Welt durch das Medium Film vermittelt? Welche ästhetischen Erfahrungen bietet der Film? Arnheim:

Gesicht und Gehör sind allzu verschiedene Dinge. Lichtwellen und Schallwellen geben uns Nachricht von der Beschaffenheit der Dinge unserer Mitwelt: Wie diese Dinge sind, und was sie augenblicklich tun. Auf diese Weise gelangen wir, ohne unmittelbare Tastberührung, durch den Raum hindurch zu Kenntnissen über die Dinge, und zwar zu viel besseren und gründlicheren, als sie der durch direkten Kontakt des Tastens vermittelt.[281]

Überwunden scheinen die bis dahin wirksamen Referenzen auf Formen zeitbasierter Künste, die von Kandinsky, Klee und Hirschfeld-Mack noch zum Standard gehörten. Grundlegend der Anspruch, der in der Entwicklung neuer Beschreibungen noch Jahrzehnte brauchen wird, um die Gattung Film und deren Ausdifferenzierungen wissenschaftlich fassen zu können. Daher können Titel seiner Bücher als Programm gelesen werden: *Film als Kunst*. Wie sieht die Zukunft des Films aus, was sind aus Sicht von Arnheim Herausforderungen, die das Feld zu meistern hat? In welchen Zusammenhängen wird Film überhaupt als eine Form der Kunst diskutiert? Natürlich ist das, was heute selbstverständlich erscheint und fraglos geklärt ist, nämlich dass der Film einen selbstverständlichen Platz im Olymp der Künste beanspruchen kann, in diesen Jahren noch ungeklärt. Motive der Abstraktion werden für filmische Beschreibungen zentral. Gesamtheit wird als Leistung erkannt, die Einzelmotive in eine Summe bringen. Gliederungen zeitlicher Abläufe werden herangezogen, um Prozesse des Verstehens anschaulich zu machen.

Elemente und Ganzes fordern die mentale Bereitschaft und kognitive Aktivität des Betrachters. Gestalten entstehen durch Dialoge zwischen Kunstobjekten und ihren Betrachtern. Arnheim äußerte sich im Vorwort, das nach über vierzig Jahren (1932/1978) veröffentlicht wird:

Und so stellt die Behandlungsweise ein Übergangsprodukt in der Theorie der bildenden Künste dar, indem sie den Film hauptsächlich als eine Aufreihung von Einzelszenen ansieht, von wesentlich statischen Ausdrucksakzenten, zwischen denen Handlungsverläufe als Übergänge nur eben die Verbindung herstellen. Es würde mir heute wichtig vorkommen, vom, sagen wir, sinfonischen Verlauf des Ganzen auszugehen und alle jene kostbaren Miniaturen als Haltepunkte innerhalb der Teilhandlungen zu beachten.[282]

Wie also wird die große Erzählung, wie werden Teilbereiche gewichtet, um dem Betrachter den Eindruck einer logischen und schlüssigen Gestalt zu bieten? Ausgang sind frühe Animationsfilme, die als Vorstufe des Erzählfilms gelten können.

Schließlich sollen hier noch wenigstens zwei grundsätzliche Änderungen im Filmwesen erwähnt werden. Der Zeichentrickfilm befand sich damals noch in seinen Anfängen. Allerdings hatten die ersten Disneyfilme, jene genialischen Umsetzungen der den alten Bildbogen in volkstümliche Bewegungsspiele, die Form- und Farbmöglichkeiten einer bewegten Malerei aufgezeigt [...], wie im Fantasia-Film die Möglichkeit einer abstrakten Malerei spielerisch ausprobiert wurde. Disney arbeitete damals mit Oskar Fischinger, der schon in seinen deutschen Kurzfilmen Musikstücke mit abstrakten Formtänzen begleitet hatte. Ähnliche Versuche waren, ebenfalls in den zwanziger Jahren, von Richter, Eggeling und Ruttmann unternommen worden.[283]

Die Welt als Wirklichkeit erscheint im Film als Teil eines konstruierten Abbildes:

Aber viele wertvolle, gebildete Menschen leugnen bis heute, dass der Film auch nur die Möglichkeit habe, Kunst zu sein. Sie sagen etwa: Film kann nicht Kunst sein, denn er tut ja nichts, als einfach *mechanisch* die Wirklichkeit zu *reproduzieren*. Die Verfechter dieser Meinung kommen von der Malerei her. Der Weg vom Naturbild durch das Auge, durch das Nervensystem des Malers, über die Hand und den Pinsel, der mit der Anzahl der Farben auf einer Leinwand schließlich die handgreiflichen Spuren schafft, ist nicht mechanisch wie der Vorgang des Fotografierens, bei dem die vom Gegenstand zurückgeworfenen Lichtstrahlen durch ein Linsensystem gesammelt werden und dann auf einer lichtempfindlichen Schicht chemische Veränderungen hervorrufen. Fragt sich nur, ob dieser Tatbestand ausreicht, um Photographie und Film aus dem Tempel der Musen zu werfen.[284]

Mit Entwicklung des Tonfilms wird die Ästhetik vor neue Aufgaben gestellt. „Ein paar Jahre hatten genügt, um aus einem Schaubudenzauber eine ernstzunehmende Kunst zu machen. [...] Was Wunder, dass die Nachricht vom Auftauchen des Tonfilms den meisten Filmfreunden kein übermäßiges Vergnügen bereitete. Sie ahnten zunächst mehr als sie wussten, dass der tönende Film den stummen völlig aus den Kinos verdrängen würde."[285] So wie Publikum und Theorie schon beim Film, der ohne Ton produziert wurde, mit der Rezeption vor Anforderungen eines komplementären Sehens gestellt wurden, so auch geht die Suche nach Systemen der Beschreibung weiter, die von der Skepsis zunehmender Marktfähigkeit geprägt ist.

Viele Gegner des Tonfilms legten Wert auf die Behauptung, dass der Tonfilm sein Entstehen einzig einem Geschäftstrick der Filmindustrie zu verdanken habe. Das Publikum sei durch die jahrelange Dutzendproduktion ermüdet, die Kinos seien leer gewesen. Und plötzlich sei die nahe dem Konkurs stehende, bisher unbedeutende amerikanische Firma Warner Brothers mit dem *Singing Fool* herausgekommen: Der beliebte Kabarett-Sänger Al Jolson spielte, sprach und sang, und es gab einen Welterfolg. Die gesamte Filmindustrie hängte sich an – der Tonfilm war geboren![286]

Film als Medium für die Massen scheint nach einfachen Techniken entwickelt worden zu sein. „Der Tonfilm kommt dem Publikumsgeschmack durchaus entgegen. [...] Wenn zwischen Stummfilm und Tonfilm zu wählen ist, wird das Publikum allemal für Tonfilme sein."[287] Einfache Bildfolgen, simple Stoffe stehen einem hohen Kunstanspruch entgegen: „Falls die Tonfilme nicht gerade als komplizierte, wortreiche psychologische Dramen aufträten, sondern ebenso handfeste Räubergeschichten servierten wie die stumme Konkurrenz."[288] Kritik an den Sujets verweisen auf einfache Formate, die keineswegs hohen Ansprüchen eines Kunstwertes entsprechen. Das Zusammenwirken verschiedener Gestaltungsmöglichkeiten wird diskutiert, die, ähnlich der Oper, nun im Film einer Mischung von Ton und Theater entsprechen. „Gute Künstler streben nach dem Mittelpunkt ihres Kunstzweiges. Ihre Qualität besteht gerade darin, dass sie mit unübertreffbar reinen Mitteln arbeiten."[289] Eine Gewichtung der Gestaltungsmittel wird angedeutet, die auch Geräusche zu einem historisch frühen Zeitpunkt als ästhetisch relevantes Material integrieren. Bezug genommen wird dabei auf Techniken des Theaters. Ebenso wie eine von Geräuscheffekten überladene Inszenierung eines Theaterstücks dessen Qualität mindern würde, ist es beim Film: „Mit Tonfilmeffekten kann auch die Sprechbühne aufwarten, aber sie sind doch ein unerwünschter Komfort."[290] Ansätze einer Medientheorie werden deutlich, wenn Arnheim eine Stufenfolge akustischer Momente für den Film ansetzt, die er, innovativ für seine Zeit, in Erweiterung der Möglichkeiten des Rundfunks beschreibt.[291] Neben Sprache als Medium bietet der Rundfunk mit dem Hördrama neuartige Gestaltungen mit Geräuschen an. Das Geräusch erfährt eine ästhetische Aufwertung. Die Welt der Geräusche spiegelt geradezu die Welt lebensweltlicher Wirklichkeit. Dem Format des Rundfunks und der akustischen Kunst steht nach Arnheim „ein unerschöpflicher Stoff zur Verfügung. Seufzer und Fabriksirenen, Wasserplätschern und Pistolenschüsse, Vogelgesang und Schnarchen – und auch das gesprochene Wort, als ein Geräusch unter Geräuschen."[292] Mediale Formen visueller Medien werden ins Feld geführt. „Licht gibt uns das Sein eines Dings, während Schall uns zumeist nur gelegentlich Tun vermittelt. Licht gibt uns die Dinge selbst, während

Schall uns nur (permanente oder gelegentliche) Äußerungen der Dinge gibt."[293] Aspekte der Dramaturgie und die Referenz von verstärkenden Momenten werden auf ihre Herkunft hin analysiert: „Auch durch Töne erhalten wir manche wichtige Aufschlüsse über bleibende und augenblickliche Beschaffenheit von Dingen, aber sie sind unvergleichlich seltener, spezieller und indirekter."[294] Dem Autor versagen die Worte, es fehlt an geeigneter Begrifflichkeit zur Beschreibung räumlicher Eindrücke, die musikalische Ereignisse hervorrufen. Räumliche Tiefe und Beschaffenheit von Volumen und Oberflächen erzeugen durch jeden Behälter unverwechselbare Eigenschaften. Nach Arnheim sind akustischen Signalen Zeichencharaktere eigen, die auf ihre Erzeuger und deren Räume verweisen. Architektur und Klang zeugen von ihrer Entstehung: „Töne und Geräusche sind zwar raumanzeigend, haben aber selbst nichts, was den Raumdimensionen der Seh-Dinge entspräche."[295]

Geschichte geschrieben haben in der Filmästhetik Theodor W. Adorno und Hanns Eisler, deren *Komposition für den Film* eine Auflistung kompositorischer Verfahren und Anleitung zur Analyse bieten. Eisler/Adorno entwickeln ihre Positionen anhand der kritischen Auseinandersetzung mit der Montagetheorie Sergej Eisensteins, der 1928 in seinem Manifest zum Tonfilm geäußert hatte: „Die geheimsten Träume von einem tönenden Film werden nun wahr. [...] Nur die kontrapunktische Verwendung des Tons in einer Beziehung zum visuellen Montageabschnitt eröffnet neue Möglichkeiten für die Entwicklung und Vervollkommnung der Montage. Die ersten experimentellen Arbeiten mit dem Ton sollten auf seine krasse Nichtübereinstimmung mit den visuellen Sinnbildern gerichtet sein."[296] Die im Leipziger VEB Verlag erschienene Ausgabe weist eine umfangreiche Einleitung auf. Die Publikation entstand durch Förderung der Rockefeller Foundation, unterstützt durch das Votum des Institute for Social Research, New York. Eislers Erfahrung mit dem Film und der von ihm komponierten Filmmusik verbindet Praxis mit Theorie. Die zitierten Filmstellen weisen Schwerpunkte im Bereich des Dokumentarfilms auf. Im Hinblick auf die verwendeten Szenen wurde den Autoren Filmmaterial zur Verfügung gestellt. Hanns Eislers Filmkomposition *Vierzehn Arten, den Regen zu beschreiben*[297] steht kompositorisch wie ästhetisch im Zentrum. Ein kammermusikalisch besetztes Werk, das Eisler unter sparsamer Verwendung instrumentaler Möglichkeiten und Angemessenheit zum Bild beschreibt. Phasen der Entstehung werden beschrieben, der Arbeitsablauf einer experimentellen Komposition Eislers mit vorhandenen Filmsequenzen geschildert. Eisler: „Musik ist notwendig, um den Vorgang, der sonst abfiele, zu intensivieren."[298] Auch Eisenstein feiert den Tonfilm: „Der als neues Montagelement – als selbstständiger Summand mit einer visuellen Gestalt – aufzufassende Ton bringt unweigerlich neue Mittel von ungeheurer Kraft in die Gestaltung und Lösung kompliziertester Aufgaben ein."[299] Seine Rede ist politisch motiviert. „Die kontrapunktische Methode der Schaffung eines Tonfilms wird dem internationalen Charakter des Kinos förderlich, da Filmmusik ein neues Hören ermöglicht", das von Eisenstein mit dem Begriff *Pathos* beschrieben wird: „Die Formel [...] ist eine Ausdrucksbewegung eine mechanische Formel für die Dynamik einer Ausdrucksbewegung: Weil die Benennung, die wir uns angewöhnt haben, als etwas übertragen Abstraktes anzusehen ist, für sich selbst die Bezeichnung einer Bewegung bleibt."[300] Themen kreisen um Fragen der Gewichtung einzelner Teile zum medialen Ganzen und deuten die Suche nach Maßstäben der Qualität an. Was wird gezeigt, welche Details werden hervorgehoben? Wie ist das Zusammenspiel der Medien angelegt, welche Rhythmisierung dominiert: Erzählung, Bildfluss und Anteile der Musik? Dramaturgisch ins Zentrum gestellt ist der Film *Panzerkreuzer Potemkin* und die berühmte Treppenszene aus dem Jahr 1930. Eisenstein: „Die Pathos-Explosion des Treppen-Finales wird gestaltet über ein Geschoß, das aus der Kanonenmündung fliegt – die erste Zündung, die für die Wahrnehmung die Rolle der Initialzündung spielt, bevor Eisengitter und Torpfosten einer verlassenen Villa am Kleinen Springbrunnen auseinanderfliegen, was die zweite und endgültige eigentliche Explosion, ausmacht. Zwischen beiden erheben sich die Löwen."[301] Fragen zum ästhetischen Wert des Mediums Tonfilm wird in den frühen 1930er Jahren mit genereller Skepsis begegnet, deren Hauptargument in der verfälschten Wiedergabe der Wirklichkeit gesehen wird. Realität und Wirklichkeit, die der Film suggeriert, erscheinen zahlreichen Autoren als ein Zerrbild. Interessant zu beobachten, welche Argumentationen von verschiedenen Gruppierungen aufgegriffen und tradiert werden, deren Ausläufer sich bis heute in der Filmkritik finden lassen. Rezeption und ästhetische Erfahrungen bedingen sich, sie spiegeln sich in der Regelmäßigkeit der Auseinandersetzung mit dem neuen Medium. Arnold Schönberg: „Die Filmproduktion wandte sich gänzlich von jedem auf das Künstlerische gerichteten Versuch ab und blieb eine Industrie, die erbarmungslos jeden künstlerischen Zug als gefährlich unterdrückte."[302] Schönberg, der sich anfangs positiv zu den Möglichkeiten des frühen Tonfilms 1928/29 äußerte, revidiert kurz darauf seine Prognosen für die Zukunft. Er vergleicht die schauspielerische Leistung, die Kenntnis der Zuschauer, die anhand der Literatur, der Opernlibretti und Partituren im Wiener Burgtheater über Jahrzehnte ein Fachpublikum geprägt hatte, das seinerseits das künstlerische Niveau förderte. Beim Film nun läuft dies anders. Schönberg: „Die Rede, die ich hielt, war eine begeisterte Begrüßungsrede (in der UFA-Berlin) an die neue Erfindung, von der ich die Wiedergeburt der Künste erwartete."[303] Erwartungen an den Kunstfilm sowie populäre Formen des Massenprodukts führen zur Profilierung der Argumentation: „Wie hatte ich mich geirrt: Einige Monate später wurde mein Traum zerstört durch das Erscheinen des ersten Films ausgewachsen auch an Vulgarität, Sentimentalität und billiger Effekthascherei. Es war der erste Schritt abwärts zu der niedrigsten Art von Unterhaltung, und seitdem ist niemals mit ebensolchem Erfolg ein Schritt in die entgegengesetzte Richtung gemacht worden."[304] Politisch motivierte Forderungen an das neue Medium Film werden laut, er muss die wahren Probleme der Zeit aufgreifen und zum künstlerischen Stoff machen, „diese religiösen, philosophischen, psychologischen und sozialen Probleme, die Probleme der Weltanschauung, ökonomische, nationale und rassische Probleme".[305] Schönberg widmet sich zudem auch Fragen einer differenzierten Auseinandersetzung des Publikums mit konkreten Stoffen und zitiert eine Umfrage aus dem Jahr 1930, in der, nach Schönberg, nachgewiesen wurde, dass in Wien Opernbesuche von einer Aufführung im Durchschnitt 10 Mal stattfanden. Schönberg lernte bei seinen Dirigaten von Beethovens *IX. Sinfonie* einen Besucher kennen, der diese erst 50 Mal gehört hatte, Franz Lehars *Lustige Witwe* hingegen mehr als 100 Mal. Der Besuch von Filmdarbietungen hingegen zeigt sich bereits in den 1930er Jahren als eine einmalige Sache. Wahre Kunst, braucht, nach Schönberg, im Unterschied zum Film „nicht viel Pomp. Ihr eigener Glanz schafft eine würdige Szene, die durch Materialverschwendung nicht überboten werden kann. [...] Vielleicht könnten die Menschen dahin gelangen, dass Kunst billiger ist als Unterhaltung und erträglicher."[306] Schönberg kritisiert die leichte Konsumierbarkeit, die unweigerlich mit dem Verlust an Bildung verbunden ist. Er bedient sich dabei einer Haltung, die von einer Hierarchie der Künste und damit von einer niederen und höheren Stufe ausgeht. Mit dem Verlust anspruchsvoller Gattungen der Kunst sieht er einen Niedergang eines gebildeten Publikums und letztlich auch das Verschwinden eines kritischen Publikums. Dabei nimmt er eine rezeptionskritische Haltung ein, die sich als Konstante bei vielen Autoren findet. Der Künstler wird zum Mahner. Die *Begleitmusik zu einer Lichtspielszene* wird in seinen Ausführungen nicht erwähnt. 1929 erhielt Schönberg den Auftrag zu einer Filmmusik. Der Komponist nahm den Auftrag an, der lediglich in wenigen Worten noch skizzenhaft war. *Drohende Gefahr, Angst, Katastrophe* bilden den Rahmen. Das Werk ist in drei Sätze gegliedert. Teilabschnitte sind zu einer Begleitmusik geformt, Elemente mit verbindendem Charakter sind nur angedeutet. Schönberg argumentiert aus Sicht eines Komponisten, der zum Zeitpunkt der Schrift etwa 55 Jahre alt ist, sein kompositorisches Werk und die Bedeutung, die er als Lehrer erringen konnte, zeigt sich in der Zahl und Wirkung namhafter Kompositionsschüler.

Qualitätsmerkmale guter Filme und guter Filmmusik werden mit Umschreibungen wie *Angemessenheit der Mittel* beschrieben, die dem Film aus frühen Zeiten, wo diese als technische Sensation gepriesen wurde, anhaften. „Das ist nicht bloß negativ zu verstehen, als Abwesenheit von Geschmack und ästhetischem Maß: Nur durch den Schock vermag der Film das empirische Leben, dessen Abbildung er auf Grund seiner technischen Voraussetzungen prätendiert, fremd zu machen und erkennen zu lassen, was an Wesentlichem hinter der abbildrealistischen Oberfläche sich abspielt."[307] So wird der Film zum Medium gesellschaftlicher Zustände, eine sozialutopische Sicht, die typisch für eine Philosophie der Frankfurter Schule ist, die im Exil weiter an der Kulturkritik arbeitet. Gefahr – Angst – Katastrophe werden zu programmatischen Leitbegriffen, die aus Sicht von Eisler und Adorno den Wert von Schönbergs *Begleitmusik zu einer Lichtspielszene* kennzeichnen. Künstlerische Expressivität und leichte Kost werden einander gegenübergestellt. Hilfreich für die Einschätzung filmmusiktypischer Aspekte sind Fragen der Dichte, Komplexität und inneren Logik. „Die Praxis des Films kennt vorwiegend kurze musikalische Formen."[308] Damit steht sie, sieht man von den komprimierten kleinen zyklischen Werken Weberns, Schönbergs und Bergs einmal ab, doch etwas am Rande. Denn die musikalische Logik der vergangenen 150 Jahre Musik tendierten zu größeren zeitlichen Expansionen. Ein neuer Typus musikalischen Hörens ist in Entwicklung begriffen. „Die Grundforderung der musikalischen Komposition im Film ist, dass sie die spezifische Beschaffenheit der Sequenz, die spezifische Beschaffenheit der Musik [...] bestimmt."[309] Angemessenheit der Mittel und Ausgewogenheit zwischen den Elementen werden als Qualitätsmerkmale beschrieben. „Zwischen Bild und Musik muss eine Beziehung bestehen. Werden Schweigen, tote Momente, Spannungssekunden oder was auch immer es sei mit einer gleichgültigen oder ungebrochen heterogenen Musik ausgefüllt, so entsteht Unfug. Musik und Bild müssen, sei es noch so vermittelt und antithetisch,"[310] aufeinander eingestellt sein. Montage wird zum Schlüssel gelungenen Einsatzes der Mittel, sie erzeugt den Eindruck der Einheit trotz verschiedener Medien.

Film als gestaltete Zeit

Filmanalyse in Ableitung aus Verfahren der Musik führen Eisler/Adorno zum Generalthema des Films, dem *Rhythmus*. Durch die metrische Einteilung filmischer Ereignisse wird Zeit gestaltet, die Produktion und Rezeption einander annähert. Dichte, Verlauf, Bewegung sowie visuelle und akustische Korrespondenzen bestimmen den Film. Beziehungen von Bild, Einstellungen, Ton und Licht, die in der Praxis gleichzeitig existieren, können kaum als Summe theoretisch zusammengefasst werden. Rhythmus im Film handelt, wie dies im Verständnis von Eisler/Adorno durch Eisenstein in seiner Theorie der Montage der Attraktion vorgeschlagen wurde, daher von einer abstrakten Form zeitlicher Gliederung. „Die Existenz eines solchen Großrhythmus des Films ist fraglos, obgleich die Rede davon leicht in dilettantische Verschwommenheit abgleitet."[311] Dafür wird folgender Beleg angeführt: „Der Film kennt dramatisierende Formen, langausgedehnte, die dramatische Technik benutzende Dialogszenen mit wenig Kameraeinstellungen, und epische Formen, die sprunghafte Aneinanderreihung kleiner Szenen, nur durch Inhalt und Bedeutung verbunden, oft in sich stark kontrastierend und ohne Einheit und Raum, Zeit und Haupthandlung."[312] Überkomplex ist bereits der einfache Verlauf der Film-Zeit im Vergleich zur musikalischen Komposition gestaltet: „Aber diese großrhythmische Struktur von Filmen ist weder komplementär zur musikalischen noch ihr parallel: Sie lässt sich als solche überhaupt nicht in eine musikalische umsetzen. Selbst die Idee, die Großform der Musik der des Films anzupassen, bleibt problematisch, wenn nicht aus einem tieferen Grund, dann deshalb, weil die Musik nicht den ganzen Film begleitet und mithin außerstande ist, seinem Zeitgefüge zu folgen."[313] Nur bruchstückhaft können Momente des Films erlebt und erinnert werden. Geschwindigkeit und Attraktionen bedingen das Verständnis, die in Abhängigkeit zur Dichte und dem dynamischen Verlauf stehen. Bewegte Bilder in schneller oder langsamer Folge, gedehnte und gestauchte Abläufe, Zeitlupe oder Zeitraffer, das Medium Film ermöglicht Künstlern und Komponisten, neue Wege mit einem ungeahnt neuartigen künstlerischen Material zu nehmen. Daraus ergeben sich nicht nur dramatisch neue Formate im Bewegtbild, mit und ohne Ton. Auch das künstlerische Schaffen erfährt in traditionellen Bereichen wie Tafelbild, Skulptur und musikalischer Komposition in den 1920er Jahren die Erschütterung überlieferter Einstellungen. Zudem wird durch die ebenfalls in den 1920er Jahren sich entwickelnde Psychologie der Wahrnehmung ein neues Wissen erschlossen, das Gesetzmäßigkeiten sinnlicher Wahrnehmung mit den Augen, Ohren, Geruchs- und Geschmackssinn sowie am Rande auch den Tastsinn in das künstlerische Werk und dessen Rezeption durch Künstler, Kritiker und das Publikum integriert. Anforderungen, die daraus resultieren, spiegeln sich in der Suche nach den richtigen Worten – im Bereich der Künstlertexte und der Suche nach Gleichgesinnten. Quellenmaterial, das uns heute vorliegt, deutet jedoch darauf hin, dass eine Ästhetik, also eine Philosophie des bewegten Bildes mit oder ohne Ton, sich doch eher in verstreuten Texten, Notizen und Briefen zeigt, als dass die künstlerischen Produkte in einer frühen Phase bereits von der akademischen Welt beachtet und wissenschaftlich kommentiert worden wäre. Dennoch lassen sich im Rückblick klare Entwicklungslinien benennen, die sich, wie so oft, quer durch die künstlerischen Gattungen lesen lassen. Kunst, Musik, Architektur und Literatur nähern sich an, wenn Bewegungen im Raum eine neue universale Kunst bedingen, die sämtliche Bereiche tangiert, ohne dass sie sich dabei auf einen Bereich zurückführen ließe. Wie unsere Wahrnehmung der Welt, so die Kunst. „Sie hören gleichzeitig die Hupen der Autos, das Klingeln der Straßenbahn, das Tuten der Omnibusse, das Hallo des Kutschers, das Sausen der Untergrundbahn, das Schreien des Zeitungsverkäufers, das Tönen eines Lautsprechers usw."[314] Simultaneität sinnlicher Reize der Moderne werden zur Herausforderung der Kunst in der Moderne, der nur vom Kino entsprochen werden kann. Er leitet daraus ab: „Man müsste ein Kino bauen, das für verschiedene Versuchszwecke hinsichtlich Apparatur und Projektionsfläche eingerichtet ist. Es ist vorstellbar, die übliche Projektionsebene durch einfache Verstellvorrichtungen in verschiedene schräg lagernde Flächen und Wölbungen zu gliedern, wie eine Berg-Tal-Landschaft."[315] In der Anlage gilt es verschiedene Schichten künstlerischer Formen in ein neues Produkt zu integrieren. „Das, was schon ein Kunstwerk ist, ehe es vor die Kamera kommt, wie Schauspielkunst, Inszenierung, Romane oder Theaterstücke, kann nicht ein Kunstwerk auf der Leinwand sein."[316] Der Film wird als selbständige, eigene und neue Kunstform, die sich zwar in Anlehnung an Schauspiel, Oper, Musik und Literatur orientieren mag, die sich aber dennoch eine qualitativ neue Dimension erschließen kann, diskutiert. Film als selbständige Form, die nicht in Relation zu anderen

Künsten beschrieben werden muss, sondern Maßstäbe raumbildender Möglichkeiten aufzeigt, fordert die Theorie. Nicht mehr wie bei Arnheim und Benjamin wird der Aspekt künstlerischer Selbstbehauptung in den Mittelpunkt gestellt, sondern der Film ermöglicht, wie Hans Richter es formuliert, eine „Orchestration von Bewegung in visuellen Rhythmen".[317] Die Avantgarde der 1920er Jahre bietet den unabhängigen Film-Poeten ab Ende der 1950er Jahre die Basis künstlerischen Selbstverständnisses. Propaganda-, Zeichentrick-, Dokumentarfilm folgen einer Richtung, die sich mit den Worten absolut, abstrakt und experimentell umschreiben lässt. Was sind die Besonderheiten?

Fragmente von Ereignissen

Frei von finanziellen Aspekten können es nach Richter nur moderne Künstler sein, die im Medium des Films Chancen auf die Erschließung neuer Möglichkeiten für ihre Arbeit gefunden haben, sie sind daher in der Lage, den Film seiner Funktion eines Mediums für die Massen zu entheben. Dabei wird nicht etwa die Wiedergabe der aus der Realität entnommenen Bilder zu einer zusammenhängenden Erzählung angestrebt, sondern vielmehr eine Art zweite Realität der Dinge gewonnen. Abstraktion und Fragmentierung von Gegenständen und Formen führen dazu, dass im Medium des Films, durch Rhythmus und Licht, Dinge und Formen neuartig erfahrbar werden. Es geht nach Richter programmatisch um ein neues Sehen, Erleben und Verstehen. „Den Rhythmus gewöhnlicher Dinge in Raum und Zeit zu formen, um die in ihnen wohnende Schönheit aufzuzeigen."[318] Dass dabei die Dinge, und es gibt kein schöneres Wort dafür, in ein anderes Licht, nämlich das Bewegungslicht gestellt werden, zeigt, wie nah der absolute und abstrakte Film seiner Konzeption nach der skulpturalen und dabei raumgreifenden Form installativer Kunstformen mit Bewegung ist. Richter: „Verfremdung eines Objektes, um es mit Licht neu zu formen, Licht mit jenen Qualitäten der Transparenz und Leuchtkraft als poetisches, dramatisches, konstruktives Material."[319] Politisch aufgeladen ist die Ästhetik, in der man sich vor allem mit Produktionsbedingungen der Gattung befasst. Immer ist die Herstellung von Filmen an die Verfügbarkeit technischer Voraussetzungen gebunden. Naheliegend daher, dass der Zugang zu Produktionsmitteln über Formate sowie den Repräsentationsrahmen entscheidet. Von einer Autonomie künstlerischer Produktion kann daher nur in wenigen Fällen ausgegangen werden, da der Film alle künstlerischen Formen nutzt und als Produkt einer Gruppe entsteht.

Absolut – Abstrakt – Geistiges

Ästhetische Traditionen im Bereich der Musik haben gesellschaftliche Funktionen und Orte der Aufführungen als Richtmaß der Bewertung etabliert und Umschreibungen entwickelt, die im Ausgang von Hegels Ästhetik in der Musik eine hohe Form zu erkennen glaubten. Ein Kritiker von Richard Wagner, der Musikwissenschaftler Eduard Hanslick, sah in der Musik wie in keiner anderen Kunstform Funktionen, die mit dem Leitbegriff *absolut* definiert wurden. Debatten zum künstlerischen Stellenwert komponierter Musik, die dazu angelegt waren, zwischen hohem und niederem künstlerischen Wert von Musik zu unterscheiden, entwickelten sich zum führenden Maßstab ästhetischer Wertung. Die Interpretationshoheit darüber, was hoch und nieder war, wurde aus Hegels Philosophie und insbesondere dessen Vorlesungen zur Ästhetik abgeleitet, die in den 1820er Jahren in Berlin gehalten wurden und in den 1830 Jahren erschienen waren. Hegels Diktum galt, wenn Musik in einer Stufenfolge der Künste diskutiert wurde und diese in der Hierarchie der Künste neben der Poesie an der Spitze stand. Hegel: Deshalb soll der Inhalt der Kunst an die

natürliche Erfahrung unseres äußerlichen Daseins [anknüpfen um diese] zu ergänzen und andererseits jene Leidenschaft überhaupt erregen, damit die Erfahrung des Lebens uns nicht ungerührt lassen und wir nun für alle Entscheidungen die Empfänglichkeit erlangen möchten. Solche Erregung geschieht nun aber in diesem Gebiet nicht durch die wirkliche Erfahrung selbst, sondern nur durch den Schein derselben, indem Kunst ihre Produktion täuschend an die Stelle der Wirklichkeit setzt. Die Möglichkeit dieser Täuschung durch den Schein der Kunst beruht darauf, dass alle Wirklichkeit beim Menschen durch das Medium der Anschauung und der Vorstellung hindurchgehen muss und durch dieses Medium erst in Gemüt und Willen eindringt.[320]

Sinnliches Erleben im Feld der Kunst soll nach Hegel mit einem Wahrheitsgehalt verbunden sein, die eine Metaphysik der Künste berechtigt.

Wenn nämlich das Kunstwerk die Wahrheit, den Geist als Objekt in sinnlicher Weise hinstellt und diese Form des Absoluten als die gemäße ergreift, so bringt die Religion die Andacht zu dem absoluten Gegenstand sich verhaltenden Inneren hinzu. [Wie in der Religion, so in der Kunst] geht es um die Innigkeit der Empfindung, die das wesentliche Element für das Dasein des Absoluten wird.[321]

In der Metaphorik des Eindringens wird der Übergang schwingender Elemente zur Körpererfahrung eines inwendigen Hörens, dessen Prägung den Menschen verändert. Wird von einer Macht der Musik gehandelt, dann liegt diese in der physischen Kraft, die sie durch ihre Schwingungsformen auf den Menschen ausübt.

Indem nur der musikalische Ausdruck das Innere selbst, den inneren Sinn der Sache und Empfindung zu seinem Gehalt [macht], so dringt der Ton mit [seiner] Bewegung unmittelbar in den inneren Sitz aller Bewegungen der Seele ein. [...] Abstrahieren wir aber von dieser Verständigkeit und lassen uns unbefangen gehen, so zieht uns das musikalische Kunstwerk ganz in sich hinein und trägt uns mit sich fort, abgesehen von der Macht, welche die Kunst als Kunst im Allgemeinen über uns ausübt. Die eigentümliche Gewalt der Musik ist eine elementarische Macht, d.h. sie liegt in dem Element des Tones, in welchem sich hier die Kunst bewegt.[322]

Hegel abstrahiert mit den Formen der Musik eine Bandbreite seelischer Zustände, die keiner vergleichbaren Form in anderen Künste eigen ist. Musik berührt und dies in einer Bandbreite, die in Worten atmosphärischer Schwankungen und Landschaften geschildert wird. Mensch, Landschaft und Atmosphäre bilden eine Einheit.

Das Poetische der Musik, die Seelensprache, welche die innere Lust und den Schmerz des Gemüts in Töne ergießt und in diesem Erguss sich über die Naturgewalt der Empfindung mildernd erhebt, indem sie das präsente Ergriffensein des Inneren zu einem Vernehmen seiner, zu einem freien Verweilen bei sich selbst macht und dem Herzen eben dadurch die Befreiung von dem Druck der Freuden und Leiden gibt – das freie Tönen der Seele im Felde der Musik ist erst die Melodie.[323]

Besonderen Stellenwert hat die einfache Form melodischer Gestalt, die erinnerbar ist und auch nachgesungen werden kann. Eduard Hanslicks *Vom musikalisch Schönen* kommentiert Hegel in einigen Passagen:

Der Komponist denkt und dichtet. Nur denkt und dichtet er, entrückt aller gegenständlichen Realität, in Tönen. [...] und so muss dieser Verlauf des Senkens und Hebens, des Beschleunigens und Verlangsamens, des Dehnens und Stauchens, des Aufgreifens und Entwickelns als Ganzes und nicht von außen Teilbares [...] gesehen werden. Die Art der künstlerischen Bearbeitung sowie die Erfindung gerade dieses Themas ist in jedem Fall eine so einzige, dass sie niemals in einer höheren Allgemeinheit zerfließen kann.[324]

Gestalt und Motiv werden als Idee der Musik zum Zentrum. Hegels Version einer Idee des musikalischen Motivs, einer Folge von Tönen, die einer eigenen Logik der Form folgen, spiegelt die geistige Kraft des Komponisten. Gestalten bieten wiedererkennbare Muster und werden als Qualitäten identifiziert: „Eine musikalische Idee entspringt primitiv in des Tondichters Phantasie, er spinnt sie weiter – es schießen immer mehr und mehr Kristalle an, bis unmerklich die Gestalt des Ganzen in ihren Hauptformen vor ihm steht."[325] Hegel und Hanslick bereiten Grundlagen einer Ästhetik früher Filmmusik vor. „Das Komponieren ist Arbeiten des Geistes in geistfähigem Material."[326] Eisler und Adorno vertraten in ihren Schriften eine Wertschätzung musikalischer Kompositionen, die frei von dienenden Funktionen sein sollten und als Musik ohne Bilder hohe Qualität haben konnten. Komplexität, künstlerischer Anspruch und Eigenständigkeit der Musik, die als absolute Musik im Kontrast zur Programmmusik um 1860 diskutiert wurde, bilden die ästhetischen Grundlagen. Gefahren liegen im Bestreben nach einer

Überkomplexität im Detail, die Sucht, jedes Moment der musikalischen Begleitung möglichst interessant zu machen, Pedanterie, formalistische Spielereien, insbesondere ist zu warnen vor einer leichtfertigen Übernahme der Zwölftontechnik, die zur Fleißaufgabe entarten kann, in der das arithmetische Stimmen der Reihe das echte Stimmen des musikalischen Zusammenhangs ersetzen soll.[327]

Ähnlich wie Eisler sah Adorno die Problematik des Rückgangs experimenteller und avantgardistischer filmkompositorischer Werke sowie den schleichenden Verlust kompositorischer Urteilskraft. „Radikale Neuerungen sind jedoch aus kommerzieller Rücksicht weithin ausgeschlossen. Infolgedessen beginnt sich eine gewisse Neigung zur mittleren Linie geltend zu machen, die ominöse Forderung. Modern, aber nicht so sehr."[328] Film und Kino waren von Anbeginn darauf ausgerichtet, ein breites Publikum zu erreichen. Damit verbunden waren voraussetzungslose Handlungen, die sämtliche künstlerischen Ebenen zum intuitiv verständlichen Ablauf formen mussten. Tradierte Gattungsnormen wurden im Medium Film nivelliert. Kino sollte für alle da sein und bietet in expressionistischen Bildern einen Weg aus dunklen Bildern urbaner Probleme, die um 1910 in den meisten europäischen Großstädten das Bild der Zeit bestimmen. Pauli: „Dieses Publikum ist daran gewöhnt, überschaubare und klar voneinander getrennte szenische Einheiten einer Geschichte dargeboten zu bekommen, es sah sich zum ersten Mal einer Flut von Bildern ausgeliefert, in die es Ordnung bringen musste."[329] Als Bindeglied erweist sich zunehmend die Tonspur: „Sie [die Musik im Film] übernahm die Aufgabe, die Bilderflut zu gliedern, die Einzelbilder zusammenzufassen zu Szenen, aus denen sie hervorgegangen waren; sie löste die Aufgabe, indem sie jeder Szene ein Musikstück zuwies, das nach Dauer und Charakter der Szene entsprach."[330] Stereotyper Einsatz musikalischer Mittel wurde insbesondere in New York möglich, da es eine Art Warenhaus mit für den Film vorbereiteten Produkten gab. So berichtet der Filmhistoriker Roy M. Prendergast von einem Geschäft, dem Carl Fischer Store, wo hunderte musikalischer Titel offensichtlich konkreten Filmszenen, die in einer einfachen Stilistik geordnet, angeboten wurden.[331] Die Sammlung bot stereotyp bezeichnete Tonbänder an, die unter den Überschriften: Katastrophe, höchste Dramatik, mysteriöse Natur etc. Ausschnitte bekannter Komponisten wie Beethoven, Liszt, Wagner, Mussorgsky mit entsprechenden Vortragsangaben empfohlen.[332] Im Kontrast zum geschlossen aufgeführten Werk, dessen Gliederung in einzelnen Sätzen von Ton zu Ton, von Taktgruppe zu Taktgruppe einer Logik folgt, wird im erwähnten Bereich der frühen Musik, die im Stummfilm eingesetzt wird, Musikgeschichte und jedes einzelne Werk zu einem beliebig auswechselbaren Baustein. Jede kompositorische Intention wird einer Funktion unterworfen, die es zum Gebrauchsmaterial werden lässt. Für das Verhältnis von Bild und Ton gilt es also nach Eisler/ Adorno ein Maß zu finden, das ausgewogen ist, wenn man der filmischen Vorlage entsprechen will.

Aufgabe war es, das avancierte Material und die ihm entsprechende, sehr komplexe Kompositionstechnik am Film zu erproben. Der *Regenfilm* ermutigte ebenso durch seinen Experimentalcharakter wie durch den bei aller sachlichen Haltung lyrischen Ausdruck vieler Details zu einem solchen Versuch. Zugleich wurden alle erdenklichen musikdramaturgischen Lösungstypen eingesetzt: vom simpelsten Naturalismus der synchronen Detailmalerei bis zu den äußersten Kontrastwirkungen, in denen Musik eher über das Bild reflektiert, als ihm folgt.[333]

Eislers kompositorische Werke für den Film wurden bereits durch Hinweis auf kammermusikalische Gattungen erwähnt. Mit der Gattung Kammermusik wurden nach Hegel und Hanslick Aspekte *vergeistigter Innerlichkeit* auf ästhetischen Traditionen zitiert, die der Idee absoluter Musik nahekamen. Kammermusik oder Filmmusik? Die Hauptsache ist gute Musik, Paul Hindemith äußerte im *Filmkurier*: Die Filmmusik muss vom Grunde auf geändert werden. Mit dem Wechsel vom Kintopp in das Lichtspieltheater verband sich eine Verbürgerlichung der Filmmusik. So zogen gleichzeitig mit den gehobeneren sozialen Schichten auch die Komponisten zeitgenössischer Musik in die Lichtspieltheater und Filmpaläste ein. In Deutschland taten sie es mit großem Engagement, wie die Experimente 1927–1929 des namhaft gewordenen Kammermusikfestes zeigten, die zeitweilig von Donaueschingen nach Baden-Baden verlegt worden waren.

Ästhetik des abstrakten Films

Nur im Kontrast zum kommerziellen Film können zunächst künstlerisch anspruchsvolle Formen diskutiert werden, die immer auch die gesellschaftliche Position des Künstlers reflektieren.

Wenn die Arbeit des Künstlers unter monopolkapitalistischen Bedingungen noch etwas bewirken soll, muss er versuchen, mit seinem Werk einen Kommunikationsprozess auszulösen und die rezipierenden Subjekte zum Interaktionsprozess mit dem Medium anregen. Ein kritisches Werk gibt Aufschluss über den gesellschaftlichen Ort seiner Entstehung und trägt bei zur Erhellung gesellschaftlicher Prozesse. [...] Was jedoch gelungene avantgardistische Filme vom kommerziellen Film unterscheidet, ist ihr Anspruch auf Kunst.[334]

Hier wird Bezug genommen auf einen geschichtsphilosophisch umkleideten Begriff künstlerischen Materials, wie dieser von Adorno im Bereich zeitgenössischer Musik entwickelt worden ist. Schwierigkeiten in der Beschreibung, Analyse und Praxis des Einsatzes von Musik zeigen sich zwischen 1920 bis 1950 in den Kreisen experimentell ambitionierter Künstler und Autoren. Manifeste, Ankündigungen und ästhetische Positionierungen haben Raum geschaffen, wie wir bei Eisenstein, Moholy-Nagy, Eisler/Adorno sowie Hans Richter gesehen haben. Dabei stellen sich deren politisch eingefärbte ästhetische Positionen im Kontext der 1920er Jahre als zeitgeschichtliches Phänomen dar, das neu bewertet werden sollte. Eine Reihe von Begriffen werden in Schriften und Zeugnissen mit solcher Regelmäßigkeit verwendet, dass sich darin eine Geschichte in Leitbegriffen andeutet. Der systematische Gebrauch von Benennungen und Bezeichnungen regelmäßig wiederkehrender Einstellungen bestimmt die Analyse. Die Pointe liegt wie immer in der Verwendung und Gewichtung, der nur in der Sprache und Schriftlichkeit sich ereignenden Wiederholung. Unabhängig davon, ob sich Künstler, Komponisten, Philosophen oder Wissenschaftler der Kunst-, Musik- oder Medienwissenschaft zu zeitgenössischen, neuen und vor allem im gewissen Sinn experimentellen Kunstformen äußern, so verwenden sie dabei beschreibende Worte, die sich um mindestens fünf Leitbegriffe versammeln:

1. *Absolut*, das Absolute, Idee des Absoluten, absolute Musik – das geistig Erhabene. 2. *Abstrakt*, das Gegenstandslose, die reduzierte Form, je nach Grad schwer ortbar. 3. *Bewegung*, mechanische, physikalische wird hier mittels technischer Neuerungen beschrieben. 4. *Dynamik*, Wechsel der Geschwindigkeit sowie Richtung der Bewegung. 5. *Montage*, Attraktion, dynamische, assoziative.

In diesem Umfeld entwickelt sich das ästhetische Feld des experimentellen Films auf Basis musikalischer Terminologie. Dabei führen die Titel regelmäßig zu den Intentionen der Autoren. Ist das Werk gegenständlich oder abstrakt angelegt? Wie wird der im Medium präsentierte Zusammenhang künstlerischen Materials bezeichnet? Wo wird das Werk erstmals der Öffentlichkeit gezeigt? Konzert? Kino? Ausstellung? – Unterschiedliche Erwartungen sind damit auf dramatische Art und Weise mit der Rezeption, also dem eingeübten Wechselspiel zwischen Wahrnehmen und Verstehen verbunden. Was schafft den Zusammenhang? Film oder Rezeption? „Dieser Film ist eine wahre determinierte Simultaneität."[335] Sowie: „Musik ist eine Welt für sich."[336] Snow äußerte in diesem Zusammenhang, er sei so zur Erkenntnis gekommen, dass er „im Wesentlichen ein Zeit-Ton-Poet [ist]."[337] Und in diesem Verständnis musikalischer wie auch bildkünstlerischer Komposition erhält der Begriff und die Bedeutung *Komposition* eine radikale Wendung. Konstruiert sind Bestandteile, die ein Ganzes nachahmen wollen. Aber es ist keine Gewähr da, ob nicht die wichtigsten fehlen. Und ob nicht das Bindeglied dieser fehlenden Bestandteile ist: die Seele.

Abstraktion und Fragmentierung von Gegenständen und Formen führen dazu, dass im Medium des Films, durch Rhythmus und Licht, die Dinge und Formen neuartig erfahrbar werden. Es geht nach Richter programmatisch um neues Sehen und Erleben. Nicht nur dass damit in den 1920er Jahren aus den Experimenten mit Licht, Bewegung und Rhythmus eine neue Kunstform erwuchs, nein, noch stärker, durch die poetische Filmkunst wurden Grundlagen neuer zeitlicher Formen jenseits von Theater, Oper und Musik mit einer Ausrichtung auf die Gesetze der sinnlichen Wahrnehmung und kognitiven Verarbeitung gelegt. Dabei stehen mechanische und maschinelle Bewegungsvorgänge in klarer Opposition zum Film als Medium der Unterhaltung und der Idee eines erzählerischen Duktus. Film als Form der Poetik stellt seine Verfahren selbst in den Mittelpunkt und integriert aus seinem Zentrum manche Bruchstücke aus anderen Künsten. Der Grad dieser Unabhängigkeit, die sich keinem Diktat von Gliederungen unterzuordnen bereit ist, macht den Film nun zum absoluten oder auch abstrakten Film. Auf jeden Fall ist damit von Anbeginn eine klare antibürgerliche Geste verbunden. Richter: „Der Protest der Avantgarde bürgerlicher Kunst gegen die Kapitalisierung aller Lebensbereiche mit der daraus resultierenden Entfremdung und Verdinglichung der zwischenmenschlichen Beziehungen verinnerlichte das Problem, die Produktionsverhältnisse – die auch die des Künstlers sind – bleiben unreflektiert: Die Abstrakten huldigten der reinen Form."[338] Hans Richter: „Der abstrakte Film – Eggeling – Diagonal-Symphonie – entdeckt die Leinwand als Bildfläche. Man erkennt den jeweiligen Rhythmus eines Films. Zeitlupe und Zeitraffer werden zur Aufhebung der normalen Bewegung eingesetzt."[339] Der abstrakte Film steht in Opposition zum Erzählfilm und bedient sich einer Montage der Widersprüche, in der Erfahrung des Unbewussten, die erneut zwischen Musik und Kunst angelegt sind. „Alle berühmten Maler des 20. Jahrhunderts, die versprachen, im Bereich der Kunst mehr zu bieten als eine bloße Verlängerung des Illustrativen, alle Inspirationen auf das geistige Auge lassen sich auf die Abstrakte Kunst zurückführen."[340] Snow: *Eye and Ear* ist analytischer, alle Teile werden behandelt, einzeln untersucht. Zuerst werden Hintergründe, dann Vordergründe gezeigt. Es ist vielleicht linearer als die anderen. Es ist bildhauerisch. Es ist auch eine Art Demonstration von Gesetz und Ordnung und deren Transzendenz."[341] Typisch für Lesetechniken des experimentellen Films der späten 1960er Jahre sind psychoanalytische Beschreibungen von Formen des Bewusstseins: „Meine Filme sind (für mich) Versuche, gewisse Bewusstseinszustände dem Geist anzudeuten. In dieser Beziehung sind sie Drogen entsprechend."[342] Unterbewusstes und die Kenntnis simultaner Schichten der Zeit erinnern an Bergson und Freud. „Für mich ist der Film ein Raum-Bild. [...] Ich finde, dass vor allem auf dem Gebiet der Bewegung die Absicht, natürliche Bewegung nachzuahmen, eine zu große Rolle spielt. Egal ob stilisiert oder nicht, es ist nicht notwendig. Ich möchte vielmehr als Charakteristik des abstrakten Films eine Nichtbeziehung, eine Beziehungslosigkeit hervorheben."[343] Doch die Erfahrung des Publikums erstellt durch seine aktive Teilnahme jene Gesamtheit, die als Gestalt und filmische Erzählung erinnerbar und damit beschreibbar ist. Der abstrakte Film beansprucht mit seiner Ästhetik eine Wertschätzung, die vormals der absoluten Musik zuerkannt wurde, wenn Snow äußert: „Der Film ist von allen Kunstarten, die es bisher gegeben hat, die erhabenste Kunstform bis zum heutigen Tag."[344] Die ideale Verbindung schafft nur der absolute, abstrakte Film, der ohne eine Erzählung und ohne die – nur theoretisch mögliche – Nachahmung der Natur auskommt. Alle Teile werden in Gestalt von Partikeln zusammengeführt, der Schnitt vereinigt sie. „Wie ein Chirurg wird er eine filmische Sehne trennen können oder jeden Ton verflechten oder entflechten, der aus dem Lautsprecher herauskommt. Wenn alles gut geht, wird es zu einer Orchestrierung werden, die der Musik Konkurrenz macht, das Auge blendet und das Ohr fasziniert.“[345] Simultaneität und eine dichte Folge von Ereignissen fordern die Rezeption, die ihrer Geschichte erst noch schreiben muss.

Aura und abstrakte Formen im Film

Aus Sicht eines mit klassischer Musik vertrauten Menschen sind Debatten um Fragen der Wiederholung im Verhältnis zum vermeintlichen Original theoretischer Natur, sie wiedersprechen der Praxis. Jede Aufführung eines musikalischen Werkes unterscheidet sich in Nuancen von vorhergehenden und nachfolgenden Aufführungen. Wie mag eine Sinfonie oder ein Streichquartett bei seinem ersten Erklingen, der Uraufführung, die Hörer beeindruckt haben? Haben Umstände musikalischer Rezeption eine Auswirkung auf den Stellenwert der Reproduktion im Verhältnis zum Original? Wahrscheinlich nur bei geübten Hörern. Reproduktion ist eine Leistung, die Benjamin im Hinblick auf die daran Beteiligten offensichtlich kaum einzuschätzen vermochte: „Denn die Leistung des Kameramanns am Objektiv ist ebenso wenig ein Kunstwerk wie die eines Dirigenten an einem Symphonieorchester; sie ist bestenfalls eine Kunstleistung."[346] Hier zeigt sich, dass Benjamin mit klassischer Musik wenig Erfahrung hatte, in einer Zeit, wo die Reproduktionen von Musik in privaten Haushalten zunahm. Abspielen klassischer Musik von Schallplatten ist seit den 1920er Jahren bekannt, Hörabende wurden in der Gruppe zelebriert, wovon Rainer Maria Rilke und Thomas Mann Zeugnis abgelegt haben. Vergleichbarkeit der Aufnahmen fördern den bildungsbürgerlichen Diskurs zur Musik. Fragen, die mit der Wahl der Tempi, der Dynamik, der Artikulation und Phrasierung verbunden sind, sind Leistungen des Interpreten, ob als Solist am Instrument oder aber als Dirigent vor dem Orchester. Ausarbeitung und Gewichtung musikalischer Details individualisiert jede Aufführung. Daher erweist es sich als Irrtum, dass sich Aufführungen unverwechselbar gleichen. Lediglich bei auf Speichermedien konservierter Musik lassen sich Vorgänge näherungsweise wiederholen. Tonkonserven oder öffentliches Konzert? Beides hätte Benjamin diskutieren können, doch sein Bild der Anschaulichkeit entsteht durch Überzeichnung:

Noch bei der höchstvollendeten Reproduktion fällt eines aus: Das Hier und Jetzt des Kunstwerks - sein einmaliges Dasein an dem Orte, an dem es sich befindet.

[...] Das Hier und Jetzt des Originals macht den Begriff seiner Echtheit aus, und auf deren Grund ihrerseits liegt die Vorstellung einer Tradition, welche dieses Objekt bis auf den heutigen Tag als ein Selbst und Identisches weitergeleitet hat. Der gesamte Bereich der Echtheit entzieht sich der technischen Reproduzierbarkeit – und natürlich nicht nur der technischen Reproduzierbarkeit.[347]

Sein Text liegt in zwei Fassungen vor und behandelt das Thema unter den Stichworten: technische Reproduzierbarkeit – Echtheit – Zertrümmerung der Aura – Ritual und Politik – Kultwert und Ausstellungswert – Photographie – Ewigkeitswert – Photographie und Film als Kunst – Film und Testleistung – der Filmdarsteller – Ausstellung vor der Masse – Anspruch, gefilmt zu werden – Maler und Kameramann – Rezeption von Gemälden – Micky Maus – Dadaismus – taktile und optische Rezeption – Ästhetik des Krieges. Benjamins Aufsatz hat eine breite Rezeption erfahren und wurde zur Grundlage der Filmtheorie. Kopie, Verdopplung und Vervielfältigung von Werken kann in der Geschichte der Kunst nach Benjamin als Verhältnis von Original und Reproduktion beschrieben werden, die durch die Technik der Lithografie als Neuerung diskutiert wird. Mit nun unbegrenzten Möglichkeiten der Vervielfältigung verbunden ist eine Stufenfolge, die nach Graden der Nähe von Reproduktion zum Original verbunden wird. „Mit der Lithographie erreicht die Reproduktionstechnik eine grundsätzlich neue Stufe. [...] Die Graphik wurde dadurch befähigt, den Alltag illustrativ zu begleiten.“[348] Eingeschrieben ist jedem Erzeugnis der Weg von der Skizze zum Druckstock und auch den sich im Laufe des Druckprozesses ändernden Zuständen. Wird Holz als Grundlage verwendet, variieren die Drucke stärker als bei einer Kupferplatte. „Mit der Photographie war die Hand im Prozess bildlicher Reproduktion zum ersten Mal von der wichtigsten künstlerischen Obliegenheit entlastet, welche nunmehr dem Auge allein zufiel.“[349] Ausgehend vom einfachen Medium wird eine Dynamik der Reproduktion entfaltet, die als Original und Kopie angesetzt ist. „Wenn in der Lithografie virtuell die illustrierte Zeitung verborgen war, so in der Photographie der Tonfilm.“[350] Jede technische Neuerung basiert auf vorangegangenen Entwicklungen und bedingt ästhetische Neuausrichtungen. „Die Masse ist eine Matrix, aus der gegenwärtig alles gewohnte Verhalten Kunstwerken gegenüber neugeboren hervorgeht. Die Quantität ist in Qualität umgeschlagen: Die sehr viel größeren Massen der Anteilnehmenden haben eine veränderte Art des Anteils hervorgebracht. Es darf den Betrachter nicht irremachen, dass dieser Anteil zunächst in verrufener Gestalt in Erscheinung tritt.“[351] Filme strahlen in der Summe ihrer Bestandteile etwas nur schwer Beschreibbares aus, wofür Benjamin einen Begriff aus der Klimatologie zitiert: „Was ist eigentlich Aura? Ein

sonderbares Gespinst in der Ferne."[352] Aura wird verstanden als Phänomen sinnlicher Wahrnehmung im Medium des Films.

Innerhalb großer geschichtlicher Zeiträume verändert sich mit der gesamten Daseins-
weise der menschlichen Kollektiva auch die Art und Weise ihrer Sinneswahrnehmung.
[...] Und wenn Veränderungen im Medium der Wahrnehmung, deren Zeitgenossen
wir sind, sich als ein Verfall der Aura begreifen lassen, so kann man dessen gesellschaftliche Bedingung aufzeigen. Es empfiehlt sich, den oben für geschichtliche
Gegenstände vorgeschlagenen Begriff der Aura an dem Begriff einer Aura von
natürlichen Gegenständen zu illustrieren. Diese letztere definieren wir als einmalige
Erscheinung einer Ferne, so nah sie sein mag. An einem Sommernachmittag ruhend
auf einem Gebirgszug am Horizont oder einem Zweig folgend, der seinen Schatten
auf den Ruhenden wirft – das heißt die Aura dieser Berge, dieses Zweiges atmen.[353]

Imagination kann als kognitive Leistung beschrieben werden, die individuell gesetzt ist:

Die Dinge sich räumlich und menschlich näher zu bringen ist ein genauso leidenschaft-
liches Anliegen der gegenwärtigen Massen, wie es ihre Tendenz zur Überwindung
des Einmaligen jeder Gegebenheit durch die Aufnahme von deren Reproduktion
ist. Tagtäglich macht sich unabweisbar das Bedürfnis geltend, des Gegenstandes aus
nächster Nähe im Bild, vielmehr im Abbild, in der Reproduktion habhaft zu werden.[354]

Und gerade dieses Verhaftetsein mit der Umgebung und dem Moment in
seiner gesamten sinnlich wahrnehmbaren Umgebung macht das Objekt
oder die Begegnung erinnerbar. „Die Einzigartigkeit des Kunstwerks ist
identisch mit seinem Eingebettetsein in den Zusammenhang der Tradition. Diese Tradition selbst ist etwas durchaus Lebendiges."[355] Tradition
heißt hier auch Wiederholung ähnlicher Vorgänge, die wie ein Ritual
zum Umgang mit Kunst, Musik und Architektur angewachsen sind und
als Gattung und deren Grenzen in die Geschichte der Künste eingingen.
Gegenstände aber, die wie Abfall (Fahrscheine, Knöpfe, Gebrauchsmaterial) auf die Bildträger geschraubt, geklebt und mit anderem Material
überzogen sind, verändern nach Benjamin das Wesen der Kunst. „Was
mit solchen Mitteln erreicht wird, ist eine rücksichtslose Vernichtung
der Aura ihrer Hervorbringung, denen sie mit den Mitteln der Produktion das Brandmal einer Reproduktion aufdrückt."[356] Dies ereignet
sich in allen Medien, und so wird unversehens aus einer Klangform ein
Filmgebilde, „das Kunstwerk bei den Dadaisten zu einem Geschoß. Es
stieß dem Betrachter zu. Es gewann eine taktile Qualität."[357] Die neuartige Qualität wurde jedoch mit dem Verlust der Kontemplation und
der Idee einer quasi-religiösen Andacht, die in sämtlichen Gattungen

der Künste ausschließlich aristokratischen Kreisen vorbehalten war, aufgegeben. So wie in der Ästhetik der absoluten Musik, die, nach Ansicht ihrer akademischen Vertreter, im Ideal des Streichquartettes stilisiert wurde, so verlieren sich geistige Dimensionen in Formen der Kunst, Musik und auch des Films, wenn auf vorhandenes Material, das in anderen Zusammenhängen bereits zum Einsatz kam, zurückgegriffen wird. „Der Dadaismus versucht, die Effekte, die das Publikum heute im Film sucht, mit den Mitteln der Malerei (bzw. der Literatur) zu erzeugen."[358] Aufmerksamkeit und Assoziationen des Betrachters weichen Momenten des Schocks. Der Betrachter ist dem Strom der Bilder, Klänge und Ereignissen ausgeliefert. Film wird zur fiktiven Wirklichkeit, die aber, und darin liegt seine besondere Kraft der Verführung, dann doch scheinbar individuell erlebt wird. „Die beweglichen Bilder haben sich an den Platz meiner Gedanken gesetzt. In der Tat wird der Assoziationsverlauf dessen, der diese Bilder betrachtet, sofort durch ihre Veränderung unterbrochen. Darauf ruht die Schockwirkung des Films, die wie jede Schockwirkung durch gesteigerte Geistesgegenwart aufgefangen sein will."[359] Hier verweist Benjamin erneut auf die kunstgeschichtliche Parallele des Dadaismus, der schroffe, unvermittelte Übergänge unterschiedlicher Medien kennt: „Kraft seiner technischen Struktur hat der Film die physische Schockwirkung, welche der Dadaismus gleichsam in der moralischen noch verpackt hielt, aus dieser Emblemage befreit."[360] Tägliche Erfahrungen des Urbanen können im Medium des Films in einer Dichte gebracht werden, die Übersetzungen anbieten. „Eine Film- und besonders eine Tonfilmaufnahme bietet einen Anblick, wie er vorher nie und nirgends denkbar gewesen ist. Sie stellt einen Vorgang dar, dem kein einziger Standpunkt mehr zuzuordnen ist, von dem aus die zu dem Spielvorgang als solchen nicht zugehörige Aufnahmeapparatur, die Beleuchtungsmaschinerie, der Assistentenstab usw. nicht in das Blickfeld des Beschauers fiele."[361] Kunst verliert nach Benjamin den Schein ihrer Autonomie durch das Medium der Fotografie unwiederbringlich, wobei die Idee der Autonomie nur realistisch ist, wenn die Urheber von Kunst bereits in anderen Bereichen täglicher Lebensführung über aristokratische Privilegien verfügen, die dann, im Sinne Benjamins/Adornos etc., durch Kunst und deren Rezeption reflektiert werden können. So frei wie beim verstehenden Spiel des Streichquartettes waren und sind es wenige. „Indem das Zeitalter ihrer technischen Reproduzierbarkeit die Kunst von ihrem kultischen Fundament löste, erlosch der Schein ihrer Autonomie auf immer."[362] Benjamin hat die Analyse einer ideologisch geprägten Kulturindustrie der Jahre zwischen 1932 und 1936 beschrieben. Er gilt seitdem als Leitfigur der Filmästhetik.

Ausblick

Gestalt. Muster. Erkennen

Abstraktion, Gestalt und Muster sind komplementäre Phänomene der Wahrnehmung, die neurowissenschaftliche Aspekte aufweisen, wenn der kognitive Status des Rezipienten berücksichtigt wird. Themen wie Autoren speisen sich aus kunst- und musiknahen Disziplinen, die von experimentellen Studien Max Wertheimers, gestaltpsychologischen Interpretationen Rudolf Arnheims, Albert Wellek und Maurice Merleau-Ponty bis hin zu musikpsychologischen Ausführungen von Helga de la Motte-Haber reichen. Zunächst ist es Wertheimer mit der Entdeckung des *Phi-Phänomens* gelungen, kognitive Leistungen als eigenständige Tätigkeit jenseits physikalischer Gesetze nachzuweisen, indem zwei voneinander entfernte Lichtquellen als korrespondierend erkannt wurden. Verbindungen sensorisch ähnlicher Reize erzeugen beim Betrachter Formen der Sukzession, die als Verhältnisse (Proportion, Kontrast, Dauer) bewertet werden. So hat der Komponist Wolfgang Rihm einmal mit Blick auf die Werke Morton Feldmans darauf hingewiesen, dass bereits zwei beliebig weiter erklingende Töne immer als Anfang einer Melodie gehört würden, unabhängig davon, wie lang die zeitliche Spanne zwischen deren Erklingen ist.[363] Grundlagen der Gestalt und ihrer Theorie im Feld der Kunst entwickeln sich im Ausgang von Cézanne, Kandinsky und Picasso bei Arnheim weniger als Stationen der kunsthistorischen Abstraktion; vielmehr hat Arnheim deren kritische Rezeption aus distanzierter Perspektive auf die Objekte im Blick.

Nicht weniger als eine umfassende Rezeptionstheorie im Zeichen der Psychologie visueller Wahrnehmung entstand. Arnheim: „Wir haben die Gabe vernachlässigt, Dinge mit unseren Sinnen zu erfassen. Die Begriffe haben sich von den Wahrnehmungsbildern gelöst, und das Denken ergeht sich in Abstraktionen."[364] Arnheim bietet einen umfangreichen Katalog künstlerischer Verfahren mit Voraussetzungen interdisziplinärer Rezeption. Kunst, Musik und Architektur werden noch im Rahmen tradierter Gattungsgrenzen behandelt. Stumm- und später Tonfilm führen einfache Modelle des Verstehens an ihre Grenzen.

Phänomenologische Fragestellungen deuten Felder und deren dynamische Prozesse an, die Motive einer Interpretationstheorie im Ausgang der Musik bedingen. Verfahren der Abstraktion im Verhältnis zur Gestalt bieten Profilierungen, die nicht mehr vom Primat visueller Wahrnehmung ausgehen, sondern vielmehr Erkenntnisse systematischer Musikforschung beerben, um dynamische Formen im Bereich des Tonfilms zu beschreiben. Ruhende Objekte im Verhältnis der in ihnen angelegten Gravitationskräfte sind für Arnheim bedeutsam, die als Gewichtsverhältnisse und Bewegungsoptionen im Ausgang von Kandinsky als Spannungen und gerichtete Kräfte beschrieben werden. Wird von gerichteten Kräften im Zusammenhang mit Gestalten und deren Rezeption gehandelt, so werden zeitliche Motive herangezogen, die mit melodischen Formen und Kompositionstechniken assoziiert werden. Wirkungsformen der Abstraktion haben seit Cézanne, Kandinsky und Mondrian von der Auflösung gegenständlicher Sujets auf der Fläche mit Projektionen in die Tiefe des Bildraums über Herstellung und Rezeption des abstrakten/absoluten Films ihre Ebenen markant verändert. Ereignisse auf Fläche und Raum erfahren durch dynamische Prozesse bewegter visueller Objekte und der Tonspur eine zunehmende Verdichtung, die sich gängigen Beschreibungen entzieht, die bei Arnheim noch unter dem Begriff „Gestalt" gefasst worden ist. Das Scheitern einfacher Untersuchungen wird Programm einer Suche nach differenzierenden Standards eines Verstehens bewegter Formen. Was bereits in Beschreibungen vermeidlich ruhender Bilder und komponierter Musik in der Detailanalyse führt, sollte nach Helga de la Motte–Haber auch als großangelegter Wurf nicht zum Erfolg in der wissenschaftlichen Bestimmung eines ganzheitlichen Begriffes von Gestalt führen. „Das Scheitern der experimentellen, analog zu den Naturwissenschaften betriebenen Analysen des Bewusstseins lässt sich in den Jahren zwischen 1883 und 1890 datieren, in denen der erste und zweite Band von Stumpfs Tonpsychologie erschienen ist. Vom unentwegten Hantieren mit Stimmgabeln, Pfeifen und Zungen oder anderen Gerätschaften enttäuscht, vermochte sich Stumpf nur mühsam an einen zweiten Band begeben, der dann auch einen neuen Standort der Psychologie widerspiegelt."[365] Die Vielzahl einzelner Versuchsreihen lässt sich kaum rekonstruieren. Methodisch waren die ersten Jahre durch Wissenschaftler geprägt, die im Ausgang phänomenologischer und hermeneutischer Philosophie die systematische Untersuchung zur Wahrnehmung mit Begriffen verbanden, die von stabilen Zuständen und einfachen Prozessen ausgingen.[366] Methoden der Untersuchungen waren in den ersten Jahrzehnten von empirischen Ansätzen geprägt, die „seelisches (kognitives) Geschehen als

Ausdruck der Eigenlogik eines dynamischen Gestaltungsgeschehens"[367] ansahen. Leitbegriffe wurden etabliert: *„Ganzheit* (Krueger, Sander), *Gestalt* (Wertheimer, Köhler), *Struktur* (Dilthey, Wellek), *Feld* (Lewin) und *Figuration* (Salber)."[368] Welche minimalen Anforderungen sind mit dem Begriff der Gestalt verbunden? Können Koalitionen des Verstehens aus verschiedenen Sinnesbereichen überhaupt als Summe gefasst werden? Oder, anders, entzieht sich nicht die Beschreibung sinnlicher Erfahrungen durch individuelle Determinanten der Rezeption einer ganzheitlich differenzierenden Theorie der Gestalt? Wahrscheinlich kann der Satz von Aristoteles: „Das Ganze ist mehr als die Summe seiner Teile" auf die individuelle Konditionierung bezogen werden, die durch den kognitiven Status wie kulturelle Voraussetzungen bestimmt wird.

Gestalt wurde mit dem Begriff der Gestaltqualität als systematisch belastbarer Begriff von Christian von Ehrenfels mit zwei Kriterien bestimmt, die aus dem Feld der Musik entwickelt wurden:

Übersummenhaftigkeit und Transponierbarkeit. Als Musterbeispiele dienten optische Figuren und besonders Melodien und Akkorde, welche letztere sich im Tonsystem auf und ab versetzen lassen, ohne ihre eigentlich charakteristischen Qualitäten zu verlieren. Die sämtlichen einzelnen Elemente (Töne), aus denen eine Melodie aufgebaut ist, werden ausgewechselt, wenn man sie in eine andere Tonart transponiert; trotzdem bleibt es dieselbe Melodie, die man sogleich mühelos wiedererkennt.[369]

Ereignisse in der Zeit, die seitens des Rezipienten Erinnern voraussetzen und Erkennen ermöglichen, erweisen im Bereich der Musik Joh. Seb. Bach besondere Reverenz, da seine Kompositionen zu den am meisten zitierten und bearbeiteten Werke zählen, die zudem in bildkünstlerische Formate und den Film übertragen wurden. Widerstandskraft gegen Auflösung bedingt den Kern der Gestalt, die stabile Kräfte aufweist, um als „Abgegrenztheit, Geschlossenheit, Gegliedertheit und im Feld der Musik als Gerichtetheit"[370] wirksam zu werden. Forschungen zur Wirkung von Ton-, Bild- und Handlungsfolgen sind bei Wertheimer, Köhler, Koffka durch Entwicklungen des Kinos angeregt und führen zu Fragstellungen kognitiver Voraussetzungen, die jede Rezeption bestimmen. Durch die Verlagerung verlieren Werk und Material an tradierter Bedeutung, der Betrachter wird zum Mittelpunkt. Die Zeit der Rezeption wird als Dauer und einheitsstiftende Kraft entdeckt, deren Beschreibung notwendig wird, um individuelle Rezeption abstrakter Formen als Einheit in einen Rahmen zu stellen und Gesetzmäßigkeiten zu fassen. Damit werden singuläre Erkenntnisse bedeutsam, die, am einzelnen Phänomen entdeckt wurden, um auf eine Erweiterung in eine allgemeingültige Sicht überführt zu werden: „Wahrnehmung ist von vornherein nicht als Kette von Einzelereignissen angeordnet, sondern als Organisation mit einer spezifischen gestalthaften Entwicklungsdynamik. Am *Phi-Phänomen* konnte Wertheimer nachweisen, dass getrennt voneinander dargebotene Lichtreize in der Wahrnehmung zu einem Gesamtgefüge zusammentreten."[371] Hier knüpft Arnheim an: „Die Dynamik ist keine Eigenschaft der physikalischen Welt; es lässt sich vielmehr nachweisen, dass die auf unsere Netzhaupt projizierten Reizmuster bestimmen, welche Rolle dynamische Eigenschaften in einem Wahrnehmungsbild spielen."[372] Die Verarbeitung von Impulsen ist gebunden an den mentalen Status und die kognitiven Kompetenzen. Messbar sind vor allem Verarbeitung bei hoher Impulsdichte, die altersbedingt nachlässt. Arnheim umschreibt dies mit der „Verlangsamung der chemischen Uhr".[373] Tholey akzentuiert im Erkennen und Vorbereiten von Handlungen im Feld der Gestalt die wichtigsten Errungenschaften der Gestaltpsychologie:

Der wohl wichtigste Schritt, mit dem die Gestaltpsychologie über andere Schulen hinausging, betrifft die Dynamik von Gestalten. Sie zeichnen sich nämlich durch Selbstordnungstendenzen aus, die für ihre Bildung, Aufrechterhaltung, Wiedererkennbarkeit und Höherentwicklung verantwortlich sind. Diese Tendenzen werden unter dem Gesetz der guten Gestalt oder der Prägnanz zusammengefasst.[374]

Prägnanz aber kann nur im Betrachter unter Abgrenzung zur Umgebung entstehen, und sie steht in unmittelbarer Verbindung mit der Kognition, deren Stellenwert in theoretischer Hinsicht nur wenig entwickelt wurde.[375] Prozesshaftigkeit und Lernen bedingen sich und führen in Gebiete angeborener, frühkindlicher Reflexe. Angeborene Eigenschaften, die das Zusammenwirken von Ohren und Augen aufweisen, lassen sich in der Lokalisation belegen. Rainer Guski:

Es gehört geradezu zu den Grundfunktionen des auditiven Teilsystems, die visuelle Aufmerksamkeit auf Objekte und Ereignisse zu lenken, die sich akustisch bemerkbar machen und nicht im momentanen Blickfeld sind. Wenn aber ein potentiell Geräusche produzierendes Objekt im Blickfeld ist, dann lässt sich das auditive System dazu verleiten, den Auftretensort des Geräuschs eher nach den visuellen Informationen zu bestimmen.[376]

Vernachlässigt Entwicklungspsychologie diese Erkenntnisse, die im Bereich der Kinderforschung als Gesetze der Kognition erarbeitet wurden, wird Potential verschenkt, das in den Feldern der Altersforschung bedeutsam ist. Abstraktion, Gestaltbildung und Abweichung sind als kognitive Leistungen zu bewerten, die in Handlungsoptionen und Bewegungsformen sichtbar werden. Forschungsfelder altersabhängiger Kognitionsforschung, die sich nicht nur dem Erkennen einfacher Gestalten verpflichtet sieht, ist auf Untersuchungen räumlicher Formen angewiesen. Überlieferte Fragestellungenen lassen sich weiterführen. Perspektiven der Gestaltpsychologie liefern Hinweise auf Erlebnisse und Erfahrungen im Rahmen der Phänomenologie und psychologischen Forschung, um kognitive Voraussetzungen der Rezipienten zu individualisieren.[377]

Abstraktion. Muster und Gestalt lassen sich als Polaritäten über die zeitliche Spanne zwischen ca. 1880 und 1980 fassen, die sich als ästhetische Spiele der Kommunikation bildender Künstler und der Gestaltpsychologie ausbilden. Es zeigt sich, dass die Vorgeschichten der Abstraktion in den Ursprüngen sämtlicher Gattungen der Künste liegen, deren Rezeption ähnliche Fragen hervorbrachten. Nicht nur die einseitige Begriffsgeschichte der Abstraktion aus Perspektive der Philosophie und Rezeption Wassily Kandinskys, auch deren Bedeutung innerhalb der Gestaltpsychologie und Kognitionsforschung bieten nach Arnheim zahlreiche Möglichkeiten, wenn Details und größere Formen immer schon hohe Grade der Komplexität aufweisen, die Werke und Autoren zu Projektionsflächen haben werden lassen. Phänomene der Abstraktion lassen sich in komplexen Formen, wie exemplarisch am Film, diskutieren und dann keineswegs mehr in gängigen Formen einer philosophischen Terminologie fixieren: „Der Begriff ist aus einer Unterscheidung Kandinskys hervorgegangen, dem zufolge die moderne Kunst sich in zwei gegensätzliche komplementäre Richtungen entzweit: in die reine Realistik und in die reine Abstraktion."[378] Begriffliches Denken kommt an seine Grenzen, wenn mit Kant reine Formen als Modalitäten von Anschauungen zitiert werden. Gesetzmäßigkeiten der Abstraktion können als Hilfestellungen und Grundlagen der Mustererkennung herangezogen werden. Verfahren künstlerischer Abstraktion und wissenschaftlicher Entwicklung zu Wellenphänomenen von Licht- und Schallwellen im Bereich physikalischer Beschreibungen bieten Korrespondenzen in divisionistischen, pointilistischen und spätimpressionistischen Techniken, die von Arnheim bearbeitet und in Ansätzen einer interdisziplinären Rezeptionstheorie mit systembildendem Anspruch entwickelt wurde. Arnheim bereitet vor, was erst in den 1960er Jahren als Theorie benannt wird, wenn endlich auch die Betrachter, Leser, Hörer, Zuschauer als mentale und kognitive Instanzen im Spiel künstlerischer Anerkennungsprozesse geboren werden.

Kognitive Leistungen

Das Begriffsfeld kognitiver Leistungen wurde gewählt, um die Zusammenführung verschiedener Systeme der Wahrnehmung und ästhetischen Wertschätzung als gleichzeitig verlaufende Akte zu beschreiben. Vorläufer kognitiver Leistungen lassen sich unter dem Begriff *Gestalt* erkennen, die in Formen phänomenologischer Erfahrungen in Verbindung mit ästhetischen Wertungen auf konkrete Gattungen der Künste hin ausgerichtet waren.[379] Gestalt entsteht immer durch kognitive Leistungen, die einen Zusammenhang herstellen und als Form erfassen. Das Aufbrechen kanonisierter Formen führt zur Krise ästhetisch eingeübter Beschreibungen. Systeme kommen an ihre Grenzen, wenn Gestalten vor dem geistigen Auge geradezu zersplittern und in einzelne Bestandteile zerfallen. In diesen Jahren entwickelt sich im Feld philosophischer Hermeneutik eine weitreichende Interpretationstheorie. Die Differenz sinnlicher Wahrnehmung und deren Beschreibung wird im Namen der Ästhetik als nahezu unlösbares Problem identifiziert. Die Philosophie der Kunst erweist sich seit den 1960er Jahren verstärkt als ein eigenes Feld. „Im Grunde verdanken wir erst der phänomenologischen Kritik an der Psychologie der Erkenntnis des 19. Jahrhunderts die Befreiung von den Begriffen, die ein angemessenes Verständnis des ästhetischen Seins verhinderten. Sie hat gezeigt, dass alle Versuche in die Irre gehen, die Seinsart des Ästhetischen von der Wirklichkeitserfahrung her zu denken und als eine Modifikation von Wirklichkeit zu begreifen."[380] Sein und Wirklichkeit sind vielmehr individuelle Variablen, die auf Erfahrung und Konditionierung beruhen. Institutionelle Rahmungen (Galerie, Museum, Konzert, Oper, Theater, Kirche) entscheiden über Grundhaltungen, die in der Kirche wie an Orten der Kunst auf tradierten Ritualen der Anerkennung ruhen. „Die Relativität von profan und sakral gehört nicht nur der Dialektik der Begriffe an, sondern ist am Phänomen des Bildes als realer Bezug kenntlich. Ein Kunstwerk hat immer etwas Sakrales an sich."[381] Von einem Bild, einer Komposition, einem Theaterwerk als etwas Voraussetzungslosem auszugehen führt spätestens seit Cézanne in die Irre.

Die Frage nach der Seinsart des Bildes, die wir hier stellen, fragt nach etwas, was allen verschiedenartigen Erscheinungsweisen des Bildes gemeinsam ist. Sie nimmt damit eine Abstraktion vor. Aber diese Abstraktion ist keine Willkürlichkeit der philosophischen Reflexion, sondern etwas, das sie zum ästhetischen Bewusstsein vollzogen findet, dem im Grunde alles zum Bild wird, was sich der Bildtechnik der Gegenwart unterwerfen lässt.[382]

Das Bild muss als Gestalt erfahren werden, die nur im Kontext sakraler Anschauung als Kunst erlebt werden kann. Weder Produkte der Kulturindustrie noch kunstgewerblichen Arbeiten haftet etwas an, was in der Begrifflichkeit und Sprache des Absoluten, Erhabenen, Geistigen eben Vorgänge des Erlebens und Verstehens auszulösen vermag. Kunst, Musik, Film, Literatur und Architektur, die in die Geschichte der Künste eingehen, reflektieren Formen und Gattungen ihrer Voraussetzungen, die zwangsläufig in ein Überlieferungsgeschehen eingegliedert sind. Dabei gilt es seitens der Rezeption, den Verlauf unterschiedlicher Wertschätzungen zu berücksichtigen, die bedeutende Werke durchlaufen. Gadamer entwickelt eine Form historischen Verstehens, deren Modalitäten am Beispiel historischer Aufführungspraxis der Musik erläutert werden:

Interpretation ist wohl in einem gewissen Sinne Nachschaffen, aber dies Nachschaffen folgt nicht einem vorgängigen Schaffensakt, sondern der Figur des geschaffenen Werks, die einer so, wie er Sinn darin findet, zur Darstellung zu bringen hat. Historisierende Darstellungen, z.B. Musik auf alten Instrumenten, sind daher nicht so getreu, wie sie meinen. Sie sind vielmehr in der Gefahr, als Nachahmung der Nachahmung dreifach von der Wahrheit abzustehen.[383]

Keineswegs wird damit ein Verstehen von Kunstwerken favorisiert, das explizit als Kritik am Historismus im Umgang mit alter Musik sowie historischer Kunst intendiert ist. Gadamer entwickelt vielmehr eine Kritik an klassischen Begriffen einer Hermeneutik, wie diese im Zeichen der Lebensphilosophie von Dilthey mit dem Dreischritt Erleben – Ausdruck – Verstehen weite Kreise gezogen hat. Verstehen ist nach Gadamer immer an Vorbedingungen und Erfahrungen gebunden. Musikalische Aufführungen zeigen mit dem Thema von Wiederholung und Abweichung, wie einseitig jede Form des Originals im Feld der Musik erscheinen muss.

Selbst wenn wir etwa absolute Musik hören, müssen wir verstehen. Und nur, wenn wir verstehen, wenn sie uns klar ist, ist sie für uns als künstlerisches Gebilde da. Obwohl die absolute Musik eine reine Formbewegtheit als solche, eine Art klingende Mathematik ist und es keine gegenständlich bedeutungshaften Inhalte gibt, die wir darin gewahren, behält das Verstehen dennoch einen Bezug zum Bedeutungshaften.

Die Unbestimmtheit dieses Bezuges ist es, die die spezifische Bedeutungsbezeichnung solcher Musik ist.[384]

Verstehen absoluter Musik, das bedeutet einer Musik, die keine Bilder durch Titelgebungen oder Programme anbietet. Sie führt konsequent in die Formgebung einer Gestalt, die als Verlauf einer zeitlichen Gliederung folgt. Ereignisse in der Zeit lassen sich dann als Relation zueinander bestimmen und in überlieferten Modellen der Form (Fuge, Sonate) als logische Folge erfahren, die Gadamer unscharf in der tradierten Metaphorik einer klingenden Mathematik beschreibt. Letztendlich bedarf es keiner Ästhetik des Verstehens, da Musik auf viele Arten erlebt und individuell verstanden wird. Wenn Gadamer äußert: „Das ästhetische Bewusstsein besitzt eine uneingeschränkte Souveränität über alles",[385] dann impliziert dies eine Stufenfolge im Umgang und Verstehen, deren Abhängigkeit noch zu klären ist, da, nach Gadamer, weder sinnliches Erleben noch allgemeine Prozesse in der Aneignung künstlerischer Gehalte zwingend aufeinander angewiesen sind. „Die Abstraktion auf das Ästhetische hebt sich offenbar selber auf."[386] In diesem Widerspruch gefangen bleibt auch die Idee von Original und Abbild, die als Gratwanderung gegenständlicher Kunst ins 20. Jahrhundert führt, um damit einen Bildbegriff zu etablieren, der im Akt der Rekonstruktion zwischen Original (Gegenstand) und Abbild den Akt der Kunst als Vollzug, Leistung und somit als Handlung anerkennt. Während das Spiegelbild nur die Perspektive eines Originals für den Betrachter ändert, fordert das Abbild den Betrachter heraus: „Das Abbild hebt sich selbst auf in dem Sinne, dass es als Mittel fungiert und wie alle Mittel durch Erreichung seines Zweckes seine Funktion verliert."[387] Durchaus als ein zeitlicher Prozess wird Verstehen von Musik als deren Nachvollzug in einer immanenten Logik ähnlich beschrieben, wie auch der Nachvollzug ästhetischen Erlebens (Dilthey) durch das Kunstwerk angeregt wird und sich erst im Prozess der Interaktion als Kunst vollendet. Kunst dient der Reflexion. „Die Selbstaufhebung des Abbildes ist ein intentionales Moment am Sein des Abbildes selbst."[388] Bild und Abbild. Gestalt und Abstraktion erscheinen als Funktionsformen hermeneutischen Verstehens. Eingebettet in die Ästhetik des Erhabenen gelingt es nun, abstrakte Formen als Vollendung einer Philosophie der Kunst zu lesen, deren Verbindung kognitiver Leistung und sprachlichen Verstehens jene Vermittlung ermöglicht, die als Interaktion und kommunikatives Wechselspiel im Ausgang der Lebensphilosophie angelegt sind. Gleichwohl: „Was wir ein Kunstwerk nennen und ästhetisch erleben, beruht auf einer Leistung der Abstraktion. Indem von allem abgesehen wird, worin ein Werk als ursprünglicher Lebenszusammenhang (Dilthey) wurzelt."[389] Reduktion von Komplexität wird historisch vollzogen durch Rekonstruktion vergangener Welten, die als individuelle Übersetzung aktualisiert werden. Ausschnitte einer fernen Vergangenheit rücken in den Fokus, in dem Kunst, als symbolischer Ort, angeeignet werden kann. „Wir erkennen vielmehr die Aufgabe an, aus dem Sprachgebrauch der Zeit bzw. des Autors unser Verständnis des Textes erst zu gewinnen."[390] Voraussetzung für Akte des Verstehens sind immer Respekt vor dem anderen (Heidegger, Derrida, Levinas) und das Interesse an symbolischen Äußerungen. „Wer einen Text verstehen will, ist vielmehr bereit, sich von ihm etwas sagen zu lassen."[391] Gleichwohl ist damit keineswegs der Verlust persönlicher Wertschätzung verbunden, die vielmehr am Werk und dessen Rezeption erarbeitet werden muss. Verstehen braucht Zeit und setzt kognitive Kompetenzen voraus. Bild und Kognition lassen sich nicht unterscheiden. Beide Formen bedingen einander und führen zu einem Bildbegriff, der in der Beschreibung von Punkt und Linie auf Ordnungsprinzipien verweist, die bereits von Kandinsky und Mondrian beschrieben wurden, und später zu Relationen führt, die als *Relational Art* etabliert wurden: „Verschiedene – nicht gleiche – Bildelemente sind miteinander verbunden durch ihre gemeinsame Unterordnung unter eine Totalität, die sie bilden und der sie sowohl ihren Bildort als auch ihr bildliches System verdanken. Was der moderne Begriff der *Relational Art* bezeichnet, ist eine hierarchische Struktur der Subordination ungleicher Elemente unter ein von diesen selbst konstituiertes Ganzes."[392] Erfassen und Beschreiben von Bestandteilen hoher Referenzdichte erfordert immer einen geübten Betrachter, der in der Lage ist, aus Teilmomenten eine in sich schlüssige, abgeschlossene Gestalt zu identifizieren. Kaum ein Bildbegriff kann dies abschließend leisten. Imdahl: „Tatsächlich unterscheiden sich *Relational Art* und *Nonrelational Art* im Ganzheitscharakter des Bildes, wie sich ähnlich, wenngleich weniger grob, verschiedene Epochen der Malerei nach verschiedenen Modalitäten der Raumdarstellung unterscheiden lassen."[393] Imdahl analysiert Werke von Frank Stella, *Quathlamba* (1964), und Barnett Newman, *Jericho* (1968–69) unter Maßgabe von Gewichtsverhältnissen sowie in Bezug auf deren Titelgebung, um deren Referenzen auf Mondrian zu belegen.

Reduktion von Komplexität

Erkennen und Beschreiben ästhetischer wie sozialer Umwelten haben sich im Ausgang der Gestaltpsychologie als Forschungsfelder analytischer Philosophie und der in der Kunst wirksamen Institutionen durch Arthur C. Danto[394] und Niklas Luhmann als Reduktion von Komplexität sozialer Systeme entwickelt. Luhmann: „Komplexität [...] heißt Selektionszwang, Selektionszwang heißt Kontingenz und Kontingenz heißt Risiko. Jeder komplexe Sachverhalt beruht auf einer Selektion von Relationen zwischen seinen Elementen, die er benutzt, um sich zu konstituieren und zu erhalten."[395] Luhmann bezieht sich mit seiner Theorie auf Kant: „Kant hatte mit dem Vorurteil eingesetzt, dass Vielheit (in der Form von Sinnesdaten) gegeben und Einheit konstruiert (synthetisiert) werden müsse."[396] Auf Basis sinnlichen Erkennens erweitert Luhmann einen Teil seiner Systemtheorie, die ihn in die Nähe gestaltpsychologischer Annahmen führt. Luhmanns Beitrag als Rechtswissenschaftler und Soziologe[397] erkundet neue Felder und hat mit seiner späten Schrift *Die Kunst der Gesellschaft* entsprechende Beachtung gefunden. Ereignis und Wahrnehmung im System der Kunst reflektiert historisch etablierte Formen gesellschaftlicher Kommunikation und bildet einen Bezugsrahmen, der in die für Luhmann typische Analyse gesellschaftlicher Wirkungszusammenhänge gestellt wird. Er setzt zunächst im Feld phänomenologischer Beschreibung an, indem Akte der Wahrnehmung und sprachliche Reproduktion von Formen der Kunst unter dem Titel der Anschauung beschrieben werden. Luhmann nutzt einen komplexen Begriff simultaner Wahrnehmung, die über sinnlich und kognitiv beschreibbare Einzelphänomene hinausreicht, um sensorisch komplementär wirksame Prozesse (Sehen, Hören, Fühlen, Schmecken, Riechen) als Teilsysteme fassen zu können. Luhmann: „In der aktuellen Wahrnehmung und ebenso in der durch Imagination reaktualisierten, anschaulichen Vorstellung geht es um das Ergebnis eines Simultanprozessierens einer Fülle von Eindrücken mit der Möglichkeit, Schwerpunkte der Aufmerksamkeit zu wählen, ohne anderes aus dem Auge zu lassen."[398] Kognitive Prozesse werden als Voraussetzung unmittelbaren Erlebens beschrieben, gleichzeitig wird eine systemische Grenze neuronaler Aktivitäten behauptet: „Außerdem ist es für die Abgrenzung von Nervensystemen und Bewusstsein wichtig, dass Nervensysteme lediglich zur Selbstbeobachtung fähig sind und im rekursiven Bereich ihrer eigenen Operationen keinen Kontakt zur Umwelt durchführen können. Sie können, das versteht sich von selbst, nicht außerhalb ihrer eigenen Grenzen operieren."[399] Sprache erst soll zum Medium des Austauschs werden, damit werden Bedingungen gesellschaftlicher Räume der Kunst zurückgestellt. Doch die Praxis der Künste weist institutionell bestimmte Formen gesellschaftlich erlernter Verhaltensmuster auf, die als ritualisierte Handlungen in Museum, Galerie, Konzert, Kino oder Lesung hervorgebracht und vom Publikum über Generationen verinnerlicht werden. Solche Formen werden als *indirekte Kommunikation* beschrieben: „Dazu gehören Kommunikationen mit standardisierten Gesten innerhalb oder außerhalb von Gesprächen."[400] Abweichungen (Duchamp, Joyce, Cage, Snow) führen zu lebhaften Diskussionen, die sich sehr wohl im System ästhetischer Wertschätzung (Adorno, Danto) manifestiert haben. Voraussetzungen, diese Prozesse auf der Höhe ästhetischer Diskurse führen zu können, scheitern meist an einem noch von Adorno angesetzten Begriff ästhetischen Materials, dessen Version aus heutiger Sicht historistische Züge hat, da er Material innerhalb enger Gattungsgrenzen der Künste diskutiert. Luhmann: „Immer schon hatte die Ästhetik behauptet, dass die bloße Wahrnehmung des Materials, aus dem Kunstwerke gefertigt sind, noch keinen ästhetischen Genuss ermögliche."[401] Voraussetzungen ästhetischen Erlebens sollen nach Luhmann im Medium gesellschaftlich bestimmter Sprachreglungen liegen und in Abhängigkeit von ästhetischen Erfahrungen stehen, die mit den Jahren immer wertvoller werden. Behauptet werden Bedingungen ästhetisch angemessenen Verstehens, die den individuellen Zugang der Rezeption (Einstellungen) keineswegs würdigen. Verstehen im Feld abstrakter Formen der Kunst bleibt, nach Luhmann, erlernten Einstellungen verhaftet: „Das Verstehen dieses Vorgangs wurde üblicherweise als geistiges Geschehen aufgefasst, wobei es psychischen Systemen überlassen blieb, am *Geist* zu partizipieren. Noch heute scheinen, wenn man von Kommunikation absieht, Abschlussbegriffe wie *Geist* oder *mind* unentbehrlich zu sein."[402] Doch vor und jenseits der Sprache können Gesten und Körperhaltungen den Austausch befördern.

Vom Bewusstsein aus gesehen findet alle Kommunikation in einer wahrnehmbaren Welt statt. Wahrnehmung zu prozessieren und durch Gedachtes zu steuern ist die primäre Leistung des Bewusstseins. Beteiligung an Kommunikation ist nur möglich, wenn diese vorausgesetzt werden kann. Denn schon die Lokalisierung des eigenen Körpers (und erst recht des anderen) setzt Wahrnehmungsleistungen voraus.[403]

Kunst wird zum Ort gesellschaftlicher Zusammenkunft und trägt zur Bildung von Gemeinschaften bei, deren Bindeglied sie exemplarisch wird. Kunst erhält nach Luhmann ihren Status ausschließlich als Medium der Kommunikation, und damit steht sie in einem erweiterten Begriff von Sprache.

> Kunst kann es überhaupt nur geben, und das ist keineswegs so trivial, wie es klingen mag, wenn es Sprache gibt. Kunst gewinnt ihre Eigenart daraus, dass sie es ermöglicht, Kommunikation stricto sensu unter Vermeidung von Sprache, also auch unter Vermeidung all der an Sprache hängenden Normalitäten durchzuführen. Ihre Formen werden verstanden, ohne Sprache, ohne Argumentation.[404]

In der Summe betrachtet erweisen sich Luhmanns Ausführungen als Versuch, zwischen Aspekten sinnlicher Wahrnehmung und kommunikativen Prozessen zu vermitteln, um Prozesse zwischen Wahrnehmen, Erleben und Verstehen als Stufenfolge klassischer Formate der Hermeneutik (Dilthey) darzustellen, ohne jedoch die individuelle Handschrift der Künstler sowie das immer persönliche Erleben von Kunst anzuerkennen. Luhmann leistet einen Beitrag zur Analyse kommunikativer Prozesse im Medium der Kunst, die mit ihren Referenzen eine hohe Dichte aufweisen. Der Verlust verbindlicher Formen (in der Musik durch das Verlassen tonaler Systeme)[405] erfordert eine umfassende Kenntnis künstlerischen Schaffens auch in der Kunst, um die Werke entsprechend rezipieren zu können, wie dies Luhmann bei Picasso beschreibt. „Nicht ohne Grund gilt Picasso als repräsentativer Maler dieses Jahrhunderts; denn die Einheit seines Werkes kann nicht mehr als Form und nicht mehr als Stil begriffen werden [...]. Die Abstraktion auf reine Form hin ist ihrerseits nur ein Anzeichen dafür, dass alles möglich ist."[406] Luhmann erkennt in der Theorie der Kunst die Grundlagen einer Autorisierung und Legitimation von Verfahren sozialer Systeme, die durch Reduktion von Komplexität zur Sprache wird, die Kunst als Medium der Kommunikation legitimiert und sie damit zum Mittelpunkt macht, wenn er äußert: „Theorie wird zum Erlaubnisgeber."[407] Bedeutsam bleiben Motive des Erinnerns, die individuell in Kunst, Musik und Literatur notwendig sind, um Zusammenhänge zu verstehen. Fehlen nach Luhmann Abbild, tonale Formen (Tonika-Bezug auf den Grundton), Verlaufsformen in der Literatur, so sieht er darin die „Zerstörung jeder Möglichkeit des Erinnerns und Erwartens".[408] Reduktion von Komplexität braucht offensichtlich ihre Gestalten und Muster, um Erinnerung zu ermöglichen. Wie jedoch durch ästhetische Übung und Erfahrung solche Muster erweitert werden können, wird von Luhmann nicht geklärt. Hinweise auf Grenzen von Systemen scheinen denen von Gestalten zu entsprechen, die tradiert sind und für Luhmann offensichtlich bis zur Schwelle des 20. Jahrhunderts reichen. Wenn er die Auflösung der Bildgestalten bei Picasso mit dem Hinweis auf einen Verlust von Referenzen auf den Begriff geschlossener Form – „nur noch als Ironie, die er in allen nur denkbaren Formen und Stilen ausprobiert"[409] – beschreibt, dann ist sein Begriff von Bild und Gestalt jener Kunst und Musik verpflichtet, die weder den Spielen der Abstraktion noch interdisziplinären Verbindungen der Gattungen gewachsen sind. Eingebettet in den Rahmen bürgerlicher Rituale sah bereits Adorno den Wert der Künste gefasst. Wenn mit der Entwicklung medialer Kunstformen im Zeichen der Kulturindustrie Aspekte der Wiederholbarkeit und Reproduktion zum Thema der Kunst und ihrer Beschreibung werden, sind Grenzen einer von Hegel bis Adorno und Luhmann zitierten Ästhetik erreicht, die zur Neuausrichtung und erweiterten Begriffen führt. Grenzen der Theorie werden durch die Prozesse innerhalb der Kunst sichtbar, wenn Luhmann äußert:

Kunstwerke unterscheiden sich auch im Artefakt dadurch, keinen weiteren Belastungstests ausgesetzt zu sein. Sie können daher ihre eigene Originalität, Innovativität oder gar Dissidenz vorbehaltslos ausspielen und riskieren allenfalls, nicht mehr verstanden zu werden. Sie können sich, ohne Verantwortung für weitere Folgen, darauf konzentrieren, den Beobachter zu irritieren. Bis zur radikalen Gebärde, bis hin zur befremdlichen Installation, bleibt der Zwang zur Konkretion erhalten; es kann nie nur um Ideenschwafelei gehen. Irgendetwas muss präsentiert werden, denn sonst bleiben auch andere Orte im System unerreichbar.[410]

Luhmanns Bilanz im System der Kunst misstraut sämtlichen Formen der Abstraktion, die von der Zersplitterung der Gestalt (Abstraktion im Kubismus) bis zur Concept Art und Institutionskritik reichen. Gleichwohl anerkennt er, den Wandel ihrer Formen reflektieren zu müssen. Herausforderung an die impliziten Betrachter, Hörer und Leser sowie die gravierenden Einstellungswechsel im Rahmen wechselnder Rezeption sind in seinem System nicht darauf angelegt, jene Dynamik zu entfalten, die für Prozesse seit 1910 selbst Bestandteil des Systems der Kunst werden konnten. Luhmanns Kunstbegriff ist maßgeblich einer Phase verpflichtet, die von Hegel bis Adorno reicht. „Die Versuche, die Reflexionstheorie des Kunstsystems in der Form von Kunstwerken zu reproduzieren, markiert das Ende der ästhetischen Epoche der Selbstbeschreibung des Systems."[411] Seine Beschreibungen umkreisen Prozesse ästhetischer Reflexionen, die ausschließlich den Grenzen einer Gattungsästhetik verpflichtet sind. „Das vielbeschworene Ende der Kunst muss nicht Stillstand bedeuten; sie kann weiterhin bewegt sein – wenn nicht wie ein Fluss, so wie das Meer. Das Ende der Kunst, die Unmöglichkeit von Kunst, der letzte Ausverkauf aller möglicher Formen, nimmt eine Form an, die Selbstbeschreibung und Kunstwerk zugleich zu sein beansprucht."[412] Demnach enden für Luhmann die Künste und ihre Ästhetik mit dem Erscheinen abstrakter Formen.

Abstraktion – Differenz

Erneut werden Beispiele der Musik in ihren Wirkungsformen als körperlich-seelische Ganzheit erfahren, die im Feld der Abstraktion zur Wiedergewinnung des Körpers und dessen Erleben in einer Welt beiträgt. Erkenntnistheorie, die von Ontologie, und Metaphysik, Psychoanalyse und Linguistik liefern theoretische Bausteine einer Ästhetik, deren Zentrum der Körper des Menschen ist. eingenommen scheint. Hören wird fortan als eine „erotisch-logische " Erfahrung des Körpers beschrieben, deren Erfahrungen individuell angelegt sind, kein Hören gleicht einem anderen Hören. Weder Hören an sich noch auch Musik an sich werden ausgeschlossen. Phänomenologisch ist das Hören angelegt, da es „sich zum Ganzen macht, indem es sich Welt und Musik erschafft [...], denn was man Musik nennt, ist ein Dispositiv".[413] Wahrnehmen, Beschreiben und Selbstvergewisserung im Akt ästhetischer Erfahrung haben in der französischen Philosophie eine Vielzahl theoretischer Ansätze hervorgebracht, die in den Schriften zur Kunst, Musik und Film von Jean-François Lyotard und Roland Barthes eine Metaphysik der Kunst unter dem Leitbegriff des Erhabenen reaktivieren und gleichzeitig zur Wiederentdeckung des Körpers führen. Damit kann ein Spannungsfeld sinnlicher Erfahrung und deren Eingliederung in eine systemische Vernunft ebenso begründet werden, wie von Lyotard ein Spektrum theoretischer Annahmen unter dem Begriff „Vernunft", mit Rückgriff auf Kant, eröffnet wird, das zu Kontroversen geführt hat, die von Jürgen Habermas und Richard Rorty im Zeichen einer Philosophie der Aufklärung scharf kritisiert werden. Lyotard:

Ich denke, dass ein Teil der Vorwürfe, Angriffe und Kritik, die sich gegen die in *La Condition postmoderne* entwickelte Stellungnahme richten [...], tatsächlich Teil einer generalisierten und totalisierenden Konzeption der Vernunft sind. Ich halte einfach das folgende Prinzip entgegen, das mir sehr viel rationaler zu sein scheint, als meine Kritiker glauben, nämlich: dass es nicht eine Vernunft gibt, sondern die Vernunft im Plural.[414]

255

Lyotard, Barthes, Derrida und Foucault reaktivieren Ansätze sinnlichen Verstehens menschlicher Wahrnehmung, deren Kompetenzen im Feld der Kunst diskutiert werden. Abstrakte Kunst leitet zu Phänomenen räumlicher Wahrnehmung, die zur Reaktivierung des menschlichen Körpers führen, dessen Rolle aus Sicht einer psychoanalytisch aufgeladenen Perspektive beschrieben wird. Lyotard:

Was geschieht nun aber, wenn aber umgekehrt an den Träger selbst auf perverse Weise Hand angelegt wird? In solchem Fall wird das Filmmaterial, die Bewegung, die Beleuchtung, die Scharfeinstellung darauf verzichten, das erkennbare Bild zu produzieren. Der Film selbst (im Falle der Malerei die Leinwand) wird zum Körper des Phantasmas, zum Phantasiegebilde. Die ganze lyrische Abstraktion der Malerei ist auf eine solche Verschiebung gegründet. Sie impliziert eine Polarisierung, doch nicht mehr in Richtung auf die Unbeweglichkeit des Modells hin, sondern in Richtung auf die Beweglichkeit des Trägers.[415]

Durch Teilhabe des Betrachters werden Prozesse möglich, die zur Kunst als einem Medium von Erfahrung und sinnlicher Erkenntnis führen. Gleichzeitig sind die scheinbar leeren monochromen Leinwände mit einer Kraft aufgeladen, die romantische Ideen des Absoluten, Erhabenen und Geistigen in sich tragen und im Akt der Betrachtung reaktiviert werden. Zentral dabei wird bei Barthes der Begriff *Lust* (1973) eingeführt, der keineswegs trivial als einfaches Begehren verstanden wird, sondern vielmehr als körperliche und seelische Hinwendung zu ästhetischen Objekten entwickelt wird und eine Hermeneutik im Zeichen eines Begehrens vorstellt, die alle Bereiche der Kunst erfasst.[416]

Nicht mehr Objekt und Gegenstand, die Gestalt erwächst durch einen dynamischen Akt. „Wie entsteht die Lust vor einem großen Gemälde von Pollock oder Rothko, vor einer Studie von Richter? Wenn es keine Referenz auf den Verlust des vereinheitlichten Körpers mehr gibt [...], die der Kunde-Zuschauer dafür mitbringt? Das Repräsentierte hört auf, Libidoobjekt zu sein, und die Leinwand tritt rein formal an dessen Stelle.“[417] Im Spannungsfeld dynamisch aufgeladener Formen erwächst eine Rezeption, die zu scheitern droht, wenn der Betrachter, Hörer und Zuschauer nicht über die notwendige Konditionierung und die Bereitschaft verfügt, sich auf die Kunst einzulassen. „Der abstrakte Film und die abstrakte Malerei kehren das Dispositiv um, indem sie den Träger opak machen und den Kunden zum Opfer.“[418] Gelingt es den Zuschauern, die Impulse künstlerischer Verfahren als Gestalt zu erfassen, können künstlerische Botschaften kritisch reflektiert und in Worte münden, die individuell abhängig von den Autoren gewählt werden. „In der Gruppe Cézanne, Delaunay, Klee werden die Libidoströme als chromatische Formen eingefangen."[419] Kunst wird zur Projektionsfläche wissenschaftlicher Diskurse, die im Ausgang der Kunst nach Lyotard die Atomisierung des Bildes nutzt, um „eine Menge von ideologischen Diskursen Raum zu geben bei Klee: eine kosmologische Ideologie, bei Kandinsky: eine Ideologie der Sprache, bei Delaunay eine Ideologie des Lichtes, die harmonistische Ideologie des goldenen Schnitts."[420] Die Entstehung von Kunst und Musik ist untrennbar mit ihren Orten und der Handschrift des Künstlers verbunden. Lyotard: „Wenn Sie sich der Lautsprecheranlage des Bahnhofs Saint-Lazare bemächtigen und bei der Ankunft der Züge statt der Durchsage Musik von Berio spielen, geht das nicht."[421] Was unter dem Begriff der Dis-Location (Soundscape) oder auch Site/Non-Site (Land Art) entwickelt wurde, weist bereits darauf hin, dass es kaum möglich ist, Objekte, Handlungen und klangliche Ereignisse von ihrer Umgebung abzukoppeln und als neutrale Gegebenheiten zu fassen. Orte, Zeiten und akustische Ereignisse, Hören verschmelzen zur Einheit. Werden jedoch Momente individuellen Erlebens ausgeblendet und das Feld der Metaphysik überlassen, verlieren persönliche Erfahrungen an theoretischem Wert, wie dies im Zeichen einer Ontologie der Kunst (Heidegger, Derrida) behauptet wird. Lyotard und Barthes hingegen retten den künstlerischen Impuls und dessen Erleben als höchste Form nichtsprachlicher Äußerung, dessen gestisches Vokabular in Werken von Berio, Cage, Newman, Rothko bei Lyotard sowie bei Barthes in Werken von Schubert, Schumann und Cy Twombly erkannt wird.

Gebrandmarkt als *antihumanistisches Denken* wurde von Luc Ferry und Alain Renaut eine Kritik an Jacques Derrida formuliert, die Grundlagen seiner Philosophie in begrifflicher Erweiterung einer bei Heidegger angelegten Ontologie als Lehre von dem Seienden ansetzt, dessen Begriff der Differenz zwischen Sein und Seiendem unterscheiden soll.[422] Die Differenz zwischen Sein und Seiendem bestimmt nach Heidegger alle Wissenschaft und dient zur Verortung des Menschen in der Welt. „Im Gesichtskreis des wissenschaftlichen Vorstellens, das nur das Seiende kennt, kann sich dagegen dasjenige, was ganz und gar kein Seiendes ist (nämlich das Sein), nur als Nichts darbieten."[423] Worte mit beschwörendem Charakter verweisen nur vage auf die durch Aristoteles und Thomas von Aquin entwickelte Unterscheidung von *Differenz* als einer mehrfachen Spezifizierung altersbedingter Entwicklung der Persönlichkeit, wie sie von der Kindheit in das Erwachsenenalter sowie als Unterscheidung durch Persönlichkeitsmerkmale, durch Zugehörigkeit zu Gattungen, bestimmt ist: „Die *diversitas*, als Unterschied von Gattungen, die nicht mehr in einem univoken Begriff übereinkommen, sondern nur in einem analogen (z.B. Qualität und Quantität). Im Zusammenhang mit der Auseinandersetzung mit dem Deutschem Idealismus erhielt das Wort *Differenz* die Bedeutung von *Nicht-Identität*."[424] Akademisch belastet und empirisch kaum haltbar, wird der individuelle Vorgang des Erlebens neutralisiert.

Während Heine die Unterscheidung von Phänomen und Ding an sich für den Mittelpunkt der kantischen Philosophie hält, die die Grenzen und den Kompetenzbereich der menschlichen Vernunft erst abgesteckt habe, lehnt Nietzsche unter Berufung auf den subjektiven Standpunkt der Vernunft und auf die psychologische Ableitung des Glaubens an die Dinge das Ding an sich als eine *contradictio in adjekto* ab. Es verhindere nur die Erkenntnis der wahren Realität des Scheins und der Grundwahrscheinlichkeiten und sei im Grunde nur die Fiktion eines Subjektes an sich.[425]

Daraus ableiten lässt sich die Bedeutung und Würde Nichthintergehbarkeit ästhetischer Erfahrung im Spiegel individueller Lebenswelten, die jenseits einer Metaphysik der Kunst funktioniert und kaum theoretische Projektionsflächen braucht.

Plurale Unendlichkeiten

Vom Ende der Kunst selbst im Spiegel ihrer Ästhetik kann keine Rede sein. Modelle der Beschreibung sind gefordert, auf der Höhe der Zeit sprachliche Äquivalente zur Kunst zu entwickeln. Erkennen und Beschreiben künstlerischer Verfahren erfordern mehr denn je eine flexible, offene Theorie, die interdisziplinäre und abstrakte Formen zu identifizieren imstande ist, deren Wert darin besteht, Übersetzungen von Prozessen zwischen Kunst und ihren Systemen zu gewährleisten. Offene Systeme (Werk, Betrachter, Interpretationsmodelle) sind gefragt, die gleichzeitig genügend Verankerungen in vergangenen Systemen der Künste aufweisen. Entwicklungen durchlässiger Systeme scheinen mit dem Verlassen gegenständlicher Formen der Kunst besonders viele Hürden nehmen zu müssen, wie bei Luhmann im Ausgang von Adorno zu erfahren war. *Geschichte und Begriff der Kunst* lautet ein Vortrag, den Arthur C. Danto in der Akademie der Künste am Hanseatenweg in Berlin 2002 hielt. Thema war, die Epochenschwelle der Kunst in institutionellen Wirkungsformen zu beschreiben, die Danto mit Andy Warhol auf das Jahr 1964 datiert. Wie kam es, dass ein Karton zur Verpackung eines Reinigungskissens mit dem Namen *Brillo* zum Kunstwerk hat aufsteigen können? Knapp vierzig Jahre waren seit dem Erscheinen des berühmten Readymades vergangen. Material genug hat die Kunstwelt angesammelt, auf das sich Danto beziehen kann. Nicht mehr das zum Kunstwerk erklärte Objekt, sondern seine institutionellen Bedingungen haben, wie bereits 1917 bei Duchamp, dessen Erschaffung geprägt. Danto: „Es gab in diesem Augenblick viele Kunstwelten, sogar in New York allein. Ich will Kunst nicht relativ zu Kunstwelten machen, sondern nur an der Stelle hervorheben, dass der Status von *Brillo Box* als Kunstwerk von externen Faktoren abhängig war, die nicht viel früher als 1964 vorhanden waren."[426] 1964 wurde ihm zum Wendepunkt einer Kunstgeschichte, deren Verfahren der Wertschätzung seit den späten 1970er Jahren Gegenstand seiner Forschung im Feld der Kunst bestimmt haben. Danto reflektiert seitdem Prozesse der Anerkennung zunächst alltäglicher Objekte, die in den Status der Kunst überführt werden.

Gleichzeitig verbindet er die Nobilitierung der Objekte zur Kunst mit Phänomenen einer fortgeschrittenen Sinneswahrnehmung, die sich von alltäglicher Wahrnehmung unterscheidet. Worin liegt diese doppelte Differenz? Danto:

> Eine solche Frage führt zu ernsthaften philosophischen Problemen, denn wenn sich unsere Reaktionen unterscheiden sollen – und ich werde behaupten, dass sie sich unterscheiden müssen –, dann wird die Annahme äußerst schwierig, dass die ästhetische Reaktion überhaupt eine Form der Sinneswahrnehmung ist, umso mehr noch, wenn unser Wissen, dass das eine ein Kunstwerk ist, den Unterschied in unserer Reaktionsweise bestimmt.[427]

Kunst als Kunst zur rezipieren erfordert offensichtlich, eine bestimmte Konditionierung, eine Einstellung, eine Haltung und damit ein gestisches Repertoire, das mit dem Wesen der Kunst und deren institutionellen Rahmungen internalisiert ist. „Vermutlich wären nicht wertschätzbare Objekte diejenigen, die nicht die Behauptung stützen, jedes Objekt lasse sich entweder praktisch oder ästhetisch betrachten."[428] Auf Basis dieser Vorgaben lassen sich Prozesse und Handlungen an Kunstwerken, nach Danto, dann auf konkrete Bereiche hin einschränken. Nicht die Fülle ganzheitlicher Wahrnehmung muss dann mehr bearbeitet werden, vielmehr lassen sich Teilbereiche gewinnen, die als Reduktion von Komplexität durch Formen ihrer Inszenierung (Galerie, Museum, Konzerthaus, Oper, Kino) wirksam werden. Danto: „Die Anwendung des Attributs *Kunstwerk* auf vorteilhafte Fälle einzuschränken, käme der Ansicht gleich, moralische Erwägungen entstünden nur bei Personen und Handlungen, die minimalen potentiellen Wert oder potentielle Würdigung besitzen."[429] Anerkennung bedarf daher institutioneller Rahmungen, die als Formen der Wertschätzung vom sinnlichen Erleben bis hin zu sprachlichen Zeugnissen reichen. Und genau in der Sprache institutioneller Wertschätzung kennzeichnen seine Analysen zur Kunst systemische Merkmale:

> Gleichwohl gibt es, wie ich behaupte, eine besondere Ästhetik für Kunstwerke und sogar eine besondere Sprache der Wertschätzung, und insofern beide mit dem Begriff der Kunst zu tun haben scheinen, wird es nicht verkehrt sein, wenn wir uns einigen Merkmalen ästhetischer und somit künstlerischer Erfahrungen zuwenden, selbst wenn es uns nicht besonders helfen wird, die gesuchte Definition zu finden.[430]

Die Beschreibung der Modalitäten des Übergangs vom Beobachten zur Wertschätzung erfolgt im Zeichen der Ästhetik und Sprachanalyse, die Danto jedoch noch von individuellen Leistungen abkoppelt. Zu

Kunstwerken erhobene *Readymades* brauchen kaum mehr ein Publikum. Leitbegriffe klassischer Ästhetik wie das Gute, Schöne, Absolute werden mit Wittgenstein auf ihre sprachlichen Wirkungsformen hin analysiert:

Und sicherlich gehört dieser Gegensatz zwischen Beobachten und Wertschätzen zu dem, was Wittgenstein offenbar meint, wenn er behauptet, *Werte seien nicht in der Welt.* Wären sie es, so behauptet er, dann wären sie wertlos, womit er meint, dass wir nicht einfach meinen, dass etwas wertvoll ist (Beobachtung allein reicht nicht aus): Werte implizieren eine Beziehung zwischen uns und der Welt, auch wenn die natürliche Neigung bestehen mag, diese Reaktionen auf die Welt zurückzuprojizieren und sie so aufzufassen, als ob sie da wären.[431]

Kognitive Leistungen sind es, die als Prozesse des Beobachtens und Hörens, Fühlens, Schmeckens und Riechens in einen zeitlichen Rahmen gestellt sind, die in ihren Umgebungen wirksam werden. Äußerungen von Künstlern sind hilfreich, doch nicht immer zielführend, wie auch theoretische Darstellungen aus den Reihen der Philosophie regelmäßig in systemischen Grenzen gefangen bleiben. Durch Beschreibung einfacher Phänomene lassen sich Prozesse analysieren, die in Modalitäten der Wertschätzung überführt werden können.

Ereignis und Fläche sind Haltepunkte, die durch Kandinsky als Verhältnisse von Kräften beschrieben wurden und zur Beschreibung abstrakter Formen als Orientierung führen. Systemische Eigenschaften der Kunst und sinnliches Erleben bilden sich als eine Skala aus, die nur in der Summe Erfahrungen in den Verfahren der Künste ermöglichen. Jede Ästhetik spiegelt den Reflexionsstand ihrer Zeit. Gleichzeitig ist jede Beobachtung und jeder ästhetische Akt der Wahrnehmung in einen zeitlichen Ablauf eingebettet. Stellen Sie sich eine Linie vor, die mit einem weichen Bleistift über ein leicht unebenes Papier gezogen wird, kleine Stockungen an den Erhebungen erfährt und durch die Kraft einer Künstlerhand bestimmt wird, die schon über achtzig Jahre ihre Suche auf Papieren nach Gestalten in der Unendlichkeit der planen Fläche kennt. Wie eine Wüstenlandschaft erscheint das Papier, bevor eine Spur der Hand sich in das Papier einschreibt und ein feines Schleifgeräusch erzeugt, das möglich wird, da das Blatt auf einem Holztisch ruht, das den Druck des Stiftes mit dem Anpressdruck der Hand zum Klang im Raum zu formen vermag. Eine Linie entsteht und schreibt sich als ein Zeitstrahl ein, wir lesen die Spur von links nach rechts, Prozesse der Assoziation sind im vollen Gange. Barthes erkannte in den Linien von Cy Twombly die Gestalt des Künstlerkörpers und bezeichnete diese als eine Sammlung erhabener Spuren.

Es existiert eine sozusagen sublime Form des Strichs, die weder kratzt noch verletzt: Das Zeicheninstrument (Pinsel oder Stift) senkt sich aufs Blatt, es landet – oder mondet – darauf, das ist alles: Da ist auch nicht der Schatten eines Strichs, einfach ein Setzen. Der quasi orientalischen Ausdünnung der leicht verschmutzen Oberfläche (sie ist der Gegenstand) antwortet die Ausdünnung der Bewegung: Sie greift nichts, sie setzt ab, und alles ist gesagt.[432]

Linie, Spur und Einschreibungen sind einprägsame Formen, die an ihre Urheber und deren Gesten ebenso erinnern wie der einzigartige Klang jeder menschlichen Stimme, die immer auch inwendig, körperlich erlebt wird. Gesang und Sprechen werden von Barthes mit der Rauheit der Stimme assoziiert, die auf den Körper und Organe verweist. „Die Rauheit der Stimme ist nicht – oder nicht nur – ihr Timbre; die Signifikanz, die sie freilegt, kann nicht besser definiert werden als durch die Reibung zwischen der Musik und etwas anderem, das die Sprache (und keineswegs die message) ist."[433] Linie und Melodie finden im romantischen Lied bei Franz Schubert und Robert Schumann in einer Ttiefe des Ausdrucks zusammen, die erotische Konnotationen zeigen:

Das romantische *Herz*, ein Ausdruck, in dem wir mit Verachtung nur noch eine süßliche Metapher wahrnehmen, ist ein starkes Organ, Extremum des Körperinneren, wo gleichzeitig und wie im Widerspruch zueinander die Begierde und die Zärtlichkeit, das Liebesverlangen und der Lockruf der Wollust sich mit Gewalt vermischen. [...] Diese Bewegung muss man unterhalb der melodischen Linie hören, diese Linie ist rein und drückt selbst am Höhepunkt der Trauer stets das Glück des gereinigten Körpers aus.[434]

Linie und Melodie werden Spiegel des Menschen und Grundlage aktueller Ästhetik, die in Formen der Einschreibungen ihre Angebote imaginärer Dialoge erkennt. Verstehen reaktiviert die Körpersprache und Spannungen künstlerischer Produktion. Instrumente wurden bereits bei Lyotard als künstliche Prothesen beschrieben, die im Feld bildender Kunst ihre Äquivalente in Stiften, Kreiden und Pinseln haben. Barthes: „Vor allem passiert [...] etwas mit Bleistift, Öl, Papier, Leinwand. Das Instrument der Malerei ist nicht ein Instrument. Es ist ein Faktum. Twombly präsentiert das Material nicht als das, was zu etwas dient, sondern als absolute Materie, die sich in ihrer Glorie manifestiert."[435] Doch auch die Führung des Stiftes erreicht bei Twombly eine neue Qualität, die nicht mehr zum Umriss von Gestalten führt. „Twomblys Kunst besteht darin, die Dinge sichtbar zu machen. [...] Diese Kunst besitzt ihr Geheimnis, das darin besteht, die Substanz (Kohle, Tusche, Öl) weniger auszubreiten als vielmehr sie sich ziehen zu lassen."[436] Im Unterschied zu den mit Wucht hingeworfenen Farbspuren von Pollock scheinen die abstrakten Formen von Twombly durch eine Leichtigkeit zu entstehen, was ihren Zauber erklärt, der sich atmosphärisch in manchen Formen impressionistischen Werken annähert. Gleichzeitig wird durch den gestischen Verlauf der Linien eine Rhythmisierung erstellt, die an den Grenzen der Schrift und abstrakten Notation entsteht. Hier zeigen sich starke Kontraste durch den dunklen Urgrund, der nicht zufällig an jene von Schultafeln erinnert. Twombly nutzt solche Assoziationen und führt seine Betrachter in deren Kindheit zurück. Mit der Entwicklung kindlicher Handschriften verbunden ist der Übergang vom Kritzeln zum Schreiben einer lesbaren Schrift, die mit zunehmendem Lebensalter auch wieder verlassen wird. Und so auch hinterlässt die Spur des Schreibens als Einschreibung ein Feld der Erinnerung, in dem der Mensch ein Abbild hinterlässt.

Ob bei Kandinsky, Cage, Long, Twombly, Rühm, Eller oder Gerhard Richter, das Verfolgen von Ereignissen auf der Fläche wird zur Suche nach Impulsen künstlerischer Prozesse, deren Beschreibung aktuell bei Richter bei seinen abstrakten Bildern zu finden ist. Sie erreicht die Aufmerksamkeit der Betrachter und den Status einer Spurensuche im Medium der Kunst. Richter spricht von seinen Linien als von etwas, das mit Kälte in die Vertikale assoziiert wird und Kontraste durch die Horizontale entstehen lässt, die mit Wärme beschrieben wird. Kälte- und Wärmeverhältnisse deuten auf Ereignisse hin, die in der Zeit stattfinden. Richter spricht wie ein Musiker, wenn er von Expansionen der horizontalen und vertikalen Ereignisse in der Zeit handelt. Solche Hinweise wie kalte Vertikale und warme Horizontale als Ereignisse in der Zeit bieten den Zugang, um Gerhard Richters abstrakte Farbfelder zu interpretieren. Gleichzeitig sind bei ihm Begriffe wirksam, die an Kandinsky und seine Lehre von Punkt und Linie erinnern, die in visuelle Kompositionen führen. Kandinsky hatte frühe Bilder regelrecht als farbliche Temperaturen angelegt, die in einer frühen Phase als *Kompositionen* bezeichnet wurden. Auch spätere Bilder werden als *Kompositionen* beschrieben, wo nun Horizontale, Vertikale und Diagonale wie Raster angelegt sind. Vorstufen von Notationen können darin erkannt werden, da zeitliche Expositionen sichtbar werden, die eine Leserichtung von links nach rechts bedingen und heraustretende Ereignisse im Verlauf mit Bedeutung aufladen. Teilweise scheinen sogar Notenlinien angedeutet. Anthroposophische Aspekte (Kandinsky, Mondrian) implizieren, mit Goethe, eine Lehre von der Gestalt, die auch Malewitschs schwarzes Quadrat betrifft, von dem mein Kollege Björn Dahlem einmal sagte, dass 1915 die Kunst im

Prinzip am Ende ist. Es gibt nur noch dieses schwarze Quadrat, aber es gibt auch den schwarzen Punkt und jetzt kann wieder mit Kandinsky argumentiert werden, um zu fragen, was mit diesem Punkt auf der Fläche passiert. Vor dem Hintergrund einer interdisziplinären Theorie der Abstraktion und Theorie von Gleichgewichtsverhältnissen wird der schwarze Punkt zur endlosen Gestalt, die in den Bildraum hinein eine Perspektive legt, die ins Unendliche zu reichen scheint. Nun ist es besonders interessant festzustellen, dass dieser Punkt nicht im Zentrum des Blattes steht. Er ruht nicht etwa in der Mitte, sondern er ist so platziert, dass er eine Unwucht erzeugt. Dieser Ort auf dem Blatt oder der Leinwand führt dazu, dass der Betrachter in einen Akt gezogen wird, der dazu angelegt ist, in einen Ausgleich der Kräfte zu münden, da wir seit Arnheim wissen, dass die Betrachter erst dann zufrieden sind, wenn der Punkt in die Mitte hinein assoziiert wird. Ist das so, oder ist das nicht so? Schwer zu beantworten. Der Betrachter erwartet, dass der Punkt in die Mitte kommt, um mit seiner Suche zum Punkt, zur Beruhigung zu kommen. Schwarzes Quadrat, schwarzer Kreis, Punkt und Linie fassen letztendlich etwas zusammen, was aus der Theorie visueller Phänomene und deren Dynamik bereits bekannt ist: dass nämlich viele Bildpunkte auch in Kontrasten nebeneinandergesetzt etwas auslösen, was unser Auge auf dem Bild in eine Bewegung bringt, und diese interpiktorale Bewegung zieht den Rezipienten sprichwörtlich in den Prozess der Betrachtung der Kunst hinein. Dabei werden die kognitiven Kompetenzen der Rezipienten gefordert.

Wieder in einer anderen Lage des Objektes auf der Leinwand fragt man sich, was ist das für ein schwarzer Körper, und was stellt er mit unserem natürlichen Gleichgewichtssinn an? Arnheim würde argumentieren, dass unser natürlicher Gleichgewichtssinn mit diesem Bild und der Lage des schwarzen Punktes nicht einverstanden ist, aber warum ist er nicht einverstanden? Er ist deshalb nicht einverstanden, weil er fragt, wie kann ein schwerer schwarzer Kreis die Leichtigkeit eines Luftballons haben? Wenn etwas fliegt, müsste es leicht sein, ihr nehmt das auf, ihr seht das, ihr glaubt es vielleicht oder ihr glaubt es auch nicht, ihr seid auf jeden Fall irritiert, irgendwas funktioniert nicht und damit seid ihr angeregt. Dies ist in jungen Jahren leichter möglich als bei Menschen mit eingeschränkten kognitiven Fähigkeiten, die mit zunehmendem Alter den Verlust ihrer Kompetenzen erfahren müssen und auf leicht identifizierbare Gestalten angewiesen sind. Das Thema *Lesbarkeit der Kunst* führt zu einem Bild, das nicht im Feld abstrakter Kunst behandelt wurde, da es sich um eine grafische Studie handelt. Paul Klee, *Quelle im Strom*, eine wunderbare, kleine Arbeit. Klee lieferte zahlreiche grafische Impulse für viele Notationen zeitgenössischer Musik um 1950, wir verlassen die bisweilen harte Geometrie eines Wassily Kandinsky und befinden uns jetzt in einem grafischen Verlauf, einer handschriftlichen Notiz, die im Ansatz erinnern mag an einen Ausschnitt von Jahresringen von Bäumen. Da es für uns normal ist, und wir es gewohnt sind, Schriften, Zeichen, Notate von links nach rechts zu lesen, und werden diese Grafiken verstanden, als ein Verlauf von Ereignissen. Ähnlich auch gewinnt man einen Schlüssel zu den abstrakten Bildern von Richter. Zunächst noch bei Klee erscheinen unterschiedliche horizontale und vertikale Ereignisse. Klee war Musiker. Wer als Musiker eine Linie sieht, sieht Verdichtungen, er sieht Klänge, er sieht Abweichungen und er sieht Ereignisse und man kann natürlich mit John Cage und anderen hier ein zeitliches Raster drunterlegen und anhand dieses Rasters eine Aufführungspartitur erstellen, was heute selbstverständlich zum Repertoire zeitgenössischer Musik und deren Aufführungen gehört. Wir erinnern uns an die besonderen Kompositionslehren *Punkt und Linie zur Fläche* und *Über das Geistige in der Kunst*, die Grundlage abstrakter Kunst wurden. Mit einem Abstand von über zehn Jahren, die zwischen dem Erscheinen beider Schriften liegen, wurden bildnerische Kräfteverhältnisse mit Leistungen der Kognition in abstrakten Formen als Verfahren der Erschließung verbunden. Punkt und Linie lassen Formen und Muster entstehen und führen in Grundlagen notierter Musik. Gerasterte Zeit, als Fließen oder Kreuzungspunkte von Fäden führen auch zu Teppichmustern, die John Cage durch Morton Feldman kennen lernte. Feldman wurden Muster zu Grundlagen von Kompositionen. Regelrechte Teppichstudien entstanden. Abdrücke von Teppichen wurden erstellt, die in Bereiche gegenstandsloser Musik und Kunst führen, die als abstrakte Formen benannt werden. Dabei entscheidet der Farbton der Druckfarbe, wie diese so entstandenen grafischen Werke auf den Betrachter wirken.

Wie etwa wird ein polyphon gerahmtes Weiß als Bild erlebt? Ein Weiß, gerahmt von Weiß? Wahrscheinlich haben die Betrachter keine andere Chance, als in einen weißen Sog gezogen zu werden, der als unmittelbares helles Lichtgeschehen erlebt wird. Das Bild scheint das Auge des Betrachters zu kontrollieren und zu steuern. Der geübte Betrachter erinnert sich an Mondrian und dessen Studie mit Bäumen, an der gelernt werden konnte, wie ein Baum als Abbild eines natürlichen Gegenstandes aufgelöst wurde und in dieser Auflösung eine Rhythmisierung erwächst, die in das Bildkonzept der visuellen Komposition *Pier and Ocean* führt. Muster entstehen, die auf Ereignisse wie Folge, Unterbrechung und Rhythmisierung hinauslaufen. Horizontal gestrichelte Linie Unterbrechung, die Unterbrechung sagt: stopp, die Unterbrechung sagt: Ereignis, die Unterbrechung sagt: Ich bin kein wirkliches Sein, die Unterbrechung sagt: Hier findet etwas statt, was unterbrochen wird, einmal in rund, einmal als Teppichmuster. Entscheidend hierbei ist, dass Mondrian in den Arbeiten der 1940er Jahre Punkt, Linie zur Fläche, Farbraster, Gittermuster, interpiktorale Bewegungen weiterentwickelt und diese Rasterungen mit Titel der Unterhaltungsmusik benennt. Erneut wird der Verlauf von Linien mit der zeitlichen Gliederung der Musik assoziiert. Punkt und Linie auf der Fläche werden als metrische Gestalten und Rhythmisierung erfahren, wenn Formen der Wiederholung identifiziert werden können. Doch der wirkliche Schock im Feld der Abstraktion geht auf Rauschenberg zurück, der die Auslöschung eines Kunstwerkes, *Erased de Kooning*, zum Thema macht. Eine neue Situation in der Kunst, es wird etwas aufgelöst, der Prozess der Auflösung scheint nur als Teamarbeit möglich. Ein vermeintlicher Akt der Auslöschung wird zur Schöpfung. Erinnerungen an das Original bestimmen Akte der Wertschätzung (Danto) sowie systemische Referenzen (Luhmann), die in plurale Verfahren sprachlicher Darstellungen münden.

Referenzen auf Verfahren der Abstraktion, die das Thema von Schärfe und Unschärfe entwickeln, finden sich in einem Beitrag von Klaus Honnef, der Positionen fotorealistischer Arbeiten im Kontext der Farbfeldmalerei der 1960er und 1970er Jahre bei Gerhard Richter skizziert. Richter: „Mit Edouard Manets Proklamation: Ich male, was ich sehe, erfolgte in der Malerei eine tiefgreifende Wandlung. Im Impressionismus, der Manets Forderungen noch einleuchtender illustriert als dessen Malerei, wurde die Tendenz angebahnt, die Mittel der malerischen Darstellung von dem Auftrag zu befreien, etwas außerhalb ihr Befindliches zu beschreiben."[437] Richter, der Meister vieler malerischen Verfahren, entwickelt in den 1960er Jahren Auflösungen gegenständlicher Motive, die zunächst an fotorealistische Arbeiten erinnern, deren Bestandteile in graue Flächen aufgelöst werden. Die Unschärfe wird zum Programm. Honnef: „Sein Gemälde *Kuh* (1964) zeigt in verwischter Manier die Vergrößerung eines schwarz-weißen Fotos mit dem Rumpf des Tieres sowie in schwarzen Lettern der Aufschrift *Kuh*."[438] Malerei wird zur Handlungsanweisung, die zwischen Text- und Bildinformation ein Feld der Aufmerksamkeit erzeugt. Hinweise auf Formen analytischer Bildsprachen werden von Honnef in einem Katalog versammelt, der Herstellungsprozesse der Kunst als offene Systeme anerkennt, die ihrerseits offene Betrachter einfordern. Honnef:

Das bildnerische Resultat bedarf jedoch eines aktiven Betrachters. Es provoziert überdies eine Betrachtungsweise, welche die Reflexion, das Denken darüber, was wahrgenommen wird, nicht vom Akt der Wahrnehmung abspaltet. Das Apperzeptionsvermögen des Betrachters wird forciert, durch die Forcierung des Apperzeptionsvermögens stellt sich Zug um Zug eine Differenzierung des Rezeptionsvorgangs ein; durch die Differenzierung des Rezeptionsvorgangs wird am Ende der Rezeptionsprozess eingeleitet. [...] Die Bilder sind in dieser Hinsicht quasi primär. Sie thematisieren gewissermaßen die Erkenntnisse Arnheims, der nachgewiesen hat, dass Wahrnehmung und Denken nicht voneinander geschieden werden können.[439]

In Richters Bilder ist auch politisch brisante Zeitgeschichte eingeschrieben, die seine Werke zu Quellen und Zeitzeugen macht. Verfahren der Abstraktion, ins fotorealistische Grau getaucht, deuten historische Dimensionen an, die ungeklärte Fragen aufwerfen. Und so äußert sich Richter auch in späteren Jahren zu seinen Oktoberbildern, zu den Ulrike Meinhof-Bildern, die als historische Stoffe und kritische Berichte zum Baader-Meinhof-Komplex erscheinen, wenn er äußert: „Die Vorlagen sind Material für mich, und wir sind natürlich als kritische Menschen, die in der Kunst bestrebt sind, einen Inhalt, eine Auseinandersetzung zu finden, wir sind konsterniert und sagen *das geht eigentlich so nicht*, man kann diese Stoffe so nicht historisieren."[440] Viele Sujets wie Gruppenbilder, Historienbilder, Landschaftsbilder und Seestücke hat Richter aufgegriffen und diese mit biografischen Wurzeln seiner Familie und deren Vergangenheit in der NS-Zeit, als Täter-Opferverhältnisse verbunden. Eine Tante, die zwangssterilisiert wurde, ein entfernter Onkel, der als SS-Offizier verantwortlich war, lassen Bilder als Erinnerungsgefüge entstehen, die eine besondere biografische Dichte aufweisen. Richter appelliert an unser kollektives Gedächtnis. Wir sehen Bilder, und diese Bilder bringen uns in eine Vergangenheit, die wir nicht erlebt haben, aber unsere Eltern und Großeltern, aus deren Bilderwelten wir auch Teile unserer Erinnerung generieren. *Familie im Schnee*, verwischt, auch hier kaum zu erkennen, obwohl die Gestalten noch angedeutet sind, die Reproduktion strebt ins Abstrakte, der Betrachter erfährt einen Übergang von gegenständlicher Malerei in aufgelöste, abstrakte Formen. *Familie im Schnee*, auch ein Bildtitel führt ins bedrohliche Weiß der Abstraktion. Fotografien werden Material, das aufgelöst wird, ähnlich verfahren wird hier wie bei den Bildmotiven von Kandinsky, wie *Murnau* (1909), wo Motive der Landschaft sich zusehends auflösen, ähnlich wie bei Mondrian in seinen Baumbildern. Auflösungstendenzen bieten Vorlagen weitreichender Interpretationen, die bei Richter in schwarz-weiß-grau und flächig erscheinende Schattierungen münden. Wenn, wie bei *Tante Marianne*, Opfer und Täter in der eigenen Familie zu finden sind, so hebt Richter den Dualismus von Unschuld und Schuld als stereotyp einfaches Muster auf. Richters Bilder haben politisches Gewicht, was er jedoch selbst abstreitet. Genau aber hier, hinter dem Idyll, steckt das Grauen, das Grauen wird vergessen, das Idyll bleibt, aber da diese Bilder auch in der Andeutung fratzenhaft verzogen sind, ahnt man, dass ein Unheil sich anbahnt. Richters malerische Qualität fördert die Reflexion jüngster Geschichte im Medium der Abstraktion.

Anmerkungen

1 Werner Kambartel, *Kunst, abstrakte,* in: Joachim Ritter und Karlfried Gründer (Hg.), *Historisches Wörterbuch der Philosophie,* Bd. 4, Basel–Stuttgart 1976, Sp. 1437.

2 Marina Scriabine, *Überlegungen zum Acte préalable,* in: Heinz-Klaus Metzger und Rainer Riehn (Hg.), *Musik-Konzepte 32/33: Aleksandr Skrjabin und die Skrjabinisten,* München 1983, S. 13.

3 Scriabin, *Prometheus,* darin: Vorwort von Faubion Bowers, op. 60., London 1980, S. VIII.

4 Wilhelm Worringer, *Problematik der Gegenwartskunst* (1948), in: ders., *Fragen und Gegenfragen. Schriften zum Kunstproblem,* München 1956, S. 138f.

5 Ebenda, S. 142.

6 Wilhelm Worringer, *Abstraktion und Einfühlung, Ein Beitrag zur Stilpsychologie* (1908), Dresden 1996, S. 36.

7 Ebenda, S. 37.

8 Ebenda, S. 41.

9 Ebenda, S. 40.

10 Ebenda, S. 48.

11 Ebenda, S. 71.

12 Ebenda, S. 55.

13 Selbst Hinweise zur Architektur deuten Ideen an, Verfahren der Abstraktion im Altertum als künstlerische Praxis erkennen zu wollen. „Die Disposition zur Abstraktion, die bei den Griechen, wie bei allen Völkern, am Anfang der Kunstübung steht, wurde bei dem glücklich veranlagten Volke so bald von der Freude am Organischen zurückgedrängt und schließlich ganz übertönt [...]. Ein Beispiel aus der Architektur möge den Sachverhalt beleuchten. Ein Vergleich zwischen dem dorischen und dem ionischen Tempel zeigt schon, wie das abstrakte Prinzip von dem organischen abgelöst wird. Der dorische Tempel stellt sich noch ganz als Produkt eines aufs Abstrakte gerichteten Kunstwollen dar. Seine innere Konstruktion [...] basiert noch auf einer rein geometrischen oder vielmehr stereometrischen ausdruckslosen Gesetzmäßigkeit, über deren Grenzen sie nicht hinauswill": ebenda.

14 Wassily Kandinsky, *Über das Geistige in der Kunst,* Bern 1952, S. 110f.

15 Aleksandr Skrjabin, *Äußerungen, Musikkonzepte,* a.a.O., S. 10.

16 Aleksandr Skrjabin, a.a.O., S. 13.

17 *Kandinsky. Hauptwerke aus dem Centre Georges Pompidou Paris. Die Welt klingt,* Kunsthalle Tübingen, Köln 1999, S. 34.

18 Ebenda, S. 34.
19 Kandinsky, *Über das Geistige in der Kunst*, a.a.O., S. 41f.
20 Ebenda, S. 23.
21 Kandinsky, 1912, S. 60.
22 Kandinsky, 1912, S. 45.
23 Ebenda, S. 255.
24 Arnold Schönberg/Wassily Kandinsky, *Briefe, Bilder und Dokumente einer außergewöhnlichen Begegnung*, München, S. 183, Briefwechsel, a.a.O., S. 197.
25 Ebenda, S. 194.
26 Ebenda.
27 Ebenda, S. 195.
28 Ebenda, S. 191.
29 Wassily Kandinsky, *Über Bühnenkomposition*, in: Schönberg/Kandinsky, a.a.O., S. 138.
30 Kandinsky an Schönberg, 18.1.1911, in: Schönberg/Kandinsky, a.a.O., S. 19.
31 Arnold Schönberg, *Harmonielehre*, Wien 1912, S. 1.
32 Ebenda, S. 6.
33 Paul Klee leitet aus der Webtechnik von Teppichen eine Systematik ab, die horizontale und vertikale Ordnungen insbesondere für seine Farbstudien liefert.
34 Ebenda, S. 39.
35 Ebenda, S. 69.
36 Ebenda, S. 72.
37 Ebenda.
38 *Kandinsky*, Kunsthalle Tübingen, a.a.O., S. 43.
39 Wassily Kandinsky, *Punkt und Linie zur Fläche*, a.a.O., S. 22.
40 Ebenda, S. 25.
41 Zit: Weimar, Bauhaus Brief: 15.4.1923, Schönberg, 19.4.1923, Weimar 24.4.1923, Schönberg, 4.5.1923, S. 94.
42 Komponisten nach 1950 wie Pierre Boulez, Morton Feldman oder Jürg Wyttenbach zitieren Paul Klee.
43 Kandinsky, *Über das Geistige in der Kunst*, a.a.O., S. 29.
44 Walter Kolneder, *Anton Webern*, Rodenkirchen 1961, S. 158.
45 Andreas Krause, *Anton Webern und seine Zeit*, Laaber 2001.
46 Hugo Leichtentritt, *Musikalische Formenlehre*, Wiesbaden 1907, S. 73.
47 Kolneder, *Anton Webern*, a.a.O., S. 156.
48 Ebenda.
49 Ebenda, S. 157.
50 Theodor W. Adorno, *Walter Kolneder, Anton Webern. Einführung in Werk und Stil*, in: ders., *Gesammelte Schriften*, hrsg. von Rolf Tiedemann und Klaus Schultz, Bd. 19, Frankfurt am Main 1984, S. 423f.
51 Johann Sebastian Bach, Fuga (Ricercar) à 6 voci, No. 2 aus dem MUSIKALISCHEN OPFER, für Orchester gesetzt von Anton Webern, Partitur, Universal Edition Wien, 1935, Takte: 11–16, 21–24, 41–45.
52 Kolneder, *Anton Webern*, a.a.O., S. 158.
53 Ebenda.
54 Kandinsky, *Punkt und Linie zur Fläche*, a.a.O., S. 16.

55 Ebenda, S. 14.
56 Kandinsky, *Über das Geistige in der Kunst*, a.a.O., S. 47.
57 Paul Cézanne, *Briefe*, Zürich 1962.
58 Kandinsky, 1912, a.a.O., S. 48.
59 Ebenda, S. 50f.
60 Ebenda, S. 49.
61 Ebenda, S. 9f.
62 Ebenda, S. 133.
63 Kandinsky, a.a.O., S. 13.
64 Walter Hess, *Das Problem der Farbe*, München 1953, S. 166.
65 Frank Stella, *Über Kandinsky*, in: *Kandinsky*, Kunsthalle Tübingen, a.a.O., S. 220.
66 Max Raphael, *Von Monet zu Picasso. Grundzüge einer Ästhetik und Entwicklung der modernen Malerei*, Frankfurt am Main 1989, S. 196f.
67 Ebenda, S. 135.
68 Ebenda, S. 135f.
69 Ebenda, S. 137.
70 Gottfried Boehm, *Paul Cézanne. Montagne Saint-Victoire*, a.a.O., S. 105.
71 Ebenda, S. 131.
72 Ebenda.
73 Ebenda, S. 132.
74 Ebenda, S. 133f.
75 Signac 1898, a.a.O., S. 380f.
76 Felix Hess, a.a.O., S. 149.
77 Signac 1898, a.a.O., S. 381.
78 Paul Signac, *Neo-impressionsmus*, in: Erich Franz (Hg), *Farben des Lichts. Paul Signac und der Beginn der Moderne von Matisse bis Mondrian*, Ostfildern 1996, S. 378f.
79 Signac 1898, S. 381.
80 Raphael 1913, a.a.O., S. 133.
81 Ebenda, S. 129.
82 Ebenda, S. 131.
83 Signac, zit. aus Raphael 1913, S. 211.
84 Hess, *Das Problem der Farbe*, a.a.O., S. 25.
85 Auf die Bedeutung des Gleichgewichts im menschlichen Bewusstsein hat viele Jahre später Rudolf Arnheim verwiesen, der Errungenschaften der Gestalttheorie im Kontext der Auflösung und des Verschwindens von Bildgegenständen diskutiert: Rudolf Arnheim, *Kunst und Sehen. Eine Psychologie des schöpferischen Auges*, Berlin–New York 1978, S. 38.
86 Seurat, zit aus: Walter Hess, a.a.O., S. 22.
87 Hans L.C. Jaffé, *Mondrian und De Stijl*, Köln 1967, S. 250.
88 Beat Wismer, *Mondrians ästhetische Utopie*, Basel 1985, S. 33.
89 Regine Prange, *Das ikonoklastische Bild. Piet Mondrian und die Selbstkritik der Kunst*, München 2006, S. 61.
90 Ebenda, S. 63.
91 Ebenda, S. 77.
92 Ebenda, S. 82.

93 Ebenda, S. 82.

94 Ebenda, S. 99.

95 Nobis, a.a.O., S. 39.

96 Ebenda.

97 Ebenda, S. 41.

98 Ebenda, S. 38f.

99 Ebenda, S. 87.

100 Schwitters, zitiert nach Nobis, a.a.O., S. 89.

101 Dietmar Elger, *Der Merz Bau von Kurt Schwitters*, Köln 1984, S. 49.

102 Wie etwa das Jüdische Museum, Berlin von Daniel Libeskind oder die Dachkonstruktion der Elbphilharmonie von Herzog & de Meuron.

103 Heinrich von Kleist, ...

104 Beatrix Nobis, *Kurt Schwitters und die romantische Ironie. Ein Beitrag zur Deutung des Merz-Kunstbegriffes*, Diss. HBK-Braunschweig 1992, VDG Alfter, 1993, S. 92.

105 Bertram Müller, *Bildhauer auf der Suche nach dem Schönen*, RP Online, Kultur, 22. März 2019.

106 Dietrich Schubert, *Die Kunst Lehmbrucks*, Dresden 1990, S. 212.

107 Hans Peter Riegel, *Beuys. Die Biographie*, Zürich 2018.

108 Kunsthaus Zürich, *Joseph Beuys*, Zürich 1993, S. 239.

109 Ebenda, S. 242.

110 Robert Rosenblum, *Modern Painting and the Northern Tradition. Friedrich to Rothko*, London 1975.

111 Elke Gruhn, *Fluxus ist ein großes Schiff, mit dem man einen schönen Ausflug machen kann*, https://www.schirn.de/magazin/kontext/2019/big_orchestra/fluxus_in_wiesbaden-big_orchestra, S. 2.

112 George Brecht, *WATER-MUSIC*, a.a.O., Karte.

113 Christoph Metzger, *John Cage. Abstract Music*, Helen Wolff und John Cage, Briefwechsel, Saarbrücken 2011, S. 59.

114 Gruhn, *Fluxus ist ein großes Schiff*, a.a.O., S. 1. (30.10.2019).

115 Gabriele Knapstein, *Fluxus*, in: Hubertus Butin, *DuMonts Begriffslexikon zur Zeitgenössischen Kunst*, Köln 2002, S. 89.

116 Ebenda.

117 Auf die Aktionen von Yves Klein in Paris wird später im Kontext der Institutionskritik eingegangen.

118 Ruhn, a.a.O., S. 2.

119 Nam June Paik, *Niederschriften eines Kulturnomaden. Aphorismen. Briefe. Texte*, hrsg. von Edith Decker, Köln 1992, S. 23f.

120 George Brecht, Water-Yam, Editions Lebeer Hossmann, Bruxelles–Hamburg 1986, Multiple, Auf. 300 Stück, aktueller Wert 1/2020: 495 €.

121 Berliner Gesellschaft für Neue Musik, Produktion. Christoph Metzger und Frank Gertich, Programmheft, *Musik und Licht*, 29.–30. November 1996, S. 42

122 Helga de la Motte-Haber, *Klangkunst. Tönende Objekte und klingende Räume*, Laaber 1999, S. 290.

123 Willi Baumeister, *Das Unbekannte in der Kunst*, Köln 1988, S. 2.

124 Ebenda, S. 143.

125 Karin v. Maur, *Willi Baumeisters Spuren*, in: *Baumeister 1945-1955*, Württembergischer Kunstverein, Stuttgart, 28. März bis 6. Mai 1979, S. 14.

126 Vgl. Anna Moszynska, *Abstract Art*, London 1990. Erwähnt Baumeister nur kurz: „In Germany, the post-War art situation was complex. None of the great abstract pioniers of the pre-War period had returned. Consequently, at the end of the War, few abstract artists remaind to offer a lead, except for Willi Baumeister (1889-1955), who had painted clandestinely under the Nazis until the end of the War", S. 137.

127 Württembergischer Kunstverein, *Willi Baumeister 1945-1955*, Stuttgart 1979, S. 133.

128 Gudrun Inboden, *Die Gemälde - entmythologisiert*, in: *Baumeister 1945-1955*, S. 23.

129 Wolfgang Kermer, *Zur Kunstlehre Willi Baumeisters*, in: *Baumeister 1945-1955*, S. 131.

130 Karin v. Maur, *Willi Baumeisters Spuren*, a.a.O., S. 53.

131 Baumeister, *Das Unbekannte in der Kunst*, a.a.O., S. 60.

132 Ebenda, S. 151.

133 Ebenda, S. 152.

134 Ebenda, S. 50.

135 Ebenda, S. 149.

136 Ebenda, S. 118.

137 Ebenda, S. 118.

138 Albert Camus, *Die Pest*, Darmstadt-Wien 1960, S. 81.

139 Ebenda, S. 82.

140 Ebenda, S. 83.

141 Ebenda, S. 85.

142 Ebenda, S. 83.

143 Ebenda, S. 85.

144 Jackson Pollock (1912–1956), *Antworten auf einen Fragebogen* (1944), in: Charles Harrison und Paul Wood (Hg.), *Kunsttheorie im 20. Jahrhundert*, Ostfildern 2003, S. 687.

145 Adolph Gottlieb (1903–1974) und Mark Rothko (1903–1970) mit Barnett Newman (1905-1970), *Statement*, in: Charles Harrison und Paul Wood (Hg.), *Kunsttheorie im 20. Jahrhundert*, a.a.O., S. 689.

146 Mark Rothko, *Die Romantiker sahen sich veranlasst …*, in: Charles Harrison und Paul Wood (Hg.), *Kunsttheorie im 20. Jahrhundert*, a.a.O., S. 689.

147 Frances Stonor Saunders, *Who Paid The Piper? The CIA and the cultural Cold War*, London 2000.

148 Makropoulos, a.a.O., S.53.

149 Christos M. Joachimides, *Norman Rosenthal, American Art in the 20th Century. Painting an Sculpture 1913-1993*, München 1993.

150 Vgl. Manfred R.W. Grazmann und Wolf-Dieter Schuegraf (Hg.), *Braunschweiger Stadtlexikon*, Braunschweig 1996, S. 116.

151 So finden sich in der 1986 erschienenen Publikation keine Verweise zum Thema abstrakte Kunst: Karl Max Kober, *Die Kunst der frühen Jahre 1945-1949. Malerei, Zeichnungen, Grafiken aus der sowjetischen Besatzungszone*, Leipzig 1989.

152 Ben Nicholson, *Anmerkung zur abstrakten Kunst*, Horizont (London), Oktober 1941, zit. aus: Charles Harrison und Paul Wood (Hg.), *Kunsttheorie im 20. Jahrhundert*, a.a.O., S. 475.

153 Ebenda, S. 477.

154 Metzger, *John Cage. Abstract Music*, a.a.O., S. 88f.

155 Steven Naifeh, Gregory White Smith, *Jackson Pollock. An American Saga*, New York 1989, U2.

156 Ebenda, S. 89.

157 Morton Feldman, *Radio Happenings. Conversations-Gespräche. John Cage*, Köln 1993.

158 Vgl. Bernhard Waldenfels im Gespräch mit Thomas Becker und Christoph Metzger, in: Thomas Becker und Christoph Metzger (Hg.), *Leibliche Praxeologie vs. Iconic Turn*, Paderborn 2019, S. 41ff.

159 Gregor Stemmrich, *Minimal Art. Eine kritische Retrospektive*, Dresden 1995, S. 28.

160 James Meyer, *Der Gebrauch von Merleau-Ponty*, in: Christoph Metzger, Nina Möntmann et al. (Hg.), *minimalisms - Rezeptionsformen der 90er*, Ostfildern 1998, S. 179.

161 Ebenda, S. 180.

162 Ebenda, S. 186.

163 Rosalind Krauss, *Allusion und Illusion*, in: Gregor Stemmrich, *Minimal Art. Eine kritische Retrospektive*, a.a.O., S. 233.

164 Meyer, *Der Gebrauch von Merleau-Ponty*, a.a.O., S. 187.

165 Willem de Kooning, *Was ich unter abstrakter Kunst verstehe*, in: *Willem de Kooning. Retrospektive*, Akademie der Künste, Berlin, München 1984, S. 273.

166 Ebenda, S. 274.

167 Ebenda, S. 275.

168 Ebenda.

169 Tansey scheint mit diesem Format Claude Monets Tripthychon *Wasser-Lilien* im Format 200 x 300,4 cm, das in den Jahren zwischen 1915 und 1925 entstanden war, zu zitieren.

170 Michael Makropoulos, *Abstrakter Expressionismus und Performative Mittelschichtgesellschaft*, in: Birgit Riegraf, Dierk Spreen, Sabine Mehlmann (Hg.), Medien-Körper-Diskursivierungen von Materialität, Bielefeld 2012, S. 52.

171 Suzanne Josek, *The New York School, Earle Brown. John Cage. Morton Feldman. Christian Wolff*, Saarbrücken 1998.

172 Makropoulos, *Abstrakter Expressionismus und Performative Mittelschichtgesellschaft*, a.a.O., S. 56.

173 Metzger, *John Cage. Abstract Music*, a.a.O., S. 115.

174 Robert Smithson, Donald Judd, in: Gregor Stemmrich (Hg.), *Minimal Art. Eine kritische Retrospektive*, a.a.O., S. 202.

175 Ebenda, S. 203.

176 Ebenda, S. 204.

177 Ebenda, S. 203.

178 Zdenek Felix, *Masse, Zeit und Raum*, in: Michael Heizer, Museum Folkwang, Essen, Riksmuseum Kröller-Müller-Otterlo, Hg., Essen–Otterlo 1979, S. 49.

179 Ebenda, S. 50.

180 Als Kurator von Austellungen wie Minimalisms (1998) und Conceptualisms (2003) sowie den Ostseebiennalen der Klangkunst 2004–2008 konnte ich beide Künstler persönlich kennenlernen. Mit Schafer hatte ich in Münster an der

Kunst- und Musikhochschule 1999 einen Workshop, mit Bill Fontana wurden verschiedene Projekte erarbeitet und realisiert. Seine akustische Vermessung, die von einem abgebrochenen Kirchturm in Wismar in über 60 Meter erfolgte, nahm die Pegel des Industriehafens sowie des Marktplatzes in Wismar auf, um die Klänge als Sound vorm Eingang der Kirche abzustrahlen.

181 Bill Fontana, *Die Umwelt als Ressource der Musik*, in: MusikTexte. Zeitschrift für Neue Musik, Heft 96/2003, S. 3.

182 Lehrer erhalten Anleitungen, wie mit akustischen Phänomenen wie Lärm, Stille, Timbre, Amplitude, Melodie, Zusammenhang, Rhythmus, der Klangwelt der Musik alternativ zum komplexen System notierter Musik umgegangen werden kann.

183 Raimund Murry Schafer, *Die Schallwelt, in der wir leben*, Wien 1971, sowie ders., *Schule des Hörens*, Wien 1972.

184 Yves Klein, *Vortrag an der Sorbonne*, 1959, in: Charles Harrison und Paul Wood (Hg.), *Kunsttheorie im 20. Jahrhundert*, a.a.O., S. 992.

185 Ebenda, S. 992f.

186 Sidra Stich, *Yves Klein*, Museum Ludwig, Köln, Kunstsammlung Nordrhein-Westfalen, Düsseldorf, Ostfildern 1995, S. 133.

187 Ebenda, S. 134.

188 Ebenda, S. 135.

189 Ebenda, S. 133.

190 Brian O'Doherty, *Inside the White Cube*, Berlin 1996, S. 99.

191 Ebenda.

192 Ebenda.

193 Ebenda, S. 101.

194 Daniel Buren, *Achtung! Texte 1967-1991*, Dresden–Basel 1995, S. 44.

195 Ebenda, S. 45.

196 Ebenda, S. 47.

197 Ebenda, S. 79.

198 Ebenda, S. 81.

199 In diesem Kontext stehen zahlreiche akustische Transformationen, die sich mit den Verhältnissen von Innenräumen zu Außenräumen befassen, wie etwa bei Robin Minard, Bill Fontana und Ulrich Eller.

200 Hans Haacke, *Bemerkung zur kulturellen Macht*, in: Charles Harrison und Paul Wood (Hg.), *Kunsttheorie im 20. Jahrhundert*, a.a.O., S. 1122.

201 Axel Honneth, *Kampf um Anerkennung*, Frankfurt am Main, 1992.

202 Andrea Fraser, Artforum (2005), a.a.O., S. 282.

203 Barbara Lange, *Art: Soziale Plastik*, in: Hubertus Butin (Hg.), *DuMonts Begriffslexikon zur zeitgenössischen Kunst*, Köln 2002, S.278f.

204 Ebenda, Beuys, zit. nach Barbara Lange, S. 276.

205 Ebenda, S. 277.

206 Rachel Haidu, *Buren im Guggenheim*, in: Texte zur Kunst, September 2005, S. 146-149.

207 Walter Benjamin, *Der Begriff der Kunstkritik in der deutschen Romantik*, Frankfurt am Main 1978, S. 67.

208 Ebenda, S. 71.
209 Ebenda, S. 17.
210 Peter Bürger, *Theorie der Avantgarde*, a.a.O., S. 66.
211 Vgl. ebenda, S. 67.
212 Ebenda, S. 68f.
213 Ebenda, S. 32.
214 Ilya Kabakov, *Über die totale Installation*, Ostfildern 1995, S. 27.
215 Juliane Rebentisch, *Ästhetik der Installation*, Frankfurt am Main 2003, S. 79.
216 Ebenda, S. 91.
217 Ebenda, S. 274.
218 Ebenda, S. 267.
219 Klaus Honnef, Die Eröffnungsrede, Christo Running Fence und Wrapped Reichstag am 14.9.1977 im Rheinischen Landesmuseum (20.8.2011).
220 Ingo Arend, *Erlösung - Zur Christo-Entscheidung im Bundestag*, in: Kunstforum International, Bd. 127/1994, S. 414.
221 Ebenda, S. 26.
222 Ebenda.
223 Ilya Kabakov, *Seit ich mich erinnern kann*, a.a.O., S. 77.
224 Kathrin Becker, Dorothea Biennert, Milena Slavicka, *Flug, Entfernung, Verschwinden - Konzeptuelle Moskauer Kunst*, Ostfildern 1995, S. 22.
225 Ilya Kabakov, *Über die totale Installation*, a.a.O., S. 30f.
226 Ebenda, S. 30.
227 Ebenda, S. 121
228 Ulrich Eller, Brief an den Verfasser vom 8. Januar 2013, ähnliche Verfahren weisen seine Arbeiten *Von außerhalb*, Chicago (1995) und *Klanganalogie*, Rheinstraße, Berlin von 1985 auf.
229 Den Begriff „Möglichkeitsformen" habe ich von Ulrich Eller aufgenommen.
230 László Moholy-Nagy, *Produktion-Reproduktion*, in: *Moholy-Nagy*, Museum Fridericianum Kassel, 1991, Ostfildern, S. 295, aus De STIJL, Leiden, 1922, Nr. 7, S. 98-107.
231 Ebenda.
232 Ebenda.
233 Arthur Danto, *Die Verklärung des Gewöhnlichen. Eine Philosophie der Kunst*, Frankfurt am Main 1984.
234 *Moholy-Nagy*, Fridericianum Kassel, a.a.O., S. 40.
235 Ebenda, S. 44.
236 László Moholy Nagy, *Vom Material zur Architektur*, München 1929, in: *Moholy-Nagy*, Museum Fridericianum Kassel, 1991, a.a.O., S. 100.
237 László Moholy-Nagy, *Abstract of an Artist*, Chicago 1944, in: *Moholy-Nagy*, Museum Fridericianum Kassel, 1991, a.a. O., S. 150.
238 Isabelle Graw, *Jenseits der Institutionskritik*, in: Texte zur Kunst, September 2005, S. 41.
239 Andrea Fraser, *Was ist Institutionskritik?*, In: Texte zur Kunst, September 2005, S. 87.
240 Vgl. Graw, *Jenseits der Institutionskritik*, a.a.O., S. 47.

241 Ebenda.

242 Ebenda.

243 Marina Abramović, *Artist Body*, Mailand 1998, S. 144.

244 Internetzugriff vom 3. März 2012: www.diepresse.com/home/panorama/welt/726427

245 Kabakov, *Über die totale Installation*, a.a.O., S. 32.

246 Dan Flavin, ... *im Tageslicht oder kühlen Weiß*, ..., *eine autobiographische Skizze*, in: Gregor Stemmrich, *Minimal Art - Eine kritische Retrospektive*, a.a.O., S. 162.

247 Ebenda, S. 164.

248 Ebenda, S. 172.

249 Ebenda.

250 Ebenda, S. 179.

251 Ebenda, S. 177f.

252 Golo Föllmer, *töne für die straße*, in: *Klangkunst*, Katalog sonambiente, Festival für hören und sehen, Berlin, hrsg. von Helga de la Motte-Haber, Berlin–München 1996, S. 216.

253 Vgl. Louis I. Kahn, *The Room, The Street, and Human Agreement*, in: ders., *Writings, Lectures, Interviews*, a.a.O., S. 264f.

254 Bill Viola, Street Music, Bill Fontana, Murry Schaefer u.a.

255 Andrei Nakov, *Eine Lichtarchitektur, die sich über das rein Formale erhebt*, in: *Moholy Nagy*, Museum Fridericianum Kassel, a.a.O., S. 25.

256 Ebenda, S. 26.

257 Kabakov, a.a.O., S. 111.

258 Hans Jürgen Buderer, *Kinetische Kunst - Konzeptionen von Bewegung und Raum*, Worms 1992, S. 107.

259 Vgl. Juliane Rebentisch, *Ästhetik der Installation*, a.a.O., 136f.

260 Kabakov, a.a.O., S. 49.

261 Boris Groys, *Über die Appropriation*, a.a.O., S. 181.

262 Boris Groys, *Die Klanginstallationen Bernhard Leitners*, in: Peter Weibel, Bernhard Leitner (Hg.), *P.U.L.S.E.*, ZKM Zentrum für Kunst- und Medientechnologie Karlsruhe, Ostfildern 2008, S. 9f.

263 Ebenda, S. 181.

264 Kurt R. Eissler, *Leonardo da Vinci. Psychoanalytische Notizen zu einem Rätsel*, Basel–Frankfurt am Main 1992, S. 298.

265 Ebenda, S. 298f.

266 Ebenda, S. 299.

267 Pierangelo Masat, *Das anfängliche Zwitschern als Kunst. Zur Rostocker Ausstellung von Henning Christiansen und Andreas Oldörp*, in: Andreas Oldörp und Annie Bardon (Hg.), *Am Anfang war nicht das Wort, sondern ein Zwitschern. Henning Christiansen/Andreas Oldörp*, Rostock 1997, S. 5.

268 Ebenda.

269 Ebenda, S. 5, zit: Gilles Deleuze und Felix Guattari, *Was ist Philosophie?*, Frankfurt am Main 1996, S. 218f.

270 Ebenda, S. 8.

271 Hans Jürgen Buderer, *Kinetische Kunst*, a.a.O., S. 163.

272 Nam June Paik, *eine DATAbase*, Ostfildern 1993, Anhang, S. 17f.

273 Shin Nakagawa, *Vom Konzept zur Aktion*, in: Akio Suzuki, *„A" Sound Works - Throwing and Following*, hrsg. von Bernd Schulz, Stadtgalerie Saarbrücken 1998, S. 85f.

274 Ebenda, S.86.

275 Ebenda, S. 90.

276 Ebenda, S. 92.

277 Wolfgang Iser, *Der implizite Leser*, München 1971.

278 Wolfgang Iser, *Der Akt des Lesens*, München 1976.

279 Gerhard Richter, Notizen 1990, in: Charles Harrison und Paul Wood (Hg.), *Kunsttheorie im 20. Jahrhundert*, a.a.O., S. 1286.

280 Gerhard Richter, Interview mit H.D. Buchloh, in: Charles Harrison und Paul Wood (Hg.), *Kunsttheorie im 20. Jahrhundert*, a.a.O., S. 1285.

281 Arnheim, *Film als Kunst*, a.a.O., S. 244.

282 Ebenda, S. 4f.

283 Ebenda, S. 5.

284 Ebenda, S. 23.

285 Ebenda, S. 227.

286 Ebenda, S. 228.

287 Ebenda, S. 229.

288 Ebenda, S. 230.

289 Ebenda, S. 236.

290 Ebenda, S. 237.

291 Ebenda, S. 242.

292 Ebenda, S. 243.

293 Ebenda, S. 245.

294 Ebenda.

295 Ebenda, S. 246.

296 Eisenstein, *Das dynamische Quadrat*, a.a.O., S. 155.

297 Ebenda, S. 189.

298 Eisler/Adorno, S. 67.

299 Eisenstein, *Die Zukunft des Tonfilms. Ein Manifest*, in: ders., *Das dynamische Quadrat*, a.a.O., S. 156.

300 Eisenstein, *YO. Über mich selbst, Ich selbst Memoiren*, a.a.O., S. 651.

301 Ebenda, S. 684.

302 Arnold Schönberg, *Kunst und Film*, in: Ivan Vojtech (Hg.), *Stil und Gedanke. Aufsätze zur Musik*, Frankfurt am Main 1976, S. 363.

303 Ebenda, S. 363.

304 Ebenda.

305 Ebenda, S. 364.

306 Ebenda, S. 366.

307 Ebenda, S. 75.

308 Ebenda.

309 Eisler, S. 110f.

310 Ebenda, S. 110.

311 Ebenda, S. 109.

312 Ebenda.

313 Ebenda, S. 110.

314 László Moholy-Nagy, *Das simulatane oder Polykino*, 1925, in: a.a.O., S. 248.

315 Ebenda.

316 Hans Richter, *Der Film als selbständige Kunstform*, in: Gottfried Schlemmer (Hg.), *Avantgardistischer Film 1951-1971*, München 1973, S. 16.

317 Ebenda, S. 17.

318 Ebenda.

319 Ebenda.

320 G.W.F. Hegel, *Vorlesungen über die Ästhetik*, a.a.O., Bd. 1, S. 71.

321 Ebenda, S. 143.

322 G.W.F. Hegel, *Vorlesung über die Ästhetik*, Bd. III, S. 154f.

323 Ebenda, S. 185.

324 Eduard Hanslick, *Vom musikalisch Schönen*, Wiesbaden 1986, S. 172f.

325 Ebenda, S. 71.

326 Ebenda, S. 65

327 Eisler/Adorno, S. 82.

328 Ebenda, S. 82

329 Pauli, *Funktionen von Filmmusik, Film und Musik*, Darmstadt 1993, S. 11.

330 Ebenda.

331 Roy M. Prendergast, *Film Music a neglected art*, New York 1977.

332 Hinweis Prendergast zu The Magic Valley S. 9, Opening – Play Minuet Nr. 2 in G by Beethoven, ninety seconds, until title on the screen „Follow me dear" Play „Dramatic Andante" by Vely for two minutes and ten seconds. Note: Play Cue No. 2 until secene „hero leaving room" Play „Love Theme by Lorenze – for one minute and twenty seconds. Note Play soft and slow during conversations until title on screen „There the go" Play „Stampede by Simon for fifty five seconds. Note: Play fast and decrease or increase speed of gallop in accordance with action on the screen.

333 Ebenda, S. 199f.

334 Gottfried Schlemmer, *Anmerkung zum Undergroudfilm*, in: ders. (Hg.), *Avantgardistischer Film 1951-1971*, a.a.O., S. 22f.

335 Michael Snow, Brief, in: Gottfried Schlemmer (Hg.), *Avantgardistischer Film 1951-1971*, a.a.O., S. 89.

336 Ebenda, S. 88.

337 Ebenda.

338 Ebenda, S. 20.

339 Ebenda, S. 21.

340 Stan Brakhage, Brief an Ronna Page, April 1966, in: Gottfried Schlemmer (Hg.), *Avantgardistischer Film 1951-1971*, a.a.O., S. 64.

341 Snow, Brief, in: Gottfried Schlemmer (Hg.), *Avantgardistischer Film 1951-1971*, a.a.O., S. 89.

342 Ebenda.

343 Cuy L. Coté, Interview mit Robert Breer, in: Gottfried Schlemmer (Hg.), *Avantgardistischer Film 1951-1971*, a.a.O., S. 46.

344 Gregory J. Markopoulus, *Für eine neue Funktion des Tons im Film*, in: Gottfried Schlemmer (Hg.), *Avantgardistischer Film 1951-1971*, a.a.O., S. 80.
345 Ebenda, S. 84.
346 Benjamin, S. 448f.
347 Ebenda, S. 437.
348 Ebenda, S. 436.
349 Ebenda.
350 Ebenda.
351 Ebenda, S. 503.
352 Ebenda, S. 440.
353 Ebenda, S. 479.
354 Ebenda.
355 Ebenda, S. 480.
356 Ebenda, S. 502.
357 Ebenda.
358 Ebenda, S. 501.
359 Ebenda, S. 503.
360 Ebenda.
361 Ebenda, S. 495.
362 Ebenda, S. 447.
363 Brief Wolfgang Rihm an Christoph Metzger, nach der UA Morton Feldman, For Christian Wolff, im Rahmen der Internationalen Ferienkurse, Darmstadt in der Orangerie, August 1986.
364 Michael Diers, *Sehen heißt Erkennen. Zum Tod des großen Kunstwissenschaftlers und Essayisten Rudolf Arnheim*, in: Süddeutsche Zeitung, Nr. 132, 12. Juni 2007, S. 14.
365 Helga de la Motte-Haber, *Handbuch der Musikpsychologie*, Laaber 1985, S. 414.
366 Herbert Fitzek, *Gestaltpsychologie*, in: Gunter Mey, Katja Mruck (Hg.), *Handbuch Qualitative Forschung in der Psychologie*, Wiesbaden 2010, S. 94.
367 Ebenda.
368 Ebenda.
369 Albert Wellek, *Musikpsychologie und Musikästhetik*, Bonn 1982, S. 18.
370 Ebenda, S. 20.
371 Fitzek, *Gestaltpsychologie*, a.a.O., S. 95.
372 Arnheim, *Kunst und Sehen*, a.a.O., S. 439.
373 Ebenda, S. 385.
374 Tholey, a.a.O., S. 250.
375 Ebenda, S. 249.
376 Rainer Guski, *Wahrnehmung. Einführung in die Psychologie der menschlichen Informationsaufnahme*, Stuttgart–Berlin–Köln 1989, S. 167f.
377 Ebenda, S. 249.
378 Werner Kambartel, *Kunst, abstrakte*, in: Joachim Ritter und Karlfried Gründer (Hg.), *Historisches Wörterbuch der Philosophie*, Bd. 4, a.a.O., S. 1437.
379 W. Prinz, Art. *Kognition*, in: Joachim Ritter und Karlfried Gründer (Hg.), *Historisches Wörterbuch der Philosophie*, Bd. 4, Basel–Stuttgart 1976, S. 876.

380 Hans Georg Gadamer, *Wahrheit und Methode. Grundzüge einer philosophischen Hermeneutik*, Tübingen 1986, S. 89.

381 Ebenda, S. 155.

382 Ebenda, S. 140.

383 Ebenda, S. 125.

384 Ebenda, S. 97.

385 Ebenda, S. 95.

386 Ebenda, S. 94.

387 Ebenda, S. 143.

388 Ebenda.

389 Ebenda, S. 91.

390 Ebenda, S. 272.

391 Ebenda, S. 273.

392 Max Imdahl, *Bildbegriff und Epochenbewußtsein?* In: Reinhart Herzog und Reinhart Koselleck (Hg.), *Poetik und Hermeneutik. Epochenschwelle und Epochenbewußtsein*, München 1987, S. 233.

393 Ebenda.

394 Arthur C. Danto, *Die Verklärung des Gewöhnlichen. Eine Philosophie der Kunst*, Frankfurt am Main 1984.

395 Niklas Luhmann, *Soziale Systeme. Grundriß einer allgemeinen Theorie*, Frankfurt am Main 1987, S. 47.

396 Ebenda, S. 51.

397 Niklas Luhmann, *Legitimation durch Verfahren*, Frankfurt am Main 1983.

398 Niklas Luhmann, *Die Kunst der Gesellschaft*, Frankfurt am Main 1997, S. 17.

399 Luhmann 1995, S. 18.

400 Ebenda, S. 35.

401 Ebenda, S. 21.

402 Ebenda.

403 Ebenda, S. 27.

404 Ebenda, S. 39.

405 Ebenda, S. 476.

406 Ebenda, S. 472.

407 Ebenda.

408 Ebenda, S. 477.

409 Ebenda, S. 472.

410 Ebenda, S. 479.

411 Ebenda, S. 485.

412 Ebenda, S. 480.

413 Jean-Francois Lyotard, *Essays zu einer affirmativen Ästhetik*, Berlin 1982, S. 98f.

414 Jean-Francois Lyotard, *Die Aufklärung, das Erhabene, Philosophie, Ästhetik, Gespräch mit Willem van Reijen/Dick Veerman*, in: Walter Reese-Schäfer, *Lyotard zur Einführung*, Hamburg 1988, S. 123.

415 Jean-Francois Lyotard, *Essays zu einer affirmativen Ästhetik*, a.a.O., S. 40f.

416 Roland Barthes, *Die Lust am Text*, Frankfurt am Main 2017.

417 Lyotard, *Essays zu einer affirmativen Ästhetik*, a.a.O., S. 41.

418 Ebenda, S. 42.

419 Ebenda, S. 86.

420 Ebenda, S. 87.

421 Ebenda, S. 92.

422 Luc Ferry und Alain Renaut, *Antihumanistisches Denken. Gegen die französischen Meisterphilosophen*, München 1987.

423 P. Probst, Art. *Differenz, ontologische*, in: Joachim Ritter und Karlfried Gründer (Hg.), *Historisches Wörterbuch der Philosophie*, Bd. 2, Basel–Stuttgart 1972, Sp. 238.

424 O. Muck, Art. *Differenz*, in: *Historisches Wörterbuch der Philosophie*, Bd. 2, a.a.O., Sp. 235.

425 Ch. Seidel, Art. *Ding an sich*, in: *Historisches Wörterbuch der Philosophie*, Bd. 2, a.a.O., Sp. 254.

426 Arthur C. Danto, *Geschichte und Begriff der Kunst*, Handout des gleichlautenden Vortrags in der Akademie der Künste, Berlin 2002, S. 6.

427 Danto, *Die Verklärung des Gewöhnlichen. Eine Philosophie der Kunst*, a.a.O., S. 143.

428 Ebenda, S. 145.

429 Ebenda.

430 Ebenda, S. 149.

431 Ebenda, S. 152.

432 Roland Barthes, *Cy Twombly*, Berlin 1983, S. 29.

433 Roland Barthes, *Was singt mir, der ich höre in meinem Körper das Lied*, Berlin 1979 S. 30.

434 Ebenda, S. 12.

435 Barthes, *Cy Twombly*, a.a.O., S. 66.

436 Ebenda, S. 67.

437 Klaus Honnef, *Farbfeldmalerei der 60er und 70er Jahre des 20. Jahrhunderts*, in: Michael Fehr (Hg.), *Die Farbe hat mich. Positionen zur nicht-gegenständlichen Malerei*, Essen 2000, S. 346.

438 Ebenda.

439 Ebenda, S. 353.

440 Gerhard Richter, Interview mit Benjamin H.D. Buchloh, in: Charles Harrison und Paul Wood (Hg.), *Kunsttheorie im 20. Jahrhundert*, a.a.O., S. 1275.